THE LANGUAGE GYM
SPANISH TRILOGY III

Edited by Paloma Lozano García, Jaume Llorens & Laura García Gracia

SPANISH
SENTENCE BUILDERS
TRILOGY

A lexicogrammar approach
Pre-Intermediate to Intermediate

PART III

About the authors

Gianfranco Conti taught for 25 years at schools in Italy, the UK and in Kuala Lumpur, Malaysia. He has also been a university lecturer, holds a Master's degree in Applied Linguistics and a PhD in metacognitive strategies as applied to second language . He is now an author, a popular independent educational consultant and professional development provider. He has written around 2,000 resources for the TES website, which have awarded him the Best Resources Contributor in 2015. He has co-authored the best-selling and influential book for world languages teachers, "The Language Teacher Toolkit" and "Breaking the sound barrier: Teaching learners how to listen", in which he puts forth his Listening As Modelling methodology. Gianfranco writes an influential blog on second language acquisition called The Language Gym, co-founded the interactive website language-gym.com and the Facebook professional group Global Innovative Language Teachers (GILT). Last but not least, Gianfranco has created the instructional approach known as E.P.I. (Extensive Processing Instruction).

Dylan Viñales has taught for 15 years, in schools in Bath, Beijing and Kuala Lumpur in state, independent and international settings. He lives in Kuala Lumpur. He is fluent in five languages, and gets by in several more. Dylan is, besides a teacher, a professional development provider, specialising in E.P.I., metacognition, teaching languages through music (especially ukulele) and cognitive science. In the last five years, together with Dr Conti, he has driven the implementation of E.P.I. in one of the top international schools in the world: Garden International School. This has allowed him to test, on a daily basis, the sequences and activities included in this book with excellent results (his students have won language competitions both locally and internationally). He has designed an original Spanish curriculum, bespoke instructional materials, based on Reading and Listening as Modelling (RAM and LAM). Dylan co-founded the fastest growing professional development group for modern languages teachers on Facebook, Global Innovative Languages Teachers, which includes over 12,000 teachers from all corners of the globe. He authors an influential blog on modern language pedagogy in which he supports the teaching of languages through E.P.I. Dylan is the lead author of Spanish content on the Language Gym website and oversees the technological development of the site. He completed the NPQML qualification in 2021 and is now planning to pursue a Masters in second language acquisition.

Ryan Cockrell has taught for nine years in British secondary schools and has served as Head of English and Head of Languages. Though born in Germany, Ryan is a native speaker of English and Spanish, having grown up in Liverpool, Alicante and Coventry. He is currently learning German and dabbles with other Romance languages. With a first-class degree in Psychology, Ryan's passion for language and learning steered him towards a career in teaching. Initially trained as an English teacher, Ryan's transition to teaching languages was made easier with the E.P.I. training provided by Dr Conti. Ryan was immediately aligned with E.P.I. thanks to the research-based understanding of human memory and cognition on which the approach is built. Ryan co-produced the PowerPoint resources for Spanish Trilogy Part I and was overjoyed to make his co-authoring debut with Spanish Trilogy Part II. He has proven an invaluable addition to the Trilogy project in terms of his linguistic expertise, good humour, superb attention to detail, amazing work ethic and ability to work cohesively within a team. Ryan has also served as editor on other Language Gym projects, such as the Spanish Trilogy Speaking Booklets. Ryan has completed the NPQLT qualification and continues to provide support to language teachers who, like him, believe in the demonstrative benefits of using E.P.I. to teach languages.

Acknowledgements

We would like to thank our editors, **Paloma Lozano García**, **Jaume Llorens** & **Laura García Gracia**, for their tireless work, proofreading, editing and advising on this book. They are talented, accomplished professionals who work at the highest possible level and add value at every stage of the process. Not only this, but they are also lovely, good-humoured colleagues who go above and beyond, and make the hours of collaborating a real pleasure.

Our sincere gratitude to all the people involved in the recording of the Listening audio files: **Ana del Casar, Paloma Lozano García & José Luis Larrosa.** Your energy, enthusiasm and passion comes across clearly in every recording and is the reason why the listening sections are such a successful and engaging resource, according to the many students who have been alpha and beta testing the book.

Our sincere thanks to Simona and Stefano for their ongoing support, since the very beginning of the Sentence Builder books project. Some important structural elements in this book, such as the inclusion of a listening element at the start of every unit, are inspired by their excellent work as lead authors of the Primary Sentence Builders series.

Finally, our gratitude to the MFL Twitterati for their ongoing support of E.P.I. and the Sentence Builders book series. In particular a shoutout to our team of incredible educators who helped in checking all the units: **Hannah Foote, Aurélie Lethuilier, Barry Agnew, Jérôme Nogues, Simona Gravina, Ben Levi, María Cristina Caroprese, Ana Amores Márquez, Anneliese Yafai, Sev Bouclier, Ester Borin, Sonja Fedrizzi & Victoria Harrison**. It is thanks to your time, patience, professionalism and detailed feedback that we have been able to produce such a refined and highly accurate product.

Gracias a todos,
Gianfranco, Dylan & Ryan

DEDICATION

For Catrina
-Gianfranco

For Ariella & Leonard
-Dylan

For Harriet, Louis & Ada
-Ryan

Introduction

This book has been designed as a resource to use in conjunction with our E.P.I. approach and teaching strategies. Our course favours flooding comprehensible input, organising content by communicative functions and related constructions, and a big focus on reading and listening as modelling. The aim of this book is to empower the beginner-to-pre-intermediate learner with linguistic tools - high-frequency structures and vocabulary - useful for real-life communication.

What's inside

The book contains 14 macro-units which concern themselves with a specific communicative function, such as 'Saying what you and others do in your free time', 'Describing our daily routine in the past tense', 'Talking about a recent cinema trip', or 'Talking about our dreams and aspirations'. Each unit includes:

- a sentence builder modelling the target constructions;
- a set of listening activities to model and input-flood the target language
- a set of vocabulary building activities which reinforce the material in the sentence builder;
- a set of narrow reading texts exploited through a range of tasks focusing on both the meaning and structural levels of the text;
- a set of translation tasks aimed at consolidation through retrieval practice;
- a set of writing tasks targeting essential writing micro-skills such as spelling, functional and positional processing, editing and communication of meaning.
- a "Bringing it all together" section to recycle and interleave the target language seen in previous units

At the end of each term, there is also an End of Term - Question Skills unit. These units are designed to model asking and answering the key questions which have been studied throughout the term. This is also an additional opportunity for structured production as students move towards routinising the language and producing spontaneous speech by the end of the term.

Listening files

These can be accessed by going to **language-gym.com/listening** – access is free, and you can also share this link with students if you want to set a listening homework.

Sentence Builders – Online Versions

Please note that all the Sentence Builders in the Trilogy series are available on the ***SentenceBuilders.com** website, together with an extensive range of self-marking homework or class assignments, designed to practice listening, reading and writing in keeping with the EPI approach.

The sentence builders will be available in editable versions on the **Language-Gym.com** website, available to download, editable and optimised for displaying in the classroom, via the ***Locker Room** section.

Please note that SentenceBuilders.com and the Language Gym are only accessible via a paid subscription. Access to the Locker Room requires a site licence.

Grammar

It is worth bearing in mind that this book focuses primarily on first person, singular and plural of present indicative, preterite and immediate future. There are also instances of imperfect tense and conditional tense, where required by the context. Students are exposed to some third person, singular and plural, forms, but are only required to produce these to a lesser extent. For further expansion and practice of all parts of the verbs, and other key grammatical features, in line with the requirements for the new 2024 GCSE, we recommend purchasing the accompany Grammar Booklet for Spanish TRILOGY Part 3.

Gianfranco, Dylan & Ryan

SENTENCE BUILDERS TRILOGY
PART 3 - TABLE OF CONTENTS

THE LANGUAGE GYM
SPANISH TRILOGY III

TERM 1 – OVERVIEW

This term you will learn:

Unit 1 – Talking about a past holiday: where we went & stayed
• Describe a past holiday
• Give your opinion about travel and accommodation

Unit 2 – Talking about a past holiday: what we did & our opinion of it
• Talk about what you, your family and your friends did during a holiday
• Give your opinion about what you liked and disliked

Unit 3 – Back to reality: describing a typical day in the present, preterite & near future
• Describe a typical day in the past, present and future tenses
• To say what you "had to do", "wanted to do" and "would like to do"

Unit 4 – Describing a typical day at school
• Talk about your typical routine on a school morning
• Say what classes you have at what time
• Say what the school rules are

Unit 5 – Talking about when I went to *la Tomatina*
• Talk about a recent trip to a festival
• Say what you "must" and "must not" do at the festival to have fun and stay safe

TERM 1 - KEY QUESTIONS

¿Adónde fuiste de vacaciones?	*Where did you go on holiday?*
¿Cómo viajaste?	*How did you travel?*
¿Cómo fue el viaje?	*How was the trip?*
¿Dónde te quedaste? ¿Te gustó?	*Where did you stay? Did you like it?*
¿Qué hiciste durante las vacaciones?	*What did you do during the holidays?*
¿Qué fue lo mejor de tus vacaciones?	*What was the best thing about your holidays?*
¿Qué haces normalmente en tu tiempo libre?	*What do you normally do in your free time?*
¿Qué hiciste ayer después del colegio?	*What did you do yesterday after school?*
¿Qué planes tienes para este fin de semana?	*What plans do you have for this weekend?*
¿A qué hora empiezan/terminan las clases?	*What time do lessons start/finish?*
¿Qué clases tienes por la mañana?	*What lessons do you have in the morning?*
¿Qué haces después del colegio?	*What do you do after school?*
¿Qué reglas hay en tu colegio?	*What rules are there in your school?*
¿Has ido a alguna fiesta típica española?	*Have you ever been to any typical Spanish festival?*
¿Cuándo fuiste? / ¿Qué hiciste? / ¿Cómo fue?	*When did you go? / What did you do? / How was it?*

UNIT 1
Talking about a past holiday:
where we went & stayed

In this unit you will learn how to:

• Describe a past holiday

• Talk about modes of transport

• Talk about different types of accommodation

• Give your opinion about travel and accommodation

Unit 1. Talking about a past holiday: where we went & stayed

¿Adónde fuiste de vacaciones?	*Where did you go on holiday?*
¿Cómo viajaste?	*How did you travel?*
¿Cómo fue el viaje?	*How was the trip?*
¿Dónde te quedaste? ¿Te gustó?	*Where did you stay? Did you like it?*

Fui de vacaciones *I went on holiday*	**el verano pasado** **hace un mes / una semana**	*last summer* *a month ago / a week ago*	**con mi familia** *with my family*

Fui a **Fuimos a**	**Alemania** **China** **Escocia**	*Germany* *China* *Scotland*	**los Estados Unidos** *USA* **España** *Spain* **Francia** *France*	**Irlanda** *Ireland* **Italia** *Italy* **Japón** *Japan*	

Viajé **Viajamos**	*I travelled* *We travelled*	**en** **by**	**autocar** *coach* **avión** *plane*	**barco** *boat* **coche** *car*	**tren** *train*	
y el viaje *and the journey*	**duró** *took/lasted*	**una hora.** **dos horas.**	**Fue cómodo** *It was comfy* **Fue divertido** *It was fun*	**Fue largo** *It was long* **Fue rápido** *It was quick*		

*Me alojé en **Nos alojamos en**	*I stayed in* *We stayed in*	**un albergue juvenil** *a youth hostel* **un piso** *a flat* **un camping** *a campsite*	**una granja** *a farm* **un hostal** *a hostel* **un hotel barato** *a cheap hotel* **un hotel de lujo** *a luxury hotel*
Me quedé en **Nos quedamos en**	*I stayed in* *We stayed in*	**casa de mis abuelos** *my grandparents' house*	

Me gustó porque *I liked it because* **Lo pasé bomba porque** *I had a great time because*	**el hotel era genial** *the hotel was great* **la gente era simpática** *the people were nice*	**había mucho que hacer** *there was a lot to do* **había playas magníficas** *there were superb beaches*

En el **hotel**	**había** *there was/were*	**un gimnasio** *a gym* **un parque acuático** *a water park* **un restaurante** *a restaurant*	**una cancha de tenis** *a tennis court* **una sala de juegos para niños** *a playroom for kids* **una zona de spa para los padres** *a spa area for parents*

*Author's note: *Alojarse* and *quedarse* both mean "to stay". Use *alojarse* only for paid accommodation such as hotels. *Quedarse* is more versatile and can be used for staying in most places, including a city, staying with family and also paid accommodation.

1. Multiple choice: tick the chunk you hear

e.g.	USA √	Spain	France
a.	A week ago	Yesterday	A month ago
b.	I stayed in	I went to	We went to
c.	By train	By coach	By plane
d.	We stayed	A flat	A youth hostel
e.	I went to	Spain	By car
f.	I stayed in	We stayed in	A cheap hotel
g.	Ireland	A month ago	With my family

2. Complete the words

a. V _ r _ n _	Summer
b. Al _ m _ n _ _	Germany
c. V _ _ j _	I travelled
d. N _ s alo _ amos	We stayed
e. _ e q _ _ d _	I stayed
f. Un _ _ ran _ a	A farm
g. Un _ o _ t _ l	A hostel
h. M _ g _ _ t _	I liked it
i. Si _ p _ ti _ a	Nice
j. U _ a _ o _ a	An area
k. Par _ ue a _ uático	Water park

3. Fill in the blanks

a. Fui de vacaciones hace _____ _____ con mi familia.

b. _____ a China y viajamos en avión.

c. El viaje duró dos horas y fue _____.

d. Nos alojamos en un hotel _____.

e. Lo pasé bomba porque había _____ _____ _____.

f. En el hotel había _____ _____ ___ _____ para niños.

g. También había una _____ ___ _____.

4. Spot the intruders

Fui de vacaciones hace una semana un mes con mi familia. Fui Fuimos a Francia. Viajamos en coche barco y el viaje duró dos horas días. Fue divertido cómodo y rápido. Me Nos alojamos quedamos en un hotel barato de lujo y no me gustó porque había playas magníficas mucho que hacer. En el hostal hotel había una cancha sala de juegos para niños, pero no había un una parque acuático.

5. Faulty translation: listen, identify and correct the errors

e.g.	In the hotel	there was	~~a tennis court.~~ a restaurant
a.	I went on holiday	last summer	with my friends.
b.	I went to	France	with my brother.
c.	I travelled	by coach	and the trip took eight hours.
d.	We stayed in	a campsite	in the centre.
e.	I liked it because	the people were nice	and the hotel was great.
f.	In the youth hostel	there was	a playroom for kids.
g.	I stayed in	a luxury hotel	on the outskirts.
h.	We travelled	by train	and it was fun.

6. Complete the table in English

	Where did they go?	How did they travel?	What was the trip like?	Where did they stay?	Why did they like it?
a. Thiago					
b. Nerea					
c. Zara					

7. Narrow listening: gapped translation

Hello, I am Alba and I am _____ years old. I am _____ and I _____ in Alicante. I went

on holiday _____ _____ last summer with my _____. We travelled by _____

and the journey lasted two _____. It was _____ but quite _____. We stayed

in a _____ _____ in the centre. I had a great time because the _____

_____ _____ and the _____ was _____. In the hotel, there was a

_____, a _____ and a _____ for kids.

8. Listen to Fede and answer the questions in English

a. How old is Fede?

b. Where does Fede live?

c. How long ago did he go on holiday?

d. Where did he go on holiday?

e. How long did the journey take?

f. What did Fede think of the journey? (2 details)

g. Who did not like the journey?

h. Where did Fede stay on holiday?

i. Why did he like his trip? (2 details)

j. What was there in the hotel? (2 details)

Unit 1. A past holiday (where we went & stayed): VOCAB BUILDING

1. Match

El barco	The tennis court
El coche	The people
El viaje	My grandparents' house
El hotel barato	The car
El hotel de lujo	The luxury hotel
La granja	The farm
La casa de mis abuelos	The journey
El avión	The plane
La cancha de tenis	Last week
La semana pasada	The cheap hotel
La gente	The ship/boat

2. Complete with the missing letter

a. Fui a Franc _ a.

b. Fui a Alema _ ia.

c. Fui a Jap _ n.

d. Fui a Espa _ a.

e. Fui a Ital _ a.

f. Fui a una is _ a en el Caribe.

g. Fui a Esco _ ia.

h. Fui a Irland _.

3. Break the flow

a. ElañopasadofuiaAlemania

b. Fuiallíconmifamilia

c. Viajamosencoche

d. Elviajefuelargoyaburrido

e. Mealojéenunhoteldelujocercadelaplaya

f. Elhoteleragrandeymoderno

g. Lopasébombaporqueelhoteleragenial

h. Además,habíamuchoquehacer

4. Complete with a suitable word

a. El año pasado fui a Italia en _____.

b. El viaje fue muy _____.

c. El hotel era _____.

d. Fui a Inglaterra con mi _____.

e. Lo pasé _____.

f. La gente era _____.

g. En el hotel había una _____.

h. Había playas _____.

5. Faulty translation: correct the English

a. Hace dos semanas fuimos a España.
   Two months ago, I went to Spain.
b. El viaje en barco fue muy lento.
   The car journey was very fast.
c. La semana pasada.
   Last weekend.
d. Lo pasé bomba.
   I had a horrible time.
e. Había playas magníficas.
   There were fantastic facilities.
f. Nos alojamos en un albergue juvenil.
   We stayed in a luxury hotel.
g. Había mucho que hacer.
   There were a lot of people.
h. Había una cancha de tenis.
   We played tennis.
i. Mi habitación era muy espaciosa.
   My room was very small.

6. Sentence puzzle

a. pasado El mes España fuimos a
   Last month we went to Spain.

b. mejor Fui allí mi amigo con
   I went there with my best friend.

c. y luego un coche Viajamos alquilamos en tren
   We travelled by train and later we rented a car.

d. El divertido largo fue pero muy viaje
   The journey was long but a lot of fun.

e. en un hotel de la playa alojé barato cerca Me
   I stayed in a cheap hotel by the beach.

f. las playas Lo pasé porque buen eran todos los días magníficas e hizo bomba tiempo
   I had a great time because the beaches were fantastic and the weather was good every day.

Unit 1. A past holiday (where we went and stayed): VOCAB BUILDING

7. Complete with a verb from the table

a. El año pasado yo _____ a Italia.

b. Mi hermano y yo _____ en avión a Escocia.

c. Yo _____ en coche.

d. Hace dos años mi novia y yo _____ a Inglaterra.

e. El viaje _____ cinco horas.

f. El viaje ____ largo pero cómodo.

g. Me _____ en un albergue juvenil.

h. Nos _____ en un hotel barato.

i. Me _____ porque había mucho que hacer

j. En el hotel _____ un restaurante muy bueno.

alojamos	viajamos	fue	viajé	duró
gustó	alojé	fui	fuimos	había

8. Verb anagrams

a. Lo **apés** bomba. *I had a great time.*

b. El viajé **udór** una hora y **ufe** cómodo.
The journey took an hour and was comfortable.

c. **iFmosu** a la playa. *We went to the beach.*

d. Nos **ojaaloms** en un hotel de lujo.
We stayed in a luxury hotel.

e. En el hotel **íahab** una piscina magnífica.
In the hotel there was a great swimming pool.

f. La gente **are** muy simpática.
The people were very nice.

g. Me **ojéla** en un albergue juvenil.
I stayed in a youth hostel.

h. Me **sugtó** porque **ahíba** un gimnasio.
I liked it because there was a gym.

9. Gapped translation

a. El mes pasado fuimos a Costa Rica.

b. Viajamos en avión y alquilamos un coche.

c. Hizo buen tiempo todos los días.

d. Nos alojamos en un hotel barato.

e. El hotel estaba muy lejos de la playa.

f. Me gustó mucho el hotel.

g. Había mucho que hacer para los jóvenes.

h. Un día fuimos de excursión en barco.

i. Lo pasamos bomba.

j. Había una zona de spa para mis padres.

Last _____ we went to Costa Rica.

We travelled by plane and _____ a car.

The weather was _____ every day.

We stayed in a _____ hotel.

The hotel was very _____ the beach.

I _____ the hotel a lot.

There was a lot to do for _____.

One day we went on a _____ trip.

We had a _____.

There was a spa area for my _____.

10. Translate into English

a. Viajamos en barco.

b. Fuimos a Grecia.

c. No fui a ninguna parte.

d. Había playas estupendas.

e. Mis padres lo pasaron bomba.

f. Hicimos turismo todos los días.

g. Nos alojamos en un albergue juvenil.

h. Había mucho que hacer para los jóvenes.

i. Nos divertimos mucho.

j. Fuimos de excursión casi todos los días.

k. La gente era muy simpática.

l. Vimos muchos lugares magníficos.

11. Wordsearch: find the Spanish translation of the sentences below and write them as shown in the example

```
E  O  T  N  E  L  E  U  F  E  J  A  I  V  L  E  H  A  Y  H
N  E  O  [H  I  Z  O  S  O  L]  F  E  K  N  U  F  I  B  E  L
U  S  I  C  I  D  N  B  Y  B  U  K  P  B  X  H  Z  M  J  Y
N  R  N  V  R  V  Í  Q  G  Y  W  Q  S  C  D  O  O  T  O
H  F  Q  A  D  A  L  V  Y  S  F  R  O  G  E  Z  B  B  U  P
O  C  V  R  C  L  B  E  F  I  J  M  C  D  P  W  U  S  T  H
T  B  L  F  A  O  S  N  L  G  A  X  J  W  U  C  E  O  Z  C
E  E  H  I  N  J  O  K  E  S  Z  T  C  S  O  V  N  M  E  I
L  S  U  S  K  V  L  V  N  É  T  L  R  H  V  R  T  A  N  V
E  F  T  U  J  W  J  A  C  A  J  F  Z  Z  V  U  I  S  W  Z
W  N  K  R  U  U  C  L  K  E  U  A  U  L  H  E  E  A  K  A
E  S  O  U  S  S  J  X  C  X  M  X  I  Q  H  U  M  P  Z  T
T  K  W  U  E  L  H  V  M  U  P  P  V  V  U  L  P  O  Z  F
X  G  Q  D  C  O  N  M  I  F  A  M  I  L  I  A  O  L  T  K
N  O  S  Q  U  E  D  A  M  O  S  Z  A  Q  U  U  S  Y  G  D
A  C  I  T  Á  P  M  I  S  A  R  E  E  T  N  E  G  A  L  Z
```

*e.g. It was sunny **Hizo sol***

a. *I went there*

b. *With my family*

c. *I travelled by boat*

d. *The journey was slow*

e. *We stayed*

f. *In a hotel*

g. *We rested*

h. *We had a great time*

i. *The people were nice*

j. *The weather was good*

12. Categorise the sentences with a T for "transport", an A for "accommodation" or a W for "weather"

a. El hotel era muy hermoso.
b. Viajamos en barco.
c. Nos quedamos en un albergue juvenil.
d. Hizo buen tiempo.
e. Fuimos de excursión en bici.
f. El autocar estaba sucio y olía mal.
g. El primer día hizo viento.

h. Nos alojamos en un camping.
i. Mi hermano fue a Japón en avión.
j. Me gustó mucho mi habitación.
k. Mis padres se quedaron en casa de mis tíos.
l. Un día llovió por la mañana.
m. Alquilamos un chalet en el campo.
n. Hubo una gran tormenta.

13. Slalom writing

e.g. We travelled by plane, and then by car.
a. The journey was long, boring and tiring.
b. Our hotel was near the city centre.
c. In the hotel there was a playroom for kids.

d. My parents went shopping.
e. My sister went sightseeing with her boyfriend.
f. My brother and I went to the beach.
g. We had a great time. I want to go back there.

Viajamos	bomba.	fueron	fuimos	compras
El viaje	**en**	turismo	**y luego**	allí.
Nuestro	padres	**avión,**	de	**en coche.**
En el hotel	hotel	yo	juegos	del centro.
Mis	hizo	largo,	cerca	su novio.
Mi hermana	y	estaba	volver	agotador.
Mi hermano	fue	una sala de	aburrido y	para los niños.
Lo pasamos	había	Quiero	con	a la playa.

Unit 1. A past holiday (where we went and stayed): READING 1

El año pasado fui a España. Viajamos en tren y luego alquilamos un coche. El viaje fue bastante largo y aburrido. Nos alojamos en un hotel muy bueno en Málaga. El hotel estaba muy cerca de la playa. Me gustó mucho. Había una piscina fantástica, una sala de juegos para los niños y también una zona de spa para mis padres. La comida del restaurante era deliciosa, así que comimos mucho. Hizo buen tiempo todos los días, así que pudimos ir a la playa. Por las tardes me quedé en el hotel, pero mi hermano mayor fue de marcha todos los días.

Orla, 13 años. Tullamore, República de Irlanda

El año pasado fui a España. Viajamos en avión y luego alquilamos un coche. El vuelo fue corto, pero bastante aburrido. Nos alojamos en un hotel barato cerca de Benidorm. El hotel estaba muy lejos del mar (a un kilómetro) así que tuvimos que caminar mucho para ir a la playa. No me gustó mucho el hotel. Había una piscina pequeña y sin agua y no había gimnasio. El restaurante servía comida frita y grasienta, así que no comí mucho. Afortunadamente, hizo buen tiempo casi todos los días, así que pudimos ir a la playa muy a menudo. Había muchas tiendas buenas y compré mucha ropa y pendientes. Mis padres fueron a restaurantes locales todos los días por la tarde. Yo me quedé en el hotel con mi hermana mayor. Para mí lo mejor fue que había muchos jóvenes simpáticos en el hotel.

Aoife, 14 años. Kilkenny, República de Irlanda

El año pasado fui a Cancún, en México. Fui con mis padres, mis tíos y primos. Viajamos en barco (un gran crucero) y luego alquilamos un coche. El viaje fue muy largo, pero fue muy divertido. En el crucero había mucho que hacer para los jóvenes. Lo pasé bomba. En Cancún nos alojamos en un hotel de cuatro estrellas a orillas del mar. Me encantó el hotel. Había dos salas de juegos para los niños, tres canchas de tenis, un gimnasio enorme y cinco restaurantes que servían comida de todas las partes del mundo. La comida estaba rica, así que comimos un montón. Hizo sol y calor, así que fuimos a la playa todos los días. Por las tardes me quedé en el hotel descansando y leyendo, pero mi hermano y mi primo fueron de marcha todos los días.

Ciara, 12 años. Armagh, Irlanda del Norte

1. Find in Orla's text the Spanish for

a. We rented	j. Therefore
b. The journey	k. The weather was good
c. Quite long	l. Every day
d. We stayed	m. We were able to
e. It was very near	n. In the evenings
f. There was	o. I stayed
g. A playroom	p. But
h. A spa area	q. My older brother
i. The food	r. Went clubbing

2. Answer the following questions about Aoife

a. How did she travel to Spain?

b. What was the flight like? (2 details)

c. Where did they stay?

d. How far was the hotel from the beach?

e. What was the best thing about the hotel?

f. How often did Aoife go to the beach?

g. What did her parents do in the evening?

h. What did Aoife buy in the shops? (2 details)

i. What was wrong with the swimming pool?

3. Find someone who...

a. ...stayed in a cheap hotel.

b. ...stayed in a four-star hotel.

c. ...went on holiday with their cousins.

d. ...rented a car.

e. ...stayed in a hotel without a gym.

f. ...went to the beach every day.

g. ...bought lots of earrings.

h. ...loved the hotel.

i. ...had a nice pool in their hotel.

j. ...travelled on a cruise ship.

k. ...didn't like their hotel much.

Unit 1. A past holiday (where we went and stayed): READING 2

Me llamo Mary y soy de Londres. El verano pasado fui de vacaciones con mis amigas. Fuimos a Punta Arenas, en Chile. Primero viajamos en avión de Londres hasta Santiago y luego tomamos un segundo vuelo hasta Punta Arenas. El primer viaje duró 15 horas y fue muy largo pero bastante cómodo. El segundo vuelo era más corto, solo tres horas y media. Durante los vuelos hablamos, jugamos a las cartas y dormimos.

En Punta Arenas nos alojamos en un hostal barato pero muy bueno, Hostal Host Patagonia. El hostal era modesto pero muy acogedor (cosy). Me gustó mucho porque había mucho que hacer en el pueblo. En el hostal, no había un gimnasio pero sí se podía alquilar bicicletas. El primer día hicimos una visita guiada del pueblo en bicicleta. Fue muy divertido y saqué muchas fotos.

Cada día, exploramos una parte diferente de la región. Visitamos un parque natural, fuimos de compras en pequeñas tiendas locales y probamos mucha comida típica de Chile, como el ceviche. Una noche, cenamos en La Yegua Loca, un restaurante en el casco antiguo con vistas al mar y disfrutamos de una cena deliciosa mientras veíamos la puesta de sol (sunset).

Pasamos mucho tiempo al aire libre, explorando la naturaleza y admirando los paisajes increíbles. Sin embargo, el momento más especial de todo el viaje fue cuando fuimos de excursión para ver pingüinos. Viajamos en barco a la Isla Magdalena, una isla donde hay cientos de pingüinos de Magallanes caminando libremente. Fue una experiencia maravillosa verlos de cerca y aprender sobre su hábitat. ¡Saqué más de trescientas fotos!

Fueron unas vacaciones inolvidables y ojalá pueda volver algún día.

Mary, 18 años. Londres, Inglaterra

---

1. Find the Spanish in the text

a. First we travelled by plane.

b. We took a second flight.

c. A cheap but very good hostel.

d. The hostel was modest.

e. One could rent bicycles.

f. We visited a natural park.

g. We enjoyed a delicious dinner...

h. ...while watching the sunset.

2. Gapped translation: paragraphs 3 & 4

We spent a lot of time outdoors, _____ nature and admiring the incredible _____. However, the most _____ moment of the entire trip was when we went on a _____ to see _____. We went on a _____ trip to Magdalena Island, an island where there are _____ of Magellanic _____ walking around _____. It was a _____ experience to _____ them up close and _____ about their habitat. I took more than _____ hundred _____!

3. Spot and correct the MANY mistakes

a. Me llamo Mary y soy es de Londres.

b. El primero viaje duro 15 horas.

c. Me gusto mucho.

d. Se podía alquilo bicicroquetas.

e. Fuimos de comprar en pequenas tiendas.

f. Dis fruta mos de una john cena deliciosa.

g. Hay cientos de pinginos.

h. Sake mas de trescientos focas.

4. Answer the questions as if you were Mary

a. Where did you go on holiday?

b. Describe the journey to get to where you went.

c. What was your accommodation like? (3 details)

d. What did you do on the first day?

e. What did you enjoy at the Yegua Loca?

f. What was the most special moment of your trip?

g. Did you manage to get any photos? How many?

h. How would you describe the holidays?

Unit 1. A past holiday (where we went and stayed): READING & WRITING

1. Complete with the options provided in the box below

El año pasado fui a _____. Viajamos en _____ y luego alquilamos un coche. El viaje fue bastante _____ y aburrido. Nos alojamos en un hotel muy _____ (pero bueno) en Málaga. El hotel estaba muy cerca del _____ de la ciudad. Me gustó _____. Había una piscina muy _____, una sala de juegos para los niños y una zona de spa para mis padres también. El restaurante servía comida muy _____, así que comimos mucho. Hizo _____ todos los días, así que fuimos a la playa a menudo. Por las tardes no _____, pero mi hermano mayor fue de marcha todos los días.

Joanne, 13 años. París, Francia

salí	largo	muchísimo	grande	avión
barato	calor	España	centro	rica

2. Complete the sentences below with any suitable word

a. El año pasado fui a _____.

b. Viajé en _____.

c. El viaje fue _____ y _____.

d. Nos alojamos en un hotel _____.

e. El hotel estaba cerca de la _____.

f. El hotel me gustó porque era _____.

g. En el hotel había _____.

h. Afortunadamente, hizo buen _____.

i. Por la mañana fuimos a _____.

j. Por la tarde yo _____ pero mi hermano mayor _____.

k. En la ciudad había muchas tiendas, así que yo _____.

l. La comida estaba _____.

m. Lo pasé _____.

n. El año próximo vamos a _____.

3. Translate into Spanish

a. Last year

b. I travelled by car

c. I stayed

d. In a cheap hotel

e. Near the beach

f. There was

g. A big pool

h. Delicious food

i. The weather was good

j. Nearly every day

k. Fortunately

l. I had fun

4. Cast your mind back to a recent holiday of yours and answer the questions

a. ¿Adónde fuiste de vacaciones?

b. ¿Cuándo fuiste?

c. ¿Cómo viajaste?

d. ¿Con quién fuiste?

e. ¿Dónde te alojaste?

f. ¿Dónde estaba el hotel?

g. ¿Cómo era el hotel?

h. ¿Qué había en el hotel?

i. ¿Cuánto tiempo te quedaste allí?

j. ¿Cómo estaba la comida?

k. ¿Qué tiempo hizo?

THE LANGUAGE GYM
SPANISH TRILOGY III

Unit 1. A past holiday (where we went and stayed): WRITING

1. First letters: translate the text. Each box should only contain one word.

Last summer I travelled to Germany by car. It was very long but fun. I stayed in a flat in the city centre.

E	v	p	v	a	A
e	c	F	m	l	p
d	M	a	e	u	p
e	e	c	d	l	c

2. Faulty translation: correct the English

a. Fuimos de vacaciones a un camping en Francia.   *We went on holiday to the mountains in France.*

b. Lo pasé bomba porque la gente era simpática.   *I hated it because people were pretty.*

c. En el hotel había una sala de juegos.   *At the hotel there was a water park.*

d. Me alojé en un hotel de lujo con spa.   *We stayed at a cheap hotel with a gym.*

e. Me gustó porque había playas magníficas.   *I loved it because there were beautiful beaches.*

f. Fui de vacaciones hace un mes con mis amigos.   *I went on holiday a week ago with my friends.*

g. El viaje en autocar duró tres horas.   *The trip by coach lasted thirteen hours.*

h. ¿Cómo fue el viaje?   *Where did you go?*

i. Fui a la granja de mis tíos.   *I went to my grandparents' farm.*

3. Gapped translation (there is one word too many)

a. ¿ _____ fuiste?   *Where did you go to?*

b. ¿ _____ fuiste de vacaciones?   *When did you go on holiday?*

c. ¿ _____ viajaste?   *How did you travel?*

d. ¿ _____ te alojaste?   *Where did you stay?*

e. ¿Con _____ fuiste?   *Who did you go with?*

f. ¿Dónde _____ el hotel?   *Where was the hotel?*

g. Fui _____ Italia.   *I went to Italy.*

h. El hotel estaba _____ de la playa.   *The hotel was near the beach.*

i. No me _____ el camping.   *I didn't like the campsite*

j. No era _____.   *It wasn't comfortable.*

k. No _____ mucho que hacer.   *There was not much to do.*

cómodo	quién	adónde	a	dónde	había
gustó	cuándo	cerca	cómo	estaba	cargador

4. Answer the questions in Spanish. Aim to write 100-120 words.

a. ¿Cuándo fue la última vez que fuiste de vacaciones?

b. ¿Adónde fuiste?

c. ¿Con quién fuiste?

d. ¿Cómo viajaste?

e. ¿Cómo fue el viaje?

f. ¿Dónde te alojaste?

g. ¿Te gustó?

TERM 1 - BRINGING IT ALL TOGETHER – 1

1. Hola, me llamo José Luis, pero mis amigos me llaman Joselu, es mi apodo (*nickname*). Tengo quince años y vivo en Stuttgart, una ciudad en el suroeste de Alemania. Mis padres son españoles. Mi padre se llama Francisco y mi madre se llama Maricarmen. Vivimos en una casa bastante grande en las afueras de la ciudad. Es muy bonita y espaciosa.

2. Normalmente vamos de vacaciones a España para visitar a nuestra familia. Siempre viajamos en avión y siempre nos quedamos en casa de mis abuelos. Me encanta España porque siempre hace buen tiempo, pero siempre echo de menos (*I miss*) a mis amigos porque pasamos el verano entero en España.

3. Sin embargo, hace un mes fui de vacaciones con mi familia a China. Viajamos en avión y el viaje duró quince horas porque tuvimos que cambiar de vuelo en Viena, la capital de Austria. El viaje fue muy largo, pero fue bastante cómodo y muy divertido. Durante el viaje escuché música y vi dos películas.

4. Fuimos a la ciudad de Shanghái y nos alojamos en un hotel de lujo. En el hotel había un restaurante, un gimnasio y una cancha de tenis. El restaurante era buenísimo y jugué al tenis todos los días por la mañana con mi padre. Sin embargo, no usé el gimnasio porque no tenía ganas de (*I didn't feel like*) hacer ejercicio.

5. Me encantaron las vacaciones a China. El hotel era genial y había mucho que hacer. El primer día hicimos turismo en el centro de la ciudad y por la tarde comimos comida típica. El segundo día fuimos a Shanghai Disneyland Park, un parque de atracciones. Lo pasé bomba y la gente era supersimpática. Después volvimos al hotel y cenamos en el restaurante. Comí patatas fritas y pollo asado y bebí una Coca-Cola. También comí un helado.

6. En el futuro me gustaría volver a China. Sin embargo, mi madre dice que este verano vamos a ir de vacaciones otra vez a España. Mi padre dice que prefiere ir a los Estados Unidos. ¡Ya veremos! (*we will see!*).

Joselu, 15 años. Stuttgart, Alemania

1. Answer the following questions in English

a. What is Joselu's full name?

b. Where is Stuttgart?

c. How does Joselu describe his house?

d. Where does Joselu usually go on holiday?

e. Where does Joselu usually stay?

f. When did Joselu go on holiday to China?

g. How long was the journey to China?

h. Where did Joselu stay in Shanghai?

i. What did Joselu do every morning?

j. What did Joselu do on the second day? (2 details)

2. Find the Spanish equivalent in Joselu's text

a. It is my nickname (1)

b. On the outskirts of the city (1)

c. We always travel by plane (2)

d. I always miss my friends (2)

e. However, a month ago (3)

f. The trip was very long (3)

g. I listened to music (3)

h. In the hotel there was (4)

i. I didn't use the gym (4)

j. The hotel was great (5)

k. I had a great time and (5)

l. I would like to return (6)

m. My mother says (6)

3. Complete the translation of paragraph 3

However, a _____ ago I went on _____ with my _____ to _____. We _____ by _____ and the trip lasted _____ _____ because _____ had to change _____ in Vienna, the capital of Austria. The _____ was very _____ but it was _____ comfortable and _____ _____. During the _____, I _____ to music and _____ two _____.

TERM 1 - BRINGING IT ALL TOGETHER – 1

Juanma y su amiga Nerea están hablando de las vacaciones. Los dos viven en Madrid.

Juanma	¿Adónde fuiste de vacaciones, Nerea?
Nerea	El verano pasado fui de vacaciones con mi familia a Roma, la capital de Italia.
Juanma	¡Cómo mola! ¿Cómo viajaste?
Nerea	Viajé en avión y el viajo duró tres horas.
Juanma	¿Cómo fue el viaje?
Nerea	El viaje fue bastante cómodo, pero no fue divertido.
Juanma	¿Dónde te quedaste en Roma?
Nerea	Me alojé en un hotel barato en el centro de la ciudad, muy cerca de la escalinata de la plaza de España (*the Spanish steps*).
Juanma	¿Y qué tal el hotel? ¿Te gustó?
Nerea	Sí, el hotel era genial. Había un restaurante y una zona de spa para los padres.
Juanma	¡Qué guay! Dime (*tell me*) más.
Nerea	Pues la gente era simpática y había mucho que hacer. Me encantó visitar el Coliseo y viajar en avión.
Juanma	¡Qué suerte! Me encantaría viajar en avión.
Nerea	¿Nunca has viajado (*you've travelled*) en avión?
Juanma	No, ¡nunca he ido (*I've been*) de vacaciones en el extanjero (*abroad*)! Mi familia tiene un piso en Daimuz, un pueblo en la costa.

4. Is each statement True (T), False (F), or Not Mentioned (NM)?

a.	Juanma and Nerea are friends.	
b.	Juanma and Nerea work in Madrid.	
c.	Nerea went on holiday to Rome last week.	
d.	Nerea travelled by plane.	
e.	The journey started at 3:00.	
f.	The flight was quite comfortable.	
g.	The flight was very fun.	
h.	Nerea stayed in an expensive hotel in the city centre.	
i.	The hotel was great.	
j.	Nerea did not like the local people in Rome.	
k.	There were many things to do in Rome.	
l.	Juanma has never travelled by plane.	
m.	Juanma's family have a holiday home in Madrid.	

5. Complete the statements

a. _____ went on holiday last summer with _____ family.

b. Nerea thought the flight was _____ _____ but not very _____.

c. Nerea stayed in a _____ hotel in the _____ _____.

d. Nerea thought the people in Rome were _____ and there was _____ to do.

e. Juanma's family have a _____ in Daimús, a _____ on the _____.

THE LANGUAGE GYM
SPANISH TRILOGY III

UNIT 2
Talking about a past holiday:
what we did and our opinion of it

In this unit you will learn how to:

• Talk about what you, your family and your friends did during a holiday
• Give your opinion about what you liked and disliked
• Say if you would like to return the following year or not

Unit 2: Talking about a past holiday: what we did and our opinion of it

¿Qué hiciste durante las vacaciones?	*What did you do during the holidays?*		
¿Qué fue lo mejor de tus vacaciones?	*What was the best thing about your holidays?*		

Durante las vacaciones *During the holidays*	hice muchas cosas	*I did many things*		
	no hice casi nada	*I did hardly anything*		
	pasé tiempo *I spent time*		con mi familia	*with my family*
			solo/a	*alone*

El primer día	*On the first day*	El segundo día	*On the second day*
alquilé una bici	*I rented a bike*	di un paseo	*I went for a walk*
comí comida deliciosa	*I ate delicious food*	jugué con mi primo	*I played with my cousin*
compré recuerdos	*I bought souvenirs*	nadé en el mar	*I swam in the sea*
conocí a un chico simpático	*I met a nice boy*	probé platos típicos	*I tried typical dishes*
conocí a una chica simpática	*I met a nice girl*	saqué fotos	*I took photos*
descansé en la playa	*I rested on the beach*	tomé el sol	*I sunbathed*

Muchos días *On many days*	me acosté tarde *I went to bed late* me desperté tarde *I woke up late*

Por la mañana *In the morning*	fui *I went*	al centro de la ciudad *to the city centre*	para *to*	comprar cosas *buy things*
		al centro comercial *to the shopping mall*		nadar en el mar *swim in the sea*
Por la tarde *In the afternoon*	fuimos *we went*	al parque *to the park*		ir de tiendas *go shopping*
		a la playa *to the beach*		tomar el sol *sunbathe*
Por la noche *At night*		a la montaña *to the mountain*		tomar un helado *have an ice cream*
	*hice *I did*	buceo *diving*	senderismo *hiking*	
	hicimos *we did*	natación *swimming*	turismo *sightseeing*	

Lo mejor fue cuando...	*The best thing was when...*		
...cené en un restaurante	*I had dinner in a restaurant*	con	mi mejor amigo/a *my best friend*
...pasé tiempo	*I spent time*		mi familia *my family*
...vi un partido de fútbol	*I watched a football match*		mis abuelos *my grandparents*

En mi opinión *In my opinion*	fueron unas vacaciones *they were ... holidays*	inolvidables *unforgettable*	
		buenísimas/malísimas *really really good/bad*	
y *and*	(no) me gustaría	volver	el próximo año
pero *but*	*I would -not- like*	*to go back*	*next year*

*Author's note: In Spanish *hacer* means "to do" and is often used in combination with actions and activities. However, watch out, because sentences such as *HICE natación* are translated back into natural English as "I swam" or "I WENT swimming".

1. Dictation

a. H _ _ _ / m _ ch _ _ / c _ s _ s

b. Pas _ / t _ _ mp _

c. Alq _ _ l _ / _ _ _ / b _ _ _

d. Jug _ _ / c _ _ / m _ / pr _ _ _

e. M _ / a _ _ _ _ _ / t _ rd _

f. H _ c _ m _ _ / b _ _ _ _

g. A / _ _ / m _ _ _ _ _ _

h. L _ / m _ _ or / f _ _ / cuand _

i. F _ _ _ _ _ / un _ _ / vaca _ iones

j. N _ / _ _ / g _ _ _ _ _ _

2. Listen and fill in the gaps

a. Durante _____ vacaciones _____ muchas cosas.

b. El _____ día _____ recuerdos.

c. El segundo _____ probé platos _____.

d. _____ días me _____ tarde.

e. Por la _____ fuimos a la _____ para nadar en el mar.

f. Lo mejor fue cuando vi un _____ de _____.

g. Lo mejor fue cuando _____ tiempo con mis _____.

h. En mi opinión _____ unas vacaciones _____.

i. Me _____ volver el _____ año.

3. Spot the intruders

Durante las los vacaciones hice muchas casi nada cosas. El primer día días alquilé una bici y conocí a un una chico simpático. Por el la mañana fui fuimos al parque y por la noche tarde fui al centro comercial para por ir de tiendas. El segundo día tomé nadé el sol y nadé en el martes mar. Por la noche fui hice al centro de del la ciudad. Lo peor mejor fue cuanto cuando comí cené en un restaurante con mi abuelo amigo.

4. Multiple choice: spot the intruders

e.g.	Best	Restaurant	~~Best friend~~
a.	Holidays	Hardly	Many
b.	Second	First	Beach
c.	Day	I bought	Nice
d.	Days	I woke up	Late
e.	Afternoon	Mountain	Hiking
f.	Night	We went	Restaurant
g.	One day	Time	Friend
h.	My opinion	Holidays	Terrible

5. Faulty translation: listen, identify and correct the errors

e.g. In the morning, I went to the ~~beach~~ **park** to sunbathe.

a. During the holidays, I spent time alone.

b. On the first day, I rented a bike.

c. On the second day, I tasted typical dishes.

d. On the second day, I went to bed late.

e. In the afternoon, we went to the park to have an ice cream.

f. At night, I did sightseeing.

g. In my opinion, they were unforgettable holidays.

6. Listening slalom: follow the speaker from top to bottom and number the boxes accordingly

a.	b.	c.	d.	e.
In the morning	In the afternoon	On the first day	At night	On the second day
I went	we went	I went	I went	we went
to the city centre	to the park	to the beach	to the shopping mall	to the mountain
to sunbathe	to buy	and	to have an ice cream	to swim in the sea
with my brother.	with my cousin.	things.	I rented a bike.	with my sister.

7. Narrow listening: gapped translation

Hello, I am Jorge and I am _____. I went on holiday _____ summer with my _____.

We went to England and we _____ in a _____ hotel in London.

_____ the holidays, I did _____things. On the _____day, I _____

typical dishes and I took _____. I also met a nice _____. On the _____day, I

went for a _____ and I _____ souvenirs. At _____, I did

_____ and I went to the _____ _____ to go shopping. The

_____ thing was when I saw a _____ with my family. In my _____, they

were _____ holidays and I would like to _____ next year.

8. Listen to the two conversations and answer the questions below in English

Conversation 1

a. Where did Lorena go on holiday?

b. What did Lorena do on the first day? (2 details)

c. What did Lorena do at night on the second day?

d. What was the best thing about Lorena's holiday?

e. Would Lorena like to return?

Conversation 2

a. Where did Samuel go on holiday?

b. What did Samuel do on the first day?

c. What did Samuel do on the second day?

d. What was the best thing about his holiday?

e. Would Samuel like to return next year?

Unit 2. A past holiday (what we did & our opinion): VOCAB BUILDING

1. Match

Alquilé una bici	I went hiking
Probé platos típicos	I sunbathed
Fui de marcha	I went to bed late
Hice senderismo	I went scuba diving
Compré recuerdos	I rented a bike
Tomé el sol	I went on a trip
Hice buceo	I rested
Descansé	I went for a walk
Di un paseo	I bought souvenirs
Conocí a un chico	I tried typical dishes
Fui de excursión	I met a boy
Me acosté tarde	I went clubbing

2. Missing letters

a. Al _ uilé un _ bi _ i.

b. Compr _ re _ ue _ dos.

c. T _ mé el so _ .

d. Hi _ e buce _ .

e. Cono _ í a un chic _ simp _ tico.

f. Di un pase _ por el centro de la c _ _ dad.

g. Pro _ é plat _ _ tí _ icos.

h. Na _ é en el m _ r.

i. Hice sen _ erismo en _ _ cam _ o.

j. Sa _ ué much _ s fotos.

k. Me a _ osté tar _ _ .

l. F _ i de marc _ a.

3. Faulty translation: correct the English

a. El primer día — *On the second day*

b. Hice senderismo — *I went diving*

c. Di un paseo — *I went for a run*

d. Descansé — *I danced*

e. Conocí a un chico — *I met a girl*

f. Probé platos típicos — *I probed typical dishes*

g. No hice casi nada — *I did a lot*

h. Lo peor fue — *The best thing was*

i. Hice buceo — *I went sailing*

j. Nadé en el mar — *I swam in the pool*

k. Alquilé una bici — *I rented a horse*

l. Me acosté tarde — *I went to bed early*

4. Spot and add the missing word

a. Por tarde — *In the afternoon*

b. Conocí un chico — *I met a boy*

c. Tomé sol — *I sunbathed*

d. Alquilé bici — *I rented a bike*

e. Fui excursión — *I went on a trip*

f. Di paseo — *I went for a walk*

g. Jugué con primos — *I played with my cousins*

h. Nadé en mar — *I swam in the sea*

i. No hice nada — *I did almost nothing*

j. Fui marcha — *I went clubbing*

k. Gustaría volver — *I would like to return*

5. Sentence puzzle

a. día El no hice primer casi nada — *On the first day, I did hardly anything.*

b. a la piscina Por la fui mañana — *In the morning, I went to the pool.*

c. música Tomé escuchando el sol — *I sunbathed listening to music.*

d. la playa mi Descansé en con amigo — *I rested on the beach with my friend.*

e. tiempo Mi jugando pasó hermano en su móvil — *My brother spent time playing on his phone.*

f. restaurante Almorzamos en el del hotel — *We had lunch in the hotel restaurant.*

g. Después cerca playa de la fui a la siesta del hotel — *After my siesta, I went to the beach near the hotel.*

6. Gapped translation

a. El primer día no hice casi nada.   *On the _____ day, I did hardly _____.*

b. El segundo día hice senderismo.   *On the _____ day I went _____.*

c. Di un paseo por la playa.   *I _____ for a _____ on the _____.*

d. Descansé leyendo tebeos.   *I _____ reading _____.*

e. Conocí a mucha gente simpática.   *I _____ a lot of nice _____.*

f. Un día probamos platos típicos.   *One _____ we tried typical _____.*

g. El cuarto día hicimos turismo.   *On the fourth day we went _____.*

h. Lo peor fue el tiempo.   *The _____ thing was the _____.*

i. Nadé e hice buceo todos los días.   *I _____ and went _____ every day.*

j. Un día conocí a un chico sueco.   *One day I _____ a Swedish_____.*

k. Era muy guapo y gracioso.   *He was very _____ and _____.*

l. Todavía estamos en contacto   *We are still __ _____*

7. Complete with the correct option

a. Alquilé _____.

b. Di _____ por el centro de la ciudad.

c. No hice _____.

d. Me relajé _____.

e. Nadé _____.

f. Pasé _____ con mi familia.

g. El _____ hice muchas cosas.

h. Probé _____.

i. Visité el _____ antiguo

j. Conocí a _____ muy guapo.

k. Compré ropa y muchos _____.

l. Saqué muchas _____.

m. El _____ día hizo mal tiempo.

n. Compré una _____ flamenca.

o. Muchos días _____ buceo en el mar.

fotos	platos típicos	un paseo
casi nada	una bici	en el mar
tiempo	primer día	recuerdos
un chico	leyendo	casco
guitarra	último	hice

8. Insert an appropriate verb

a. El primer día _____ una bici.

b. _____ un paseo por la orilla del mar *(sea shore)*.

c. _____ comida deliciosa en un restaurante local.

d. _____ muchos recuerdos bonitos.

e. _____ el sol en la playa.

f. _____ a un chico muy simpático.

g. _____ al baloncesto con mi primo.

h. _____ en la playa (porque estaba cansado).

i. _____ al centro comercial.

j. _____ tiempo con mi familia.

k. _____ un partido de fútbol.

9. Complete the table

	Español	English
a.	Hice senderismo	
b.	Me desperté tarde	
c.		I took photos
d.		I tried typical dishes
e.	El tercer día	
f.	Pasé tiempo	
g.	Tomé el sol	

Unit 2. A past holiday (what we did & our opinion): READING 1

El verano pasado fui a España con mi familia. Viajamos en tren y luego alquilamos un coche. Nos alojamos en un hotel muy bueno, cerca de Málaga. El hotel estaba a orillas del mar (*seashore*). Me gustó mucho. Hizo buen tiempo todos los días, así que pudimos ir a la playa a menudo. Pasamos las mañanas en la playa tomando el sol y haciendo deportes acuáticos, como buceo, esnórquel y natación. Por las tardes descansamos en el hotel.

El día antes de volver a Ecuador fuimos de excursión a Granada. Fue muy interesante porque es una ciudad muy histórica. Visitamos el palacio de la Alhambra y sacamos muchas fotos. Lo mejor fue cuando mi hermano y yo conocimos a dos chicas alemanas muy graciosas y fuimos a comer tapas con ellas. ¡Fue fenomenal!

Cada día nos despertamos y nos acostamos tarde. Por lo tanto, al final de las vacaciones estábamos todos cansados. Fueron unas vacaciones excelentes y me encantaría volver en el futuro.

Marcelo, 13 años. Quito, Ecuador

El invierno pasado, en diciembre, fui a Innsbruck, en Austria. Viajamos en coche. Nos alojamos en un hotel muy bonito en la montaña. Me gustó mucho porque era muy acogedor y la comida estaba deliciosa.

Nevó todos los días, así que pudimos esquiar. Las pistas eran magníficas, pero había mucha gente. Pasamos las mañanas esquiando y tomando el sol. Por las tardes descansamos en el hotel o fuimos de tiendas. Mis padres compraron muchos recuerdos y mi hermana y yo compramos mucha ropa bonita.

Dos días antes de volver a Escocia fuimos de excursión a Viena. Fue muy interesante porque es una ciudad muy bonita e histórica. Visitamos un palacio antiguo, museos y la ópera. Sacamos muchas fotos. Además, probamos los platos típicos austríacos. Eran deliciosos. Mi hermano y yo conocimos a mucha gente local y pasamos un rato charlando con ellos. Fue muy interesante y divertido.

Fueron unas vacaciones inolvidables y quiero volver el año que viene.

Ross, 14 años. Glasgow, Escocia

1. Answer in English

a. How did Marcelo travel to Spain?

b. How far was his hotel from Malaga?

c. Where was the hotel?

d. What was the weather like?

e. How did they spend the mornings?

f. What did they do in the afternoons?

g. When did they go on a trip to Granada?

h. What is the name of the palace they visited?

i. Where were the two girls they met from?

j. Why were they tired by the end of the holidays?

2. Tick the items that you can find in Marcelo's text

a. Summer   f. We took many photos

b. Car   g. The best was

c. Near   h. To eat tapas

d. By the shore   i. We went to bed

e. We were able to j. First of all

3. Find the Spanish in Ross' text

a. Last winter   g. We went shopping

b. We stayed   h. Many souvenirs

c. I liked a lot   i. Nice clothes

d. There were   j. Two days before

e. Many people   k. Typical dishes

f. We rested   l. We met

4. Find the items below in Ross' text

a. A season starting with 'i': _____

b. A means of transport with 'c': _____

c. An adjective with 'm': _____

d. A verb with 'd': _____

e. A verb with 'c': _____

f. An adjective with 'i': _____

g. A noun with 'r': _____

h. A verb with 'p': _____

THE LANGUAGE GYM
SPANISH TRILOGY III

Unit 2. A past holiday (what we did & our opinion): READING 2

La semana pasada volví de Italia. Pasé una semana en Roma con mi familia. Me alojé en un hotel barato cerca de la estación de tren. Mi habitación era pequeña pero agradable. En Roma hay muchísimas cosas para hacer. Visité el centro de la ciudad, muchos museos y ¡montones de ruinas romanas! También vi muchos monumentos, iglesias y palacios antiguos. Lo mejor fue cuando conocí a un chico simpático de Argentina. Lo pasamos bomba juntos. También pasé tiempo en una playa cercana que estaba a una hora de Roma en coche.

Florencia, 13 años. Mendoza, Argentina

Hace dos meses mi hermano mayor fue a España solo. Se quedó en un pequeño pueblo de pescadores en la Costa Brava, a una hora de Barcelona. Alquiló una casa en la orilla del mar. La casa estaba limpia y era agradable, pero no había televisión ni internet. La playa era genial, así que pasó todos los días tomando el sol, nadando y dando largos paseos por la playa. Por las tardes probó platos típicos y después salió de marcha por Lloret de Mar.

Liam, 16 años. Reading, Reino Unido

El invierno pasado mis padres fueron a Francia. Pasaron dos semanas en Chamonix en los Alpes franceses. Se alojaron en un hotel de cuatro estrellas muy cerca de una fantástica pista de esquí. Las vistas eran magníficas. Nevó todos los días, así que había mucha nieve. Se levantaban temprano y esquiaban cada mañana y tarde durante una hora. No había mucha gente, así que fue muy divertido. Por la tarde comieron comida típica francesa. Estaba rica, ¡pero todo era muy caro!

Gala, 12 años. Barcelona, España

1. Find the Spanish in the texts

a. My room was small but pleasant.

b. The best thing was

c. We had a great time together

d. By car

e. A small fishing town

f. Rented a house

g. By the seaside

h. (He) tasted traditional dishes.

i. Went partying in Lloret de Mar.

j. Last winter

k. A fantastic ski slope.

l. There weren't many people

m. But everything was very expensive!

2. Find someone who…

a. …sunbathed and swam every day.

b. …went out partying.

c. …tasted traditional dishes.

d. …stayed at cheap hotel.

e. …got up early to go skiing.

f. …found the holiday expensive.

g. …went to a nearby beach.

h. …had snow every day.

i. …stayed at small fishing town.

j. …had fantastic views from the hotel.

k. …saw loads of churches and palaces.

l. …stayed by the seaside.

4. Faulty translation: correct the English translation of Florencia's text

Last week I returned from Cuba. I spent a week in Rome with my pet. I stayed in a cheap caravan near the train station. My room was huge but nice. In Rome there are few things to do. I visited the city centre, many mausoleums and lots of Roman bones! I also saw many ancient people, churches and palaces. The funniest thing was when I met a nice guy from Colombia. We had a boring time together. I also spent money at a nearby beach that was about a day from Rome by camel.

3. Correct the mistakes

a. Fui muy divertido

b. Las vistas era magnifica

c. Todo era muy cara

d. También gasté tiempo en un playa cercana

e. No habían televisión ni internet

f. Había muy nieve

g. Visité el centro del ciudad

h. Comida típica Francés

i. Mis padres fue a Francia

Unit 2. A past holiday (what we did & our opinion): READING & WRITING

Pablo: Lo mejor fue cuando fuimos de excursión a una ciudad histórica. Había muchos edificios antiguos, e incluso un castillo. Fue muy interesante.

Eugenia: Lo mejor fue cuando fuimos a bailar hasta las tres de la madrugada.

Marta: Lo mejor fue cuando fuimos al restaurante cerca de mi hotel y probamos muchos platos locales. ¡La comida estaba tan rica!

Carlos: Lo mejor fue cuando fuimos a esquiar con mis primos. Fue muy divertido.

Felipe: Lo mejor fue cuando fuimos a ver un espectáculo de flamenco en Granada. Fue fenomenal.

Gabriel: Lo mejor fue cuando mi hermano y yo conocimos a dos chicas madrileñas en la playa. ¡Eran tan guapas! Lo pasamos bomba con ellas.

Roberto: Lo mejor fue cuando alquilamos una motocicleta y dimos una vuelta por el pueblo.

Verónica: Lo mejor fue cuando fuimos de tiendas y yo compré muchísima ropa bonita.

1. Find someone who...

a. ...rented a means of transport.

b. ...went skiing with relatives.

c. ...watched a flamenco show.

d. ...went on a cultural trip.

e. ...tried lots of local food.

f. ...went shopping and bought clothes.

g. ...went dancing until late.

h. ...met two pretty girls.

2. Find the Spanish equivalent

a. The best thing was	i. We went on a trip
b. A motorbike	j. It was a lot of fun
c. Pretty clothes	k. On the beach
d. We went shopping	l. So delicious
e. Near my hotel	m. We met
f. We tried	n. A historic town
g. A flamenco show	o. Even a castle
h. I bought	p. We rented

3. Complete with the correct verb (you can use the text to help you)

a. El primer día f _ _ _ _ _ de excursión.   *On the first day, we went on a trip.*

b. Nosotros h _ _ _ _ _ _ senderismo cada día.   *We went hiking every day.*

c. J _ _ _ _ al fútbol con mis amigos.   *I played football with my friends.*

d. P _ _ _ _ _ _ tiempo con nuestros abuelos.   *We spent time with our grandparents.*

e. D _ _ _ _ _ _ _ en la playa todos los días.   *I rested on the beach every day.*

f. V _ _ _ _ _ lugares históricos.   *I visited historic places.*

g. El último día f _ _ el mejor.   *The last day was the best.*

h. D _ _ _ _ una vuelta por el centro.   *We went for a walk around the centre.*

i. A _ _ _ _ _ _ _ _ _ un barco pequeño.   *We rented a small boat.*

j. S _ _ _ _ muchas fotos de monumentos antiguos.   *I took many photos of old monuments.*

Unit 2. A past holiday (what we did & our opinion): WRITING

1. Rock-climbing translation (bottom to top)

e.g. On the first day I did hardly anything.

a. One day, we rented a bike and went for a ride around the town.

b. In the afternoon, I relaxed listening to music and reading.

c. They were unforgettable holidays and I would love to go back.

d. The best thing was when we went clubbing.

e. The day before going back, we met two girls from Madrid.

volver.	**nada.**	marcha.	madrileñas.	leyendo.	por el pueblo.
casi	y me encantaría	y	una vuelta	de	a dos chicas
conocimos	música	y dimos	inolvidables	**hice**	fuimos
escuchando	volver	cuando	**no**	una bici	vacaciones
unas	**día**	alquilamos	descansé	de	fue
El primer	Un día	Por la tarde	Fueron	Lo mejor	El día antes

2. Tangled translation: rewrite in Spanish

a. Un **day** hicimos **an** excursión a la **mountain**.

b. Nos **stayed in** un hotel cerca de la **beach**.

c. **There were** muchas cosas que **do** para los **youths**.

d. Comimos **food** muy **delicious**.

e. Afortunadamente hizo **good weather** todos los **days**.

f. Fuimos **to the beach** a menudo.

g. Tomamos **the sun** y **we played** al voleibol.

h. **We met** gente simpática. Había muchos **boys** guapos.

i. Por la tarde **I went shopping**. Compré **many things**.

3. Translate into Spanish

a. On the first day, I visited the old town.

b. On the second day, I rented a bike.

c. In the morning, I got up late.

d. I sunbathed on the beach until noon.

e. Yesterday, I went for a walk.

f. We swam in the sea.

g. We stayed in a cheap hotel.

h. We tried typical dishes.

i. The weather was good every day.

4. Complete the following sentences creatively

a. El verano pasado fui a _____ con mi _____

b. Viajamos en _____ y el viaje fue _____ y _____

c. Durante el viaje _____

d. Nos alojamos en_____ que estaba en _____

e. El primer día _____

f. El segundo día _____

g. El último día hicimos una excursión. Fuimos a _____

h. Para mí, fueron unas vacaciones _____

i. El año próximo me gustaría _____

TERM 1 - BRINGING IT ALL TOGETHER – 2

1. Buenos días, soy Nicolás y tengo trece años. Soy de Oviedo, una ciudad en el norte de España. Vivo en un piso en el centro de la ciudad. Me encanta mi piso porque es muy acogedor, aunque también es un poco pequeño. Vivo con mis padres y mi hermana. Mi hermana se llama Isabela y me llevo muy bien con ella porque es muy amable.

2. Normalmente voy de vacaciones con mi familia a Francia. Sin embargo, el verano pasado fui de vacaciones con la familia de mi amigo a Lisboa, la capital de Portugal. Viajamos en coche y el viaje duró casi (*nearly*) ocho horas. El viaje fue muy divertido, pero no fue muy cómodo. Durante el viaje contamos chistes (*we told jokes*) y escuchamos música.

3. En Lisboa nos alojamos en un hotel de lujo. En el hotel había un gimnasio, un restaurante y una sala de juegos para niños. En mi opinión el hotel era genial y había mucho que hacer. Durante las vacaciones hice muchas cosas y pasé mucho tiempo con mi amigo y su familia.

4. El primer día alquilamos unas bicis y fuimos a la playa para nadar en el mar. También descansé en la playa y conocí a una chica muy simpática. Por la tarde fuimos al centro comercial para ir de tiendas y pasar el tiempo. Por la noche fuimos a un restaurante en el centro de la ciudad y comimos comida típica. Me gustó mucho probar platos nuevos en Lisboa.

5. Muchos días me desperté tarde. Sin embargo, el segundo día me desperté temprano porque tenía muchos planes. Por la mañana hicimos senderismo en las afueras de la ciudad. Por la tarde jugué a las cartas con mi amigo en un parque y tomamos una Coca-Cola. También comí un bocadillo. Por la noche hicimos turismo en el centro de la ciudad. Mi amigo y yo nos acostamos muy tarde.

6. Lo mejor fue cuando vi un partido de fútbol con mi amigo porque fue muy divertido y emocionante. Después compré recuerdos del estadio y volví al hotel. En mi opinión fueron unas vacaciones inolvidables y me gustaría volver en el futuro.

Nicolás, 13 años. Oviedo, España

1. Answer the following questions in English

a. Who does Nicolás live with?

b. Why does he get along with his sister?

c. Where does he usually go on holiday?

d. Where did he go on holiday last year?

e. Who did he go on holiday with?

f. How long did the journey take?

g. Where did he stay when on holiday?

h. What did he do first on the first day?

i. What did he do in the morning on the second day?

j. What was the best part of his holiday?

2. Find the Spanish equivalent in Nicolás' text

a. It is very cosy (1)

b. My friend's family (2)

c. We listened to music (2)

d. In the hotel there was (3)

e. A playroom for kids (3)

f. I did many things (3)

g. We rented some bikes (4)

h. We went to the beach (4)

i. I met a very nice girl (4)

j. (In order) to go shopping (4)

k. I woke up late (5)

l. The best thing was when (6)

m. I bought souvenirs (6)

3. Complete the translation of paragraph 5

On many _____, I woke up _____. However, on the _____ day I woke up _____ because I had _____ plans. In the _____, we did _____ on the outskirts of the city. In the _____, I played _____ with my _____ in a _____ and we _____ a Coca-Cola. I also _____ a _____. At night, we did _____ in the city centre. My friend and I went to bed _____ late.

THE LANGUAGE GYM
SPANISH TRILOGY III

Ismael es el abuelo de Elías. Están hablando por teléfono de las vacaciones de Elías a Inglaterra.

Elías	Dime (*"tell me", a common way of answering the phone*).
Ismael	Hola, nieto (*grandson*). Es tu abuelo Ismael. ¿Qué tal, campeón (*champion*)?
Elías	Hola, abuelo. Muy bien gracias. ¿Y tú? Acabo de volver de vacaciones.
Ismael	Muy bien. Sí, por eso te llamo. ¿Qué hiciste durante las vacaciones?
Elías	La verdad es que hice muchas cosas. El primer día di un paseo por el centro de la ciudad y saqué muchas fotos.
Ismael	¿Qué comiste? Se debe comer bien.
Elías	Comí mucha comida típica inglesa. El tercer día comí pescado y patatas fritas y también comí unos pasteles ingleses.
Ismael	Y, ¿qué tal los padres? ¿Qué hicieron ellos de vacaciones?
Elías	Están muy bien. Para mi padre lo mejor fue cuando hicimos turismo en el casco antiguo. Sin embargo, para mi madre fue cuando alquilamos unas bicis.
Ismael	Me parece fantástico. ¿Dormiste mucho?
Elías	Sí, dormí mucho... pero muchos días me desperté tarde porque me acosté tarde la noche anterior.
Ismael	Pero bueno estabas de vacaciones así que se debe dormir bien también. ¿Qué tal el viaje a Inglaterra?
Elías	El viaje fue muy divertido ya que viajamos en coche y luego en barco. ¿Has ido tú alguna vez a Inglaterra?
Ismael	No, Elías. Yo nunca he ido a Inglaterra. No me gusta el frío.

4. True (T), False (F) or Not Mentioned (NM)?

a.	Elías is Ismael's grandad.	
b.	Elías has just got back from a holiday.	
c.	Elías did many things on holiday.	
d.	On the first day, Elías went to the beach.	
e.	On the first day, Elías went for a walk.	
f.	On the first day, Elías took many photos.	
g.	Elías ate a lot of typical English food.	
h.	On the third day, Elías ate fish and chips.	
i.	Elías did not like English cakes.	
j.	For Elías' father, the best thing was hiking.	
k.	For Elías' mother, the best thing was renting bikes.	
l.	Elías did not get a lot of sleep.	
m.	Elías travelled by car and by boat.	

5. Complete the statements

a. Elías went for a walk in the _____ _____ on the _____ day.

b. Elías and his _____ did sightseeing in the _____ _____.

c. Elías got up _____ because he went to bed _____ the night _____.

d. _____ thinks that it is important to sleep well on holiday.

e. _____ has never been to England because he doesn't like the _____.

UNIT 3
Back to reality: describing a typical day in the present, preterite & near future

In this unit you will learn how to:

• Describe a typical day in the past, present & future tenses
• Give your opinion about what you like & dislike to do
• To say what you "had to do", "wanted to do" and "would like to do"

Hoy
Today

Ayer
Yesterday

Mañana
Tomorrow

Unit 3. Describing a typical day in the present, preterite & near future

¿Qué haces normalmente en tu tiempo libre?	What do you normally do in your free time?

PRESENT (INDICATIVE)

Por lo general *In general*	**El fin de semana** *At the weekend*	**Entre semana** *During the week*

arreglo mi dormitorio	*I tidy my bedroom*	juego a la Play	*I play on the PlayStation*
ayudo a mis padres	*I help my parents*	juego con mi hermano	*I play with my brother*
como en un restaurante	*I eat in a restaurant*	salgo con mi novio	*I go out with my boyfriend*
hago mis deberes	*I do my homework*	salgo con mi novia	*I go out with my girlfriend*
monto en bici	*I ride my bike*	voy al centro comercial	*I go to the shopping mall*

Me gusta *I like (to)*	**Suelo** *I usually*	**Tengo que** *I have to*

ayudar a mi hermano	*help my brother*	ir al parque	*go to the park*
estudiar	*study*	jugar con mis amigos	*play with my friends*
hacer los deberes	*do my homework*	salir con mis amigos	*go out with my friends*

¿Qué hiciste ayer después del colegio?	What did you do yesterday after school?

PAST (PRETERITE)

Ayer *Yesterday*	**El viernes pasado** *Last Friday*	**La semana pasada** *Last week*

arreglé el salón	*I tidied the living room*
ayudé a mi hermano	*I helped my brother*
comí en un restaurante chino	*I ate in a Chinese restaurant*
compré material escolar	*I bought school equipment*
di un paseo	*I went for a walk*
fui al estadio	*I went to the stadium*
hice footing en el parque	*I went jogging in the park*
leí un libro	*I read a book*
toqué la guitarra	*I played the guitar*
salí con mi mejor amigo/a	*I went out with my best friend*

¿Qué planes tienes para este fin de semana?	What plans do you have for this weekend?

FUTURE (IMMEDIATE)

El próximo fin de semana *Next weekend*	**La próxima semana** *Next week*	**Mañana** *Tomorrow*

		arreglar mi dormitorio	*tidy my room*
(No) Quiero	*I (don't) want to*	ayudar en casa	*help at home*
(No) Me gustaría	*I would (not) like to*	hacer mis deberes	*do my homework*
(No) Tengo que	*I (don't) have to*	ir al cine	*go to the cinema*
(No) Voy a	*I'm (not) going to*	quedar con mis amigos	*meet up with my friends*
		tocar el ukelele	*play the ukulele*

1. Fill in the blanks

a. _ _ _ _ _ _ _ mi habitación después del colegio.

b. Juego a la Play en _ _ _ _ _ _ _ _ _ _ _ _ .

c. Entre semana, salgo _ _ _ mi _ _ _ _ _ .

d. _ _ _ _ _ _ _ voy al centro comercial.

e. Entre semana nunca _ _ _ _ en
un _ _ _ _ _ _ _ _ _ _ .

f. Suelo _ _ _ _ _ _ a mi _ _ _ _ _ en la cocina.

g. Me gusta ir al _ _ _ _ _ _ con mis _ _ _ _ _ _ .

h. Tengo que _ _ _ _ _ mis _ _ _ _ _ _ _ hoy.

3. Missing letters

a. Ayer h _ _ _ f _ _ _ _ _ _ en el p _ _ _ _ _ .

b. Ayudé a mi h _ _ _ _ _ _ con sus d _ _ _ _ _ _ .

c. Fui al e _ _ _ _ _ _ para ver un p _ _ _ _ _ _ .

d. Toqué la g _ _ _ _ _ _ con mi g _ _ _ _ .

e. El v _ _ _ _ _ _ pasado arreglé el s _ _ _ _ .

f. C _ _ _ en un restaurante c _ _ _ _ .

g. D _ un p _ _ _ _ con mi mascota Roberto.

h. La semana pasada f _ _ al centro comerc _ _ _ _ .

5. Multiple choice quiz: select the correct option

	1	2	3
a. Jaume	tidied	helped	ate
b. Miquel	stadium	mall	park
c. Inés	friend	boyfriend	girlfriend
d. Ryan	piano	guitar	ukulele
e. Paloma	Indian	Chinese	Italian
f. Gianfranco	brother	sister	mother
g. Ronan	Friday	Saturday	Sunday
h. Dylan	pet	friend	girlfriend

2. Break the flow

a. Salgoconminoviodespuésdelcolegio.

b. Siempreayudoamispadres.

c. Entresemanamontoenbici.

d. Hagomisdeberesenmidormitorio.

e. Comoconmispadresenunrestaurante.

f. Megustasalirconmisamigos.

g. Sueloiralparqueconmiamiga.

h. Tengoqueayudaramihermano.

4. Spot the differences

a. A veces como en el centro comercial.

b. Juego a la Play con mi gato.

c. El fin de semana voy al estadio.

d. El fin de semana siempre como en casa.

e. Tengo que ir al parque con mi amigo.

f. Me gusta hablar con mi madre en el jardín.

g. Los sábados suelo hacer footing con mi novia.

h. Voy a ir al parque con mi perrita, Lily.

6. Narrow listening: gap-fill

a. Hola, me _____ Tomás. El fin de semana por lo _____ voy al centro comercial con mis amigos. Sin _____, el fin de semana pasado fui a la _____ con mi familia.

b. Hola, soy Merche. Entre _____ tengo que _____ muchas cosas. Tengo que ayudar a mi padre en la _____ y hacer mis deberes en mi _____. ¡No me gusta _____!

c. Hola, _____ José Luis. El fin de semana _____ hice _____ y luego fui a la _____ para hacer natación. ¡Me gusta mucho la _____!

7. Fill in the gaps: future intention

a. Voy a _____ mi _____.

b. Quiero _____ con mis amigos.

c. Tengo que _____ mis _____.

d. Voy a tocar ___ _____ con mi amigo.

e. Quiero ir ___ _____ con mi _____.

f. Tengo que _____ en _____.

8. What & when? Listen and complete

	Activity	Past/Present/Future
e.g	*Helping at home*	*Present*
a.		
b.		
c.		
d.		
e.		

9. Listening slalom: follow the speaker from top to bottom and number the boxes accordingly

a.	b.	c.	d.	e.
My name is Vero.	I am Leo.	My name is Santiago.	My name is Gabriela.	I am Carlos.
Every day	In general	Last weekend	Next weekend	Yesterday
I ate in a restaurant	I do my homework	during the week	I went to the cinema	I am going to go
to the shopping mall	I do	at home	with my parents	with my boyfriend.
I also went for a walk	with my best friend	and	after school	many things.
and I am going to play	I played	I always help	with my pet	and I also play
my parents.	the piano.	the ukulele.	the guitar.	in the park.

10. Faulty translation: correct the English

Hi, my name is David. In general, at the weekend I do many things. I play basketball with my sister and I go to the stadium. However, next weekend was different. I went for a walk in the park with my cat and later I ate in a Chinese restaurant with my girlfriend. I also played the piano in my bedroom. Next weekend I want to play with my friends. I would like to go to the shops and watch a new film. However, I also have to go jogging and help at school.

Unit 3. Describing a typical day (past/present/future): VOCAB BUILDING

1. Match: time markers

Ayer	At the weekend
El sábado próximo	Tomorrow
Mañana	Last weekend
El sábado pasado	The day before yesterday
Dentro de dos días	Within two days
La semana pasada	A few days ago
El fin de semana	Yesterday
Anteayer	Last week
Hace unos días	Last Saturday
El fin de semana pasado	Next Saturday

2. Complete the table

Español	English
Hago	
Voy	
	I have to
	I want
Salgo	
Me levanto	
Veo	
	I read
	I write

3. Match: activities

Voy a levantarme temprano	I am going to ride a bike
Voy a leer un libro	I am going to study
Voy a estudiar	I am going to have fun
Voy a salir	I am going to get up early
Voy a divertirme	I am going to help my dad
Voy a ir de compras	I am going to go out
Voy a ayudar a mi padre	I am going to read a book
Voy a hacer deporte	I am going to go shopping
Voy a montar en bici	I am going to do sport

4. Identify: past, present or future?

e.g. Ayer jugué al fútbol (PAST)

a. Este fin de semana quiero ir al cine.

b. Entre semana ayudo a mis padres.

c. El año pasado fui al estadio.

d. La semana pasada comí en un restaurante chino.

e. Mañana voy a tocar el ukulele.

f. Suelo ir al parque con mi hermana.

g. Hace dos años fui a un concierto de Dua Lipa.

5. Choose the correct translations

	1	2	3
a. I went	fui	fue	fuo
b. I did	hicimos	hice	hizo
c. I helped	ayudí	ayudé	ayudó
d. I ate	comi	comió	comí
e. I played	jugar	jugué	jugó
f. I went out	salí	sally	salgo
g. I drank	bebé	bebió	bebí
h. I read	leyí	leí	leyo
i. I watched	vi	veo	vio
j. I rode	monté	monta	monto
k. I swam	nadá	nadí	nadé

6. Break the flow

a. Ayerfuialcineconminovia.

b. Mañanavoyairdecomprasconmipadre.

c. Lasemanapasadafuidepescaconmimadre.

d. Minoviayyovimosunapelículaemocionante.

e. Ayernohicenada.Merelajéescuchandomúsica.

f. Porlatardesueloayudaramihermanoconlastareas.

g. Anteayerestudiémuchoparalapruebadeespañol.

h. Estatardevoyamontarenbiciconmisamigos.

i. Elfindesemanahagomuchodeporte.

j. Elfindesemanapasadohicepesasconmiprimo.

Unit 3. Describing a typical day (past/present/future): VOCAB BUILDING

7. Complete the table with the options provided below

Ayer	Hoy	Mañana
		Voy a montar en bici
	Me levanto	
		Voy a salir con mi novia
	Tomo un café	
		Voy a hacer boxeo
	Voy al cine	
		Voy a tocar la guitarra
	Como mucho	

Voy a comer mucho	Voy a tomar un café	Voy a levantarme	Salgo con mi novia
Comí mucho	Fui al cine	Monté en bici	Hice boxeo
Voy a ir al cine	Toqué la guitarra	Tomé un café	Me levanté
Toco la guitarra	Monto en bici	Hago boxeo	Salí con mi novia

8. Translate into English

a. Fui de compras

b. Voy a jugar al ajedrez

c. Leí unos tebeos

d. Comí mariscos

e. Hago mi cama

f. Vi una película

g. Voy a levantarme

h. Jugué al ajedrez

i. Ayudo a mis padres

j. Descansé

k. Tengo que estudiar

l. Suelo acostarme tarde

m. Quiero salir con mi novia

n. Hoy no puedo jugar

o. Me divierto mucho

9. Sentence puzzle

a. no Ayer nada especial hice — *Yesterday I didn't do anything special*

b. vi Anteayer película una — *The day before yesterday I watched a film*

c. El las fin tareas hacer de suelo semana — *At the weekend I usually do the chores*

d. El salí mi pasado novia sábado con — *Last Saturday I went out with my girlfriend*

e. los tengo temprano que días levantarme Todos — *Every day I have to get up early*

f. padre días Hace ajedrez jugué con dos mi al — *Two days ago I played chess with my dad*

g. tarde ir Esta a voy playa a la — *This afternoon I am going to go to the beach*

h. escuchando Ayer música me relajé — *Yesterday I relaxed listening to music*

i. en bici Mañana parque en el a montar voy — *Tomorrow I'm going to ride my bike at the park*

Unit 3. Describing a typical day (past/present/future): VOCAB BUILDING

10. Complete with the correct option

a. Por lo general, el fin de semana _____ a mi padre en el jardín.

b. El fin de semana pasado _____ su coche y luego _____ a la PlayStation.

c. Mañana voy a _____ temprano porque _____ footing en el parque.

d. Anteayer _____ al cine con mi novia. _____ la última película de los Vengadores.

e. Entre semana _____ *(I usually)* levantarme a las siete.

f. Esta tarde _____ que ir de compras con mi madre. ¡Yo _____ *(I hate)* ir de compras!

g. Hace tres días _____ escaparates con mis amigas. ¡_____ divertido!

h. Hoy no _____ salir con mi novia. _____ *(I must)* estudiar para la prueba de francés.

i. Ayer no _____ nada especial. _____ escuchando música y _____ una novela.

j. Por lo general _____ mis deberes en la biblioteca antes de volver a casa.

puedo	levantarme	vimos	me relajé	odio	debo
hice	fui	hago	tengo	voy a hacer	leyendo
fue	ayudo	suelo	lavé	jugué	miré

11. Guided translation (verbs only)

a. *I played*	J _ _ _ _	g. *I usually eat*	S _ _ _ _ c _ _ _ _
b. *I am going to go*	V _ _ a i_	h. *I can't*	No p _ _ _ _
c. *I see/watch*	V _ _	i. *I went*	F _ _
d. *I did*	H _ _ _	j. *I am going to do*	V _ _ a h _ _ _ _
e. *I have to*	T _ _ _ _ q _ _	k. *I helped*	A _ _ _ _
f. *I don't want*	N _ q _ _ _ _ _	l. *I tidied up*	A _ _ _ _ _ _

12. Complete with the correct verb in the appropriate tense (preterite, present and future)

a. Ayer _____ al cine con mi amiga.   *Yesterday, I went to the cinema with my friend.*

b. Hace dos días _____ un libro muy bueno.   *Two days ago, I read a very good book.*

c. El sábado próximo _____ al estadio.   *Next Saturday, I am going to go to the stadium.*

d. Hoy _____ para la prueba de inglés.   *Today, I have to study for the English test.*

e. El domingo _____ hacer footing.   *On Sundays, I usually go jogging.*

f. Mañana _____ levantarme temprano.   *Tomorrow, I am going to get up early.*

g. El viernes pasado _____ con mi novia.   *Last Friday, I went out with my girlfriend.*

h. Anteayer _____ al parque.   *The day before yesterday, I went to the park.*

i. Hoy no _____ salir con ellas.   *Today, I don't want to go out with them.*

j. No _____ hacer mucho deporte.   *I don't usually do a lot of sport.*

k. Mañana voy a _____ en bici.   *Tomorrow, I am going to ride my bike.*

l. La semana pasada _____ mucha ropa.   *Last week, I bought a lot of clothes.*

El fin de semana suelo hacer muchas cosas.

El sábado es el día del deporte. Por la mañana suelo hacer footing en el parque con mi mejor amigo, Iñaki. Nos levantamos muy temprano y corremos durante dos horas. El sábado pasado corrimos hasta las ocho y media. Me encanta correr. Luego voy al polideportivo con Iñaki y otros dos amigos, Aitor y Luciano. Jugamos al bádminton, al ping-pong o al tenis. Nos divertimos mucho, pero yo no gano nunca. Por la tarde hago escalada con mi padre y mi hermano menor.

El domingo por la mañana hago footing también, pero solo durante media hora. Luego vuelvo a casa en coche con mis padres, hago mis deberes y paso la tarde jugando en mi ordenador y viendo la tele con mi familia. Nada especial. Por lo general, cenamos en casa de mis abuelos paternos. Me encantan mis abuelos, porque son muy graciosos y amables.

El fin de semana próximo será diferente, porque voy a ir de excursión a Barcelona con mi colegio. Vamos a visitar la Sagrada Familia y otros monumentos y lugares históricos de la ciudad. Hay muchas tiendas curiosas en Barcelona, así que voy a comprar mucha ropa.

El año pasado fuimos a Madrid y lo pasé bomba. Hicimos turismo por la mañana y por la tarde dimos una vuelta por el centro de la ciudad. Había mucho que ver y hacer. Mi amigo Aitor y yo conocimos a dos chicas madrileñas muy guapas y graciosas. Todavía estamos en contacto con ellas.

Txosi, 15 años. San Sebastián, España

1. Find the Spanish equivalent

a. I usually do many things

b. My best friend

c. We ran until 8:30

d. I love running

e. We have lots of fun

f. I never win

g. Only for half an hour

h. I spend the afternoon playing

i. Nothing special

j. I am going to go on a trip

k. I am going to buy

l. We went sightseeing

m. We went for a walk in the centre

n. There was a lot to see and do

2. Correct the statements

a. At the weekend, Txosi doesn't do much.

b. On Saturdays, he gets up late.

c. He always wins at racket sports.

d. In the afternoon, he goes cycling with his father and older brother.

e. On Sundays, he does more running than on Saturdays.

f. On Sunday mornings, he spends time studying on his computer.

g. They usually have dinner at his grandparents, who are very strict.

h. Next weekend, he is going to visit his family in Barcelona.

i. He is going to buy souvenirs.

j. He went clubbing in the centre of the city.

k. Txosi and Aitor met two girls from Madrid but didn't get their contact details.

3. Correct the mistakes in the translation of the last two paragraphs of Txosi's text

Next week will be different because I am going to go on a trip to Barcelona with my family. We are going to visit the Sagrada Familia and other monuments and historic buildings of the city. There are many beautiful places in Barcelona, therefore I am going to do a lot of sightseeing.

Last month, we went to Madrid and we had a boring time. We went hiking in the morning and in the afternoon, we went for a walk around the beach. There was a lot to eat and drink. My friend Aitor and I met two very boring and mean girls from Bilbao. We are no longer in touch with them.

Unit 3. Describing a typical day (past/present/future): READING 2

Lo que me gusta de mi barrio es que hay muchas cosas que hacer para los jóvenes. El fin de semana, cuando tengo tiempo libre, hago muchas cosas con mis mejores amigos. Primero, hacemos mucho deporte. Por ejemplo, el sábado pasado montamos en bici por el bosque cerca de mi casa. Fue muy divertido. Nos caímos *(we fell)* algunas veces, pero afortunadamente nadie se hizo daño *(got hurt)*. Luego levantamos pesas en el gimnasio del polideportivo cerca del colegio.

Finalmente hicimos escalada en el rocódromo. Hay un muro de escalada bastante alto allí. Afortunadamente no había mucha gente, así que pudimos subir muchas veces sin tener que esperar mucho. Fue muy agotador, pero nos divertimos mucho.

En mi barrio también hay dos centros comerciales muy grandes. Tienen muchas tiendas de ropa, videojuegos, informática y música y restaurantes de comida rápida. Sé que la comida rápida es mala para la salud, pero me encanta.

El domingo pasado fui con mi mejor amigo, Alfredo, a mirar escaparates en el centro comercial más cerca de mi casa. Alfredo es muy guapo, fuerte (está como un toro) y gracioso. Conocimos a un par de chicas muy simpáticas y pasamos todo el día paseando con ellas. Una de las chicas, Aitana, era muy divertida y yo pasé mucho tiempo charlando con ella.

El fin de semana próximo voy a salir con ella. Vamos a ir al cine para ver la última película de los X-Men. Luego vamos a ir al parque. Será guay.

Brayan, 13 años. Puerto Maldonado, Perú

1. Find the Spanish equivalent in the text

a. What I like about

b. I do many things

c. In the forest near my house

d. We fell a few times

e. Nobody got hurt

f. There weren't many people

g. It was very tiring

h. I know that junk food is bad

i. To go window shopping at the shopping mall

j. We met a couple of very nice girls

k. We spent the whole day

l. I spent a lot of time

m. Chatting with her

2. Gapped translation (refer to Brayan's text)

a. At the weekend, when he has _____ _____, Brayan and his friends do a lot of things.

b. First of all, they do a lot of _____.

c. Last Saturday, they _____ their _____ in the _____ near his house.

d. They _____ a few times, but luckily no one _____ _____.

e. Later they _____ _____ in the sports centre gym near the school.

f. Finally, they went _____ on the climbing wall.

g. It was very _____ but they had lots of fun.

h. Last Sunday, Brayan and his best friend went _____ _____ in the shopping centre.

i. They met a couple of nice girls and they spent the whole day _____ around with them.

j. He spent a lot of time _____ with Aitana.

k. Next weekend he is going to _____ _____ with her (Aitana) to the _____.

3. Answer the questions below in Spanish

a. ¿Qué hizo Brayan con sus amigos en el bosque?

b. ¿Cómo fue la sesión de escalada?

c. ¿Cuántos centros comerciales hay en el barrio de Brayan?

d. ¿Cómo es Alfredo físicamente?

e. ¿Qué hicieron con las chicas?

f. ¿Qué va a hacer Brayan con Aitana el fin de semana próximo?

Unit 3. Describing a typical day (past/present/future): READING & WRITING

El fin de semana pasado

Silvia: Comí muchísimo y me relajé jugando a las cartas con mis hermanos y primos.

Marina: No hice nada. Solo descansé. ¿Y tú?

Fernando: Arreglé el salón. Lo pasé muy mal.

Roberta: Fui de compras con mi madre y fui al cine con mis padres. Fue aburridísimo.

Beatriz: Ayudé a mis padres. Luego comimos en un restaurante chino y vimos una película.

Paco: Por lo general suelo salir con mi novia. Sin embargo, ella no pudo porque tenía que estudiar para una prueba de química.

Ale: Leí un libro muy interesante. También hice escalada en el rocódromo cerca de mi casa.

Carmen: Fui a Zaragoza con mi familia. Hicimos turismo y sacamos muchas fotos.

Raúl: Hice mucho deporte. Hice footing, pesas y buceo. Fue muy divertido. Sin embargo, no estudié para la prueba de español del día siguiente (*the next day*)...

Susana: Cuidé a la hija de mi vecino.

2. Complete with any suitable word

a. Por lo general arreglo mi _____.

b. El fin de semana _____ a la Play.

c. También me gusta jugar con mis _____.

d. Entre semana salgo con mi _____.

e. Por lo general _____ en bici en el parque.

f. Ayer por la tarde toqué la _____.

g. La semana pasada _____ en un restaurante.

h. El viernes _____ hice footing en el bosque.

i. Ayer di un _____ con mi hermana a las tres.

1. Find someone who...

a. ...did a lot of sport.

b. ...had a very boring time.

c. ...tidied the living room.

d. ...went sightseeing.

e. ...couldn't go out with his girlfriend.

f. ...had a Spanish test the next day.

g. ...helped their parents.

h. ...had to study for a chemistry test.

i. ...went to the cinema.

j. ...relaxed by playing cards.

k. ...took a lot of pictures.

l. ...didn't do anything.

m. ...went rock climbing.

n. ...went shopping.

o. ...looked after their neighbour's daughter.

3. Write an extension of the sentence said by each person on the left

e.g. Silvia: También fui a un restaurante.

Marina:

Fernando:

Roberta:

Beatriz:

Paco:

Ale:

Carmen:

Raúl:

Susana:

Unit 3. Describing a typical day (past/present/future): WRITING

1. Complete Marta's text with the verbs from the table (there is one word too many)

Hola, me _____ Marta. El sábado pasado _____ muchas cosas. Primero, _____ en bici en el bosque. _____ muy divertido. Luego, mis amigos y yo _____ al gimnasio cerca de mi casa. Hicimos pesas. Después de hacer pesas _____ escalada en el parque. Luego fuimos al centro de la ciudad para _____ escaparates en el centro comercial. Yo _____ a un chico muy simpático. Se _____ Carlos. Pasamos toda la tarde _____. El fin de semana que viene _____ a _____ juntos. Vamos a _____ una película en el cine y luego vamos a _____ en un restaurante. Creo que _____ muy divertido. También me _____ tocar el ukelele en mi habitación. Finalmente _____ que _____ porque el lunes _____ un examen de matemáticas.

mirar	cenar	hice	ver	fue
será	llamo	hablando	monté	salir
conocí	llama	fuimos	vamos	hicimos
gustaría	piano	estudiar	tengo	examen

2. Complete with a suitable word

a. Cuando tengo tiempo arreglo mi _____.

b. Siempre ayudo a mi _____.

c. A veces como en un _____.

d. Salgo con mi _____ y vamos __ _____.

e. El sábado me gusta _____.

f. Después del colegio tengo que _____.

g. El viernes pasado compré _____.

h. Ayer di un _____ en el _____.

i. El fin de pasado _____ la guitarra.

j. El próximo fin de _____.

k. Voy a _____ mis deberes.

l. Me gustaría _____ con mis amigos.

m. El fin de semana próximo vamos a ir __ _____.

3. Answer the questions below in Spanish and in full sentences

a. ¿Cómo te llamas?

b. ¿Cuántas personas hay en tu familia?

c. ¿Vives en un piso o en una casa?

d. ¿Qué haces normalmente en tu tiempo libre?

e. ¿Qué haces para ayudar en casa?

f. ¿Qué hiciste ayer después del colegio?

g. ¿Qué planes tienes para este fin de semana?

h. ¿Qué más (what else) tienes que hacer?

i. ¿Qué vas a hacer hoy después del colegio?

TERM 1 - BRINGING IT ALL TOGETHER – 3

1. Hola, soy Alma y vivo en Gijón, una ciudad en el norte de España. Vivo en una casa bastante moderna con mi familia. En mi familia hay seis personas: mi madre, mi padre, mi hermana mayor, mi hermano menor, mi abuela y yo. Me llevo muy bien con mi abuela porque es muy simpática y siempre me ayuda.

2. Por lo general arreglo mi dormitorio al levantarme. Después me visto y juego a la Play un rato. Me gusta jugar a la Play por la mañana antes del colegio. Después del colegio hago mis deberes en el salón y voy al centro comercial con mis amigos. Me gusta salir con mis amigos porque nos divertimos mucho. Por la noche antes de acostarme tengo que ayudar a mi hermano con sus deberes.

3. Como vivimos en el campo hay mucho espacio y mucho que explorar. Por eso entre semana monto en bici todos los días y los fines de semana salgo en bici con mi padre y mi hermano. Solemos pasar unas horas en bici por las montañas y siempre nos lo pasamos muy bien. Mi hermana prefiere salir con sus amigas así que no viene con nosotros.

4. Sin embargo, el sábado pasado no solo monté en bici con mi padre y mi hermano, también nos acompañaron (*accompanied us*) mi hermana, mi madre y mi abuela. Fue muy chulo y ayudé a mi abuela cuando lo necesitaba. Después fuimos al estadio a ver un partido de fútbol. Luego cenamos en un restaurante chino antes de volver a casa. Me acosté a eso de la una y el siguiente (*next*) día me desperté muy tarde.

5. Hace tres meses fui de vacaciones a Alemania con mi familia y también me acosté muy tarde todos los días. Salimos todos los días en bicicleta y fue muy emocionante. Viajamos en avión y nos alojamos en un hotel bastante barato. En mi opinión fueron unas vacaciones buenísimas y me gustaría volver el próximo año.

6. El próximo fin de semana no voy a montar en bici porque tengo que descansar. Voy a ir al cine con mis amigos y ayudar en casa.

Alma, 15 años. Gijón, España

1. Answer the following questions in English

a. Where is Gijón?

b. Who does Alma get on with?

c. What does Alma do as soon as she gets up?

d. What does she have to do before bed?

e. When does she ride her bike?

f. What does her sister prefer to do?

g. What did she do after her bike ride last Saturday?

h. What kind of restaurant did she eat in?

i. Where did Alma go on holiday three months ago?

j. What won't Alma do next weekend?

2. Find the Spanish equivalent in Alma's text

a. She always helps me (1)

b. I get dressed (2)

c. Before going to bed (2)

d. There is lots of space (3)

e. I ride my bike (3)

f. We tend to spend a few hours (3)

g. I didn't only ride my bike with (4)

h. Later we had dinner (4)

i. Before returning home (4)

j. I woke up very late (4)

k. Three months ago (5)

l. I would like to return (5)

m. I have to relax (6)

3. Complete the translation of paragraph 2

_____, I _____ my _____ as soon as I get up. _____, I get _____ and I play on the PlayStation for a _____. I like to play on the PlayStation in the morning _____ school. _____ school, I do my _____ in the _____ room and I go to the _____ mall with my friends. I _____ to go out with my friends _____ we have a lot of _____. At _____, before going to _____, I have to _____ my _____ with _____ homework.

Eric y Jesús están hablando del tiempo libre y de lo que van a hacer este fin de semana.

Eric	¿Qué pasa, hombre? ¿Todo bien?
Jesús	Sí, tío (*man*), todo bien. ¿Y tú?
Eric	Sí... bueno, estoy bastante cansado. Ayer hice footing en el parque todo el día.
Jesús	¿Te gusta hacer ejercicio (*exercise*)?
Eric	No, la verdad es que no. Sin embargo, entre semana intento hacer deporte o hacer footing al menos (*at least*) tres veces a la semana.
Jesús	Madre mía. No me sorprende que estés cansado. Yo casi nunca hago ejercicio, pero ayer di un paseo por el centro de la ciudad con mi novia.
Eric	¿Y qué hicisteis?
Jesús	Fuimos al cine a ver una película y comimos en un restaurante italiano. ¿Te gusta la comida italiana?
Eric	Sí, me encanta, pero este fin de semana voy a comer en un restaurante chino para el cumpleaños de mi amigo.
Jesús	¡Qué chulo! ¿Tienes deberes que hacer este fin de semana? Yo tengo que hacer mis deberes de matemáticas.
Eric	Sí, tengo que hacer mis deberes de inglés para el examen el miércoles que viene, pero me gustaría tocar el ukelele.
Jesús	A mí me encanta tocar la guitarra en mi tiempo libre. Este domingo voy a ir al parque para tocar la guitarra. Si te apetece puedes venir a tocar el ukelele.
Eric	Me encantaría. Quedamos en el parque este domingo a las doce.

4. True (T), False (F) or Not Mentioned (NM)?

a.	Eric and Jesús are talking about free time.	
b.	Jesús is feeling well.	
c.	Eric is quite tired.	
d.	Eric did jogging in the park all day yesterday.	
e.	Eric loves exercising.	
f.	Eric plays football twice a month.	
g.	Jesús rarely exercises.	
h.	Eric went out with his girlfriend yesterday.	
i.	Jesús went for a walk around the shopping mall.	
j.	Jesús ate at a restaurant yesterday.	
k.	Eric is going to an Italian restaurant this weekend.	
l.	Jesús has maths homework to do this weekend.	
m.	Eric has English homework to do this week.	

5. Complete the statements

a. _____ went for a walk in the city centre with his _____.

b. _____ would like to play the _____ but he has homework to do.

c. _____ loves to play the guitar in his _____ _____.

d. _____ agrees to meet up _____ at the park this Sunday.

e. The boys are going to meet up at _____.

TERM 1 – MIDPOINT – RETRIEVAL PRACTICE

1. Answer the following questions in Spanish

¿Adónde fuiste de vacaciones?	
¿Cómo viajaste?	
¿Cómo fue el viaje?	
¿Dónde te quedaste?	
¿Te gustó?	
¿Qué hiciste durante las vacaciones?	
¿Qué fue lo mejor de tus vacaciones?	
¿Qué haces normalmente en tu tiempo libre?	
¿Qué hiciste ayer después del colegio?	
¿Qué planes tienes para este fin de semana?	

2. Write a paragraph in the first person singular (I) providing the following details

a. Your name is Enrique.

b. You are Spanish and you live in Madrid.

c. You are 15 years old and you live with your parents.

d. Last summer, you went on holiday to Germany.

e. You travelled by plane and you stayed in a luxury hotel.

f. During your holiday, you went shopping in the city centre.

g. On the second day, you met a nice boy and watched a football match with him.

h. In your free time, you usually like to go to the park with your friends.

i. Last weekend, you ate at a Chinese restaurant.

3. Write a paragraph in the third person singular (he/she) about a friend or a family member.

Say:

a. Their name, their age and where they are from.

b. Where they went on holiday last year and how they got there.

c. Where they stayed and their opinion.

d. Three things they did on their holiday.

e. What they usually do in their free time.

f. What they did after school yesterday.

g. What they are going to do this weekend.

UNIT 4
Describing a typical day at school

In this unit you will learn how to:

- Talk about your typical routine on a school morning
- Say what classes you have at what time
- Give an opinion about your classes
- Talk about after-school activities
- Say what the school rules are

THE LANGUAGE GYM
SPANISH TRILOGY III

Unit 4. Back to reality: describing a typical day at school

¿A qué hora empiezan/terminan las clases?	*What time do lessons start/finish?*
¿Qué clases tienes por la mañana?	*What lessons do you have in the morning?*
¿Qué haces después del colegio?	*What do you do after school?*
¿Qué reglas hay en tu colegio?	*What rules are there in your school?*

El recreo es	*Breaktime is*		**las dos** / **las tres** / **las cuatro** / **las cinco** / **las seis**	**las siete** / **las ocho** / **las nueve** / **las diez** / **las once**	**de la mañana** *in the morning*
Charlo con mis amigos	*I chat to my friends*				
La hora de comer es	*Lunchtime is*	**a** *at*			**de la tarde** *in the afternoon*
Las clases empiezan	*Lessons start*				
Las clases terminan	*Lessons end*				
Llego al colegio	*I get to school*		**las siete y media**		*seven thirty*
Salgo del colegio	*I leave school*		**las ocho y cuarto**		*quarter past eight*
Vuelvo a casa	*I go back home*				
Tengo la primera clase	*I have my first class*		**mediodía**		*midday/noon*

A primera hora	*First lesson*	**tengo clase de** *I have … class*		**español**	*Spanish*
A segunda hora	*Second lesson*			**inglés**	*English*
A última hora	*Last lesson*			**matemáticas**	*maths*

(No) Me gusta *I (don't) like*	**el francés**	*French*	**porque (no) es** *because it is (not)*	**divertido/a** *fun*
	la historia	*history*		**fácil** *easy*

Después del colegio *After school*	**hago** *I do*	**actividades extraescolares**	*after school activities*
		mis deberes en la biblioteca	*my homework in the library*
	voy al club de ajedrez	*I go to chess club*	

En mi colegio *At my school*		**hay algunas reglas** *there are some rules*	

(no) se debe *one must (not)*	**comer chicle**		*eat chewing gum*
(no) se puede *one can (not)*	**comer en las aulas**		*eat in the classrooms*
	correr por los pasillos		*run in the corridors*
tienes que *you have to*	**fumar**		*smoke*
no tienes que *you don't have to*	**hacer cola en la cantina**		*queue up in the canteen*
	ir al baño durante las clases		*go to the toilet during lessons*
	levantar la mano antes de hablar		*raise one's hand before speaking*
	usar/utilizar el móvil		*use the mobile phone*
(no) debo *I must (not)*	**llevar** *wear*	**auriculares**	*headphones*
(no) puedo *I can (not)*		**faldas cortas**	*short skirts*
		faldas largas	*long skirts*
tengo que *I have to*		**maquillaje**	*make-up*
no tengo que *I don't have to*		**pendientes**	*earrings*
		uniforme	*uniform*
		zapatillas	*trainers*

1. Fill in the blanks

a. El _____ es a las diez de la mañana.

b. La hora de _____ es a mediodía.

c. Las clases empiezan a las _____.

d. A primera _____ tengo clase de inglés.

e. Me gusta el _____ porque es útil y divertido.

f. Después del colegio _____ deportes.

g. Voy al _____ de ajedrez.

h. No se puede _____.

recreo	hora	hago	ocho
español	comer	club	fumar

2. Break the flow

a. Llegoalcolegioalassiete.

b. Tengolaprimeraclasealassieteymedia.

c. Nomegustaelinglésporqueesaburrido.

d. Salgodelcolegioalascuatrodelatarde.

e. Despuésdelcolegiovoyalclubdeajedrez.

f. Nosedebecomerenlasaulas.

g. Sedebelevantarlamanoantesdehablar.

h. Nosepuedellevarauricularesenclase.

3. Spot the differences

a. En mi colegio hay algunas aulas.

b. No se debe jugar en las aulas.

c. Las clases empiezan a las ocho de la mañana.

d. A primera hora tengo clase de inglés.

e. No se puede fumar en la cantina.

f. No se puede llevar faldas largas.

g. No puedo llevar ni maquillaje ni zapatillas.

4. Spot and correct the errors

a. El recreo es a las media y diez.

b. Las clases empiezan al ocho.

c. A primera hora tener clase de matemáticas.

d. Después de la colegio voy al club de ajedrez.

e. No se puede fumar chicle.

f. Yo debe hacer cola en la cantina.

g. No puedo llevo maquillaje.

5. Complete the translations

a. Every day, I _____ _____ _____ at seven in the morning.

b. My _____ lesson is Spanish. It is very _____!

c. After school, I do ____ _____ ___ _____ _____. It is a bit _____.

d. At my school, one cannot _____ _____ _____ or _____.

e. I cannot wear _____ or _____.

f. You have to _____ your _____ before _____.

g. In _____ _____, one must _____ _____. I _____ _____ ___.

h. One can _____ _____ _____ _____ at _____ time.

6. Faulty translation: listen, identify and correct the errors

e.g. ~~Breaktime~~ **Lunchtime** *is at midday. I eat in the canteen with my* ~~pet~~ **friends**.

a. Classes start at six in the morning. First period I have Spanish.

b. During the week, after school I do my homework in the classroom.

c. After school, I go back to school and I play with my brother.

d. At my school, one cannot go to the toilet during lessons but you cannot wear earrings.

e. Once a week, one must queue up in the bathroom.

f. I have to eat chewing gum before speaking but I must not use my pen.

7. Listening slalom: follow the speaker from top to bottom and number the boxes accordingly

a.	b.	c.	d.	e.
At my school	Classes start	There are	I leave school	One must
at seven	there are many	at four	queue up	some rules
at my school.	and first period	rules.	and I go back home	in the canteen
but one cannot	One must not	I have Spanish.	I cannot	by bus.
After school	go to the toilet	wear make-up	I love it	smoke
during	or eat	nor use	I do my homework	because it's
the mobile phone.	lessons.	in the classrooms.	easy and fun.	in my bedroom.

8. Listen to Diego and answer the questions in English

a. How old is Diego?

b. Where does Diego go to school?

c. What time do his classes start?

d. What class does he have first?

e. What is his opinion of this class?

f. What is Diego's last class?

g. What club does Diego do after school?

h. What is his opinion of it?

i. What are the two rules that he really dislikes?

j. What rule does he say is ok?

Unit 4. A typical day at school: VOCAB BUILDING

1. Match

Llego al colegio	I eat in the canteen
Salgo del colegio	I leave school
Hago mis deberes	I go to the canteen
Voy a la biblioteca	Breaktime is at nine
Voy a la cantina	I do my homework
Como en la cantina	I have the last lesson
El recreo es a las nueve	I go to the library
Tengo la última clase	I have English
Tengo inglés	I arrive at school
Escucho al profe	I have history
Tengo historia	I chat with my schoolmates
Charlo con mis compañeros	I listen to the teacher

2. Missing letters

a. La ter _ era clase.

b. La prime _ a clase.

c. L _ ego al colegio.

d. Sal _ o del colegio.

e. Ha _ o mis deberes.

f. Escucho al prof _.

g. C _ arlo con mis compañeros.

h. Como en la cantin _.

i. Hacer co _ a en la cantina.

j. Hay una pausa para c _ mer.

3. Complete with the missing words

a. Por lo general l _ _ _ _ al colegio a las ocho y cuarto.

b. El lunes, mi p _ _ _ _ _ _ clase es español.

c. Después tenemos el r _ _ _ _ _.

d. Durante el recreo c _ _ _ _ _ con mis amigos.

e. Luego tengo la s _ _ _ _ _ _ clase, que es la clase de historia.

f. No me gusta la historia porque es muy a _ _ _ _ _ _ _.

g. Luego, es la h _ _ _ d _ c _ _ _ _.

h. Tengo que hacer c _ _ _ en la cantina.

i. Suelo c _ _ _ _ pasta o arroz con pollo o carne.

j. Mi ú _ _ _ _ _ clase es a las dos y media.

4. Put the actions below in chronological order

Llego al colegio a las ocho	
Tengo la primera clase	
Tengo la última clase	
Me levanto	1
Las clases terminan	
Tengo recreo	
Me ducho	
Salgo del colegio	
Me pongo el uniforme	
Como en la cantina	
Vuelvo a casa a pie	
Voy al colegio a pie	

5. Spot and correct the grammar/spelling mistakes

a. Voy al club ajedrez.

b. Llego en colegio a las ocho.

c. Tengo la historia clase.

d. Durante el recrio.

e. Salgo de colegio.

f. Voy al biblioteca.

g. No puedo llevo faldas cortos.

h. No debo llevo pendientes.

i. No se puede come chiclear.

j. Tengo mi clase ultima.

k. Mi secunda clase es ingles.

l. Las clases terminar a las tres.

Unit 4. A typical day at school: VOCAB BUILDING

6. Gapped translation

a. *En mi colegio no se puede fumar.*
At my school, one cannot _ _ _ _ _ .

b. *A primera hora tengo inglés.*
My _ _ _ _ _ class is English.

c. *El viernes mi primera clase es matemáticas.*
On Fridays, my first class is _ _ _ _ _ .

d. *El recreo es a las nueve y media.*
Breaktime is at _ _ : _ _ .

e. *Durante el recreo juego al baloncesto.*
During breaktime, I play _ _ _ _ _ _ _ _ _ _ .

f. *En mi colegio no se puede llevar pendientes.*
At my school, one cannot wear _ _ _ _ _ _ _ _ .

g. *Suelo hacer mis deberes en la biblioteca.*
I usually do my homework in the _ _ _ _ _ _ _ .

h. *Se debe hacer cola en la cantina.*
You must _ _ _ _ _ _ _ in the canteen.

i. *No se puede comer en las aulas.*
One cannot eat in the _ _ _ _ _ _ _ _ _ _ .

j. *Tengo que llevar uniforme escolar.*
I have to wear a _ _ _ _ _ _ _ _ _ _ _ _ _ .

7. Likely or unlikely: write L for likely or U for unlikely next to each sentence below

a. No se debe fumar.
b. Se puede comer en el aula durante las clases.
c. No se puede llevar pendientes.
d. Se puede comer chicle en clase.
e. No se debe respetar a los profesores.
f. No se puede leer libros en la biblioteca.
g. No se puede estudiar.
h. Se puede insultar a los profes.
i. Se puede golpear *(hit)* a un compañero de clase.
j. Se debe escuchar a los profes.
k. Tienes que traer a tu mascota al colegio.

8. Sentence puzzle

a. puede No fumar se
b. uniforme Se llevar debe
c. la hacer que cola Tengo en cantina
d. utilizar No puede se el móvil.
e. deberes hacer que los Tienes
f. ocho Las empiezan clases a y cuarto las
g. No chicle se comer puede
h. puede No pendientes se llevar
i. debe a respetar los Se profesores
j. Se la antes mano debe de hablar levantar

9. Complete with a suitable word

a. No se puede _____ cigarrillos.
b. Las clases _____ a las tres y media.
c. Vuelvo a _____ en autobús.
d. A la hora de _____ no como mucho.
e. Se debe _____ cola en la cantina.
f. Hago mis deberes en la _____.
g. No se puede llevar _____.
h. Se debe _____ a los profesores.
i. Se debe _____ los deberes.

10. Faulty translation: correct the English

a. No se debe charlar en clase.
One must not eat in lessons.

b. No se puede llevar pendientes.
One cannot wear trainers.

c. Se debe levantar la mano antes de hablar.
One must raise their hand before moving around.

d. No se puede masticar chicle.
One cannot use the mobile phone.

e. No se puede fumar por los pasillos.
One cannot run in the corridors.

f. No se puede llevar zapatillas.
One cannot wear smart shoes.

Unit 4. A typical day at school: READING 1

Hola, soy Guillermo. Voy a hablarte de un día escolar típico en mi colegio. Por lo general, llego al colegio a eso de las ocho, quince minutos antes del inicio de las clases. Las clases empiezan a las ocho y cuarto.

El lunes, mi primera clase es geografía. No soporto *(I can't stand)* esta clase, porque el profe es muy aburrido y en su clase nunca hacemos trabajo de grupo. Luego tenemos el recreo.

Durante el recreo juego al baloncesto con mis amigos. Después del recreo tengo español. Me encanta esta asignatura porque el profe es muy divertido y puedo aprender jugando. ¡Aprendo muchísimo! Luego tengo inglés. No me gusta mucho esta asignatura porque la profe grita mucho y es demasiado estricta. Luego es la hora de comer.

Paso la hora de comer en la cantina con mis amigos. Comemos y charlamos. El lunes pasado comí arroz con pollo y bebí una Coca-Cola. Es muy malo para la salud porque contiene mucho azúcar (¡treinta y cinco gramos en una lata!), pero me gusta. Mi última clase es educación física. Me encanta porque soy muy deportista.

En mi colegio las reglas son bastante estrictas. Se debe llevar uniforme; no se puede utilizar el móvil; no se puede fumar; no se puede correr por los pasillos *(corridors)* y se debe hacer los deberes todos los días. Si se rompen las reglas los castigos *(punishments)* son muy severos. El viernes pasado no hice mis deberes y tuve que pasar una hora con el director arreglando su oficina. ¡Fue aburridísimo!

Guillermo, 13 años. Santiago de Compostela, España

1. Find the Spanish equivalent

a. I arrive at school

b. Lessons start

c. We never do group work

d. During break

e. I have English

f. It is lunch break

g. We eat and chat

h. I ate rice

i. I am very sporty

j. The rules are quite strict

2. Correct the statements

a. Guillermo loves geography.

b. At lunchtime he plays basketball.

c. He learns little in the Spanish lessons.

d. The English teacher never shouts.

e. Every Monday he eats rice with chicken.

f. He hates sport.

g. There are 30 grams of sugar in a Coke.

h. Every Friday he must tidy up the headteacher's office.

3. Correct the mistakes in these sentences from Guillermo's text and then translate them

a. Llego al colegio a eso las ocho.

b. Durante el recreo juego baloncesto.

c. Nunca hacemos trabajar de grupo.

d. Comimos y charlamos.

e. Me encanta porque soy muy deportiva.

f. No se puede utilizar móvil.

g. No se puede correr en los paseos.

h. Se debe hacer deberes.

i. Si se rompe las reglas.

j. Tuve pasar une hora con el director.

k. Fui aburridísimo.

4. Answer the following questions

a. When does he get to school?

b. When do the lessons start?

c. What does he do during break?

d. What is his Spanish teacher like?

e. How much does he learn in Spanish?

f. What 2 things make him dislike English?

g. What 2 things did he eat last Monday?

h. Why does he like P.E.?

i. Name 5 school rules he mentions.

j. What happens if one breaks the rules?

k. What did he do wrong last Friday?

l. What was his punishment? How was it?

Unit 4. A typical day at school: READING 2

Hola, soy Adriana. Voy a hablarte de un día escolar típico en mi colegio. Por lo general, llego al colegio a eso de las ocho y media. Las clases empiezan a las nueve menos veinte.

Los viernes, mi primera clase es historia. No me gusta esta clase porque el profe es muy antipático y en su clase nunca hacemos nada divertido. Aprendo muy poco. Luego tenemos el recreo. Durante el recreo juego con mis amigos en el patio y como algo en la cantina. Después del recreo tengo francés. Me encanta esta asignatura porque el profe es muy gracioso, simpático y nos cuenta chistes. También puedo aprender hablando con mis amigos. ¡Aprendo muchísimo! Luego tengo dibujo. No me gusta mucho esta asignatura porque la profe grita mucho y no explica bien. Luego es la hora de comer.

Paso la hora de comer jugando al fútbol en el patio con mis amigos. Comemos, charlamos y nos contamos chistes. Ayer comí carne con patatas y bebí un zumo de naranja. Mi última clase es ciencias. Me encanta porque la profe es muy simpática y aprendo mucho en sus clases. Es mi clase favorita.

En mi colegio hay demasiadas reglas estrictas. Se debe llevar uniforme; no se puede utilizar el móvil; no se puede fumar; no se puede correr por los pasillos; no se puede utilizar el ascensor *(the lift)*; se debe hacer los deberes todos los días y siempre se debe levantar la mano antes de hablar en clase. Si se rompen las reglas los castigos son muy duros. El miércoles pasado llegué al colegio tarde y tuve que pasar una hora con el director limpiando su oficina. ¡Fue muy pesado!

Adriana, 12 años. Medellín, Colombia

2. Find in the last paragraph of Adriana's text the Spanish equivalent of the following items

a. There are too many rules

b. One must wear

c. One cannot use

d. One cannot smoke

e. One cannot run

f. Before speaking

g. The punishments

h. I had to spend one hour

1. Complete the sentences below based on the text

a. My name is Adriana. I am going to talk to you about a typical **school day**.

b. I usually get to school at around _____

c. On Fridays my first lesson is _____.

d. I don't like history because the teacher is very _____ and we don't do anything _____.

e. I have French after _____.

f. The French teacher is funny, friendly and tells us _____.

g. I don't like art a lot because the teacher _____ a lot and doesn't _____ well.

h. I spend lunch break playing _____ with my friends in the _____.

i. We eat, _____ and tell each other jokes.

j. Yesterday I ate _____ and drank an _____.

k. My _____ lesson is science. I love the teacher because she is very _____.

3. Correct the false statements

a. Adriana no come durante el recreo.

b. Adriana detesta los idiomas extranjeros.

c. La profe de dibujo no se enfada nunca.

d. Adriana es vegetariana.

e. Adriana odia las ciencias.

f. No hay muchas reglas en su colegio.

g. Adriana siempre es puntual.

4. Translate the last paragraph of Adriana's text into English

Unit 4. A typical day at school: READING & WRITING

El colegio

Marina: En mi instituto hay algunas reglas. Se debe estudiar mucho y no se puede fumar.

Sonia: En mi escuela no se puede comer en las aulas durante la hora del almuerzo.

Marcelo: En mi colegio no se puede hablar sin levantar la mano.

Juan: En mi instituto no se puede ir al baño durante las clases y no se puede fumar.

José: En mi colegio no se puede jugar a los videojuegos ni utilizar el móvil.

María: En mi colegio no se puede llevar faldas cortas ni zapatillas de deporte.

Susana: En mi colegio no se puede comer chicle ni comer en los pasillos.

Marta: En mi colegio se puede hacer mucho deporte, incluso natación porque hay una piscina muy grande.

Conchi: En mi instituto no se puede llevar el pelo rapado. Tampoco se puede llevar maquillaje.

1. Find someone who...

a. ...can do a lot of sport.

b. ...cannot eat in a classroom at lunchtime.

c. ...cannot chew gum.

d. ...cannot talk without raising their hand.

e. ...must study a lot.

f. ...cannot play video games.

g. ...cannot go to the toilet during lessons.

h. ...cannot shave their head.

i. ...cannot eat in the corridors.

j. ...cannot use their mobile phone.

k. ...cannot wear make-up.

l. ...cannot wear trainers.

3. Write an extension of the sentence said by each person on the left

e.g. Marina: Esta tarde tengo que estudiar para un examen de inglés.

Sonia:

Marcelo:

Juan:

José:

María:

Susana:

Marta:

Conchi:

2. Complete with a suitable word

a. El recreo es a las _____ de la mañana.

b. Las clases _____ a las ocho y media.

c. Salgo del _____ a las cuatro y media.

d. A primera hora tengo clase de _____ .

e. _____ del colegio hago mis deberes en casa.

f. En mi colegio _____ fumar.

g. No me gusta el español porque es _____ .

h. A _____ hora tengo clase de matemáticas.

i. En mi colegio tengo que llevar _____ .

Unit 4. A typical day at school: WRITING

1. Match questions and answers

¿Cómo vas al colegio?	Porque siempre me ayuda.
¿A qué hora llegas?	Sí, hacemos atletismo y natación.
¿Cuál es tu primera clase los viernes?	Voy en bici.
¿Por qué no te gusta el profe de historia?	Son muy estrictas. No me gustan.
¿Quién es tu profe preferido?	Como y charlo con mis amigos en la cantina.
¿Por qué?	A eso de las ocho menos cuarto de la mañana.
¿Qué haces durante el recreo?	Porque es muy antipático y me chilla.
¿Hacéis deporte en tu colegio?	La profesora de español.
¿A qué hora vuelves a casa? ¿Cómo?	A primera hora tengo dibujo.
¿Cómo son las reglas en tu colegio?	Que no se puede llevar maquillaje.
¿Cuál es la regla que menos te gusta?	A las tres y media de la tarde, en autobús.

2. Translate into Spanish

a. *I arrive at school at around 8:00.*　　L _ _ _ _ a _ c _ _ _ _ _ _ _ a e _ _ d _ l _ _ o _ _ _ .

b. *Today, my first lesson is English.*　　H _ _ m _ p _ _ _ _ _ _ c _ _ _ _ e _ i _ _ _ _ _ .

c. *After, I have Spanish.*　　D _ _ _ _ _ _ t _ _ _ _ e _ _ _ _ _ _ .

d. *Lunch break is at noon.*　　L _ h _ _ _ d _ c _ _ _ _ e _ a m _ _ _ _ _ _ _ .

e. *My last lesson is ICT.*　　M _ ú _ _ _ _ _ c _ _ _ _ e _ i _ _ _ _ _ _ _ _ _ .

f. *I hate this subject.*　　O _ _ _ e _ _ _ a _ _ _ _ _ _ _ _ _ .

g. *At my school, there are many rules.*　　E _ m _ c _ _ _ _ _ _ _ h _ _ m _ _ _ _ _ r _ _ _ _ _ .

h. *One cannot wear make-up.*　　N _ s _ p _ _ _ _ l _ _ _ _ _ m _ _ _ _ _ _ _ _ _ .

3. Translate the two paragraphs into Spanish. After, write a 150-250 words text about a typical school day of yours, listing five key rules

a. I usually arrive at school at 8:15. On Mondays, my first lesson is history. I love history because the teacher is friendly and fun. Then I have break until 9:30. During break, I usually chat with my best friend Paco or with my girlfriend. My second lesson is English. I don't like this subject. Lunch is at noon. After lunch, I have two more lessons: English and Maths. I don't like these subjects because they are too hard. At my school, the rules are very strict. One cannot run in the corridors, one cannot wear make-up or earrings, one cannot use the lift, one cannot talk without putting their hand up and girls cannot wear make-up.

b. The rules of my school are very strict. First, one must arrive at 7:45 sharp (*en punto*). Secondly, one must wear a uniform. I hate it, because I cannot wear my favourite baseball cap (*gorra de béisbol*) and trainers. Also, I cannot chew gum nor use my mobile phone. I also can't play video games during break and lunch break. In class, one cannot talk without raising one's hand and cannot go to the toilet. However, what I like about my school is that the teachers are nice, I learn a lot and one can do a lot of sport.

TERM 1 - BRINGING IT ALL TOGETHER – 4

1. Hola, ¿qué tal? Soy Enzo y soy argentino. Vivo en San Martín, una ciudad en Argentina. Vivo en una casa bastante grande en el centro de la ciudad. Vivo con mis padres y mis cuatro hermanos. En mi barrio no hay mucho que hacer, pero hay un polideportivo muy cerca de mi casa así que vamos ahí todos los días.

2. Por la mañana me levanto a las seis y media y desayuno con mi familia en el comedor. Por lo general tomamos tostadas y yerba mate *(traditional South American tea drink)*, pero ayer desayunamos croissants y zumo de melocotón *(peach)*. Me gusta hacer los deberes después de desayunar. A las siete y media voy al colegio en autobús.

3. El colegio empieza a las ocho y cuarto pero las clases empiezan a las ocho y media. Todos los días tengo clase de inglés a primera hora y clase de matemáticas a segunda hora. Me encanta el inglés porque es muy divertido pero odio las mates *(maths)* porque no se me da bien *(I'm not good at it)*. El recreo es a las diez y media y la hora de comer es a las doce y media.

4. En mi colegio hay unas reglas y en mi opinión son muy importantes. No se puede comer chicle ni comer en las aulas. No se debe utilizar el móvil y tampoco se puede ir al baño durante las clases. Tienes que llevar uniforme y está prohibido *(prohibited)* llevar zapatillas, auriculares y maquillaje. Tampoco se pueden llevar pendientes que me parece estricto.

5. Las clases terminan a las tres. Después del colegio voy al club de ajedrez y luego voy al polideportivo con mis hermanos y mis amigos. Siempre jugamos al fútbol. Sin embargo, ayer hicimos footing en el parque y después hicimos natación en la piscina municipal. Me encantó, aunque fue muy agotador. Cuando llegué a casa cené con mi familia y toqué la guitarra en mi dormitorio antes de acostarme.

6. Mañana es jueves, mi día favorito. Es mi favorito porque tengo clase de educación física y también tengo clase de música. Son mis clases favoritas porque los profesores son muy simpáticos y divertidos.

Enzo, 11 años. San Martín, Argentina

1. Answer the following questions in English

a. What is Enzo's house like?

b. What is near his house?

c. What did he eat for breakfast yesterday?

d. What does he do at 7:30 in the morning?

e. What time do his lessons start at?

f. What subject doesn't Enzo like?

g. What time do lessons finish at?

h. Who does Enzo go to the sports centre with?

i. What did he do when he got home?

j. What classes does Enzo have on Thursday?

2. Find the Spanish equivalent in Enzo's text

a. My four brothers (1)

b. We go there every day (1)

c. Usually we have toast (2)

d. I like to do homework after breakfast (2)

e. Lessons start at (3)

f. Breaktime is at 10:30 (3)

g. It is prohibited (4)

h. After school (5)

i. We always play football (5)

j. After, we did swimming (5)

k. It was very tiring (5)

l. Tomorrow is Thursday (6)

m. The teachers are very nice and fun (6)

3. Complete the translation of paragraph 4

At my school, there are some _____ and, in my opinion, they are _____ important. One _____ eat _____ _____ nor eat in the _____. One must not use the _____ _____ and one cannot go to the _____ during _____ either. You _____ to wear _____ and it is prohibited to wear _____, _____ and _____. Nor can you wear _____ which to me seems _____.

THE LANGUAGE GYM
SPANISH TRILOGY III

Alicia y Oliver son hermanos y están hablando del colegio. A Oliver no le gustan las reglas del colegio.

Alicia	Pues a mí me encanta el colegio. Pienso que está muy bien organizado y las reglas son buenas e importantes.
Oliver	¿Qué dices? Las reglas son tonterías (*silly*). Odio el colegio y las reglas.
Alicia	Oliver, por favor. ¿Cuáles reglas no te gustan?
Oliver	En el colegio no se puede ir al baño durante las clases. ¿Y si me meo encima (*wee myself*)?
Alicia	Se puede ir al baño durante el recreo. Las clases empiezan a las nueve y el recreo es a las once así que solo tienes que aguantar (*hold it*) para dos horas.
Oliver	Tampoco se puede utilizar el móvil y no se puede llevar auriculares. A mí me encanta escuchar música mientras que estudio y el móvil también me ayuda.
Alicia	Oliver, no. Eso es incorrecto. Escuchar música y usar el móvil es una distracción.
Oliver	Eso es tu opinión. Y tú tienes que llevar faldas largas, está prohibido llevar faldas cortas.
Alicia	¿Y a mí que me importa (*why should I care*)? Prefiero llevar faldas largas, el colegio es para aprender no para llevar ropa chula.
Oliver	Alicia, ¿no te parece demasiado estricto que no se pueda comer chicle?
Alicia	Bueno, me parece un poco estricto. Pero esa es la regla y hay que respetarlo.
Oliver	Ah, ya entiendo. Es que tienes miedo (*you are scared*).
Alicia	Qué va – lo que tengo yo es respeto, algo que te falta Oliver.

4. True (T), False (F) or Not Mentioned (NM)?

a.	Alicia loves school.	
b.	Oliver thinks school is well organised.	
c.	Oliver thinks school rules are silly.	
d.	Oliver often uses the toilet during lessons.	
e.	Oliver is worried about weeing himself.	
f.	Breaktime is at 11:00.	
g.	Oliver hates listening to music.	
h.	Alicia thinks mobile phones are a distraction to learning.	
i.	Wearing short skirts is prohibited.	
j.	Alicia does not like long skirts.	
k.	Alicia thinks eating chewing gum is disgusting.	
l.	Alicia says you have to respect the rules.	
m.	Alicia thinks Oliver lacks respect.	

5. Complete the statements

a. Alicia and Oliver are _____.

b. Oliver likes to _____ __ _____ and use his _____ _____ while studying.

c. Alicia prefers to wear _____ _____ than _____ _____.

d. Alicia agrees that not being able to eat _____ _____ is a bit _____.

e. _____ says that _____ is scared of the rules.

UNIT 5
Talking about when I went to
la Tomatina festival

In this unit you will learn how to:

- Talk about a recent trip to a festival
- Say what you "must" and "must not" do at the festival to have fun and stay safe
- Say what activities you did in the past

Unit 5: When I went to *la Tomatina* festival

¿Has ido a alguna fiesta típica española?			*Have you ever been to any typical Spanish festival?*			
¿Cuándo fuiste? / ¿Qué hiciste? / ¿Cómo fue?			*When did you go? / What did you do? / How was it?*			
El fin de semana pasado *Last weekend*	**fui** *I went*	**con** *with*	**mi mejor amigo/a** *my best friend* **mis amigos** *my friends*			**a Buñol** *to Buñol*
para participar en *to take part in*		**la Tomatina**				

Viajé *I travelled* **Viajamos** *We travelled*		**en**	**avión** *plane* **coche** *car*	**y luego** *and then*	**en**	**autocar** *coach* **tren** *train*
El viaje fue *The trip was*		**corto** *short* **largo** *long*		**pero** *but* **y** *and*		**divertido** *fun* **duro** *hard*
Cuando *When*	**llegué** *I arrived* **llegamos** *we arrived*		**alquilé** *I rented* **alquilamos** *we rented*		**un coche** *a car*	

El día de la fiesta *On the day of the festival*	**me desperté** *I woke up* **mi amigo/a se despertó** *my friend woke up* **nos despertamos** *we woke up*		**a las ocho** *at 8* **muy temprano** *very early*	
Luego *Then*	**llegué** **llegamos**	**temprano** *early*	**al pueblo** *to the town*	**para coger sitio** *to get a good spot*
Por la mañana *In the morning,* **pero luego** *but later* **Por la tarde** *In the afternoon,*	**hizo buen/mal tiempo**		*the weather was good/bad*	
	hizo *it was*	**calor/frío/sol**	*hot/cold/sunny*	
	estuvo nublado		*it was cloudy*	
	hubo tormenta **llovió un poco**		*it was stormy* *it rained a bit*	

Durante la batalla de tomates *During the tomato fight,*	**conocí /conocimos** *I/we met*	**a mucha gente** *many people*	
	me caí / nos caímos *I/we fell over*	**muchas veces** *many times*	
	tiré / tiramos *I/we threw*	**un montón de tomates** *loads of tomatoes*	
	me ensucié / nos ensuciamos *I/we got dirty* **me reí / nos reímos** *I/we laughed*	**mucho** *a lot*	

Después de la fiesta *After the festival,*	**volví** *I returned* **volvimos** *we returned*	**al hotel**	**y**	**comí tapas** *I ate tapas* **descansé** *I rested* **me duché** *I showered*	**comimos tapas** *we ate tapas* **descansamos** *we rested* **nos duchamos** *we showered*
Finalmente *Finally,*	**me acosté** *I went to bed* **nos acostamos** *we went to bed*	**a las**	**diez.**	**Fue una experiencia** *It was a(n)... experience*	**increíble** *incredible* **inolvidable** *unforgettable* **maravillosa** *marvellous*

En esta fiesta hay algunas reglas importantes *In this festival there are some important rules*				
Solo se debe *One must only*		**tirar** *throw*	**tomates** *tomatoes*	
No se debe *One must not*			**botellas** *bottles*	
Nunca se debe *One must never*			**piedras** *stones*	
Además, *Furthermore,*	**es una buena idea** *it's a good idea* **se recomienda** *it's recommended*	**llevar** *to wear*	**gafas de natación** *swimming goggles* **camisetas viejas** *old T-shirts* **zapatillas** *trainers*	

1. Multiple choice: tick the activity you hear

e.g.	Me caí ✓	Me ensucié	Me reí
a.	Comí tapas	Tiré tomates	Tiré botellas
b.	Volví	Me desperté	Me acosté
c.	Comí tapas	Comimos tapas	No comí tapas
d.	Tiramos	Nos despertamos	Descansamos
e.	Tirar botellas	Tirar piedras	Comer tomates
f.	Llevar camisetas	Llegué	Llevar zapatillas
g.	Me ensucié	Alquilé	Alquilamos

2. Complete the words

a. V _ _ _ _ _ _ _   *We returned*

b. L _ _ _ _ _   *I arrived*

c. A _ _ _ _ _ _   *I rented*

d. L _ _ _ _ _   *It rained*

e. C _ _ _ _ _ _ _   *I met*

f. M _ _ _ _ _ _ _ _   *I got dirty*

g. M _ _ _ _   *I laughed*

h. M _ _ _ _ _ _   *I showered*

i. M _ _ _ _ _ _ _   *I went to bed*

j. N _ _ _ _ _ _ _   *One must not*

3. Spot the intruders

a. El La fin de semana pasado fui con mi mejor amigo amiga a Buñol para participar en la Tomatina.

b. Viajamos en avión autocar y el viaje fue corto largo pero divertido. Cuando llegué alquilé un una coche.

c. El día de la fiesta nos despertamos me desperté muy temprano a las ocho.

d. Por la mañana hizo mal buen tiempo, pero luego estuvo hubo nublado.

e. Durante la batalla de tomates me caí ensucié mucho y tiré de un montón de piedras tomates.

f. Después de la fiesta volvimos volví al hotel y comimos comí tapas tapos.

g. Finalmente me acosté nos acostamos a las nueve diez. Fue una un experiencia increíble inolvidable.

h. En esta fiesta no se puede debe tirar piedras botellas y se recomienda llevar llegar gafas de natación.

4. Fill in the blanks

a. El fin de _____ pasado fui con mis _____ a Buñol _____ participar en la Tomatina.

b. Viajamos en _____ y el viaje fue _____ y _____.

c. El _____ de la _____ nos _____ a las ocho. Luego _____ al pueblo para coger sitio.

d. Durante la _____ de _____ conocimos a mucha _____.

e. _____ de la fiesta _____ al hotel y _____.

f. Finalmente _____ acostamos a las _____ . Fue una experiencia _____.

g. En esta fiesta _____ algunas _____ importantes. Solo se debe _____ tomates, _____ no.

h. Además, es una buena idea llevar _____ _____ y _____ de _____.

5. Faulty translation: listen, identify and correct the errors

e.g.	I travelled by plane	~~and it was~~ it wasn't	fun.
a.	During the tomato fight	I fell over	a lot.
b.	Finally,	we went to bed	at 11:00.
c.	After the festival,	we returned to the hotel	and we ate tapas.
d.	Then,	I arrived	at the festival.
e.	It is a good idea	to wear	swimming goggles.
f.	We travelled by car	and the journey was	hard.
g.	In the morning	the weather was good. Later,	there was a storm.

6. Narrow listening: gapped translation

a. Hello, my _____ is Fran and _____ _____, I went with my _____ _____ to _____ to take part in La Tomatina. _____ travelled by _____ and then we _____ a _____. The trip was _____ but _____.

b. On the day of the festival, I woke up at _____ but my _____ woke up very early at _____. In the _____, it was _____, but later, it was _____.

c. During the tomato fight, we _____ lots of _____. After the festival, we _____ to the _____ and we _____ tapas. In my opinion, it was a _____ experience.

7. Listen to Tamara and answer the questions in English

Part 1.
a. How old is Tamara?
b. How did she travel to Buñol? (2 details)
c. How does she describe the trip?
Part 2.
a. What time did she get to Buñol?
b. What was the weather like in the morning?
c. What was the weather like later on?
d. What did Tamara and her friends do during the tomato fight? (2 details)
Part 3.
a. What did Tamara and her friends do at the hotel?
b. How does Tamara describe the overall experience?

Unit 5. When I went to *la Tomatina* festival: VOCAB BUILDING

1. Match

Fui a Buñol	She woke up
Para participar en	The trip was hard
Ella se despertó	I went to Buñol
Alquilamos un coche	There are some rules
El viaje fue duro	We rented a car
Llegamos temprano	To take part in
Hay algunas reglas	We arrived early
No se debe	To throw stones
Tirar piedras	It was cloudy
Se recomienda	One must not
Llevar ropa vieja	It's recommended
Estuvo nublado	To wear old clothes

2. Missing letters

a. El fin de se _ ana pasado

b. F _ i a Buñol

c. Me despert _ muy temprano

d. El d _ a de la fiesta

e. En esta fies _ a

f. Hay algunas re _ las importantes

g. Solo se debe ti _ ar tomates

h. Por la ma _ ana

i. Dura _ te la batalla de tomates

j. Me ca _ muchas veces

k. Me ensuci _ mucho

3. Faulty translation: correct the English

a. Mi mejor amigo	*My boyfriend*
b. Se despertó a las ocho	*I woke up at eight*
c. Llegamos temprano	*We arrived late*
d. Hay reglas importantes	*There are no rules*
e. Tirar botellas	*To throw stones*
f. Gafas de natación	*Swimming clothes*
g. Hubo tormenta	*It was sunny*
h. Me ensucié mucho	*I got really clean*
i. Me reí mucho	*I cried a lot*
j. Volví al hotel	*I returned home*
k. Me acosté a las diez	*I woke up at ten*

4. Spot and add in the missing word

a. Viajé coche	*I travelled by car*
b. El viaje largo	*The trip was long*
c. El día la fiesta	*On the day of the festival*
d. Llegamos	*We arrived early*
e. No debe tirar	*You must not throw*
f. Por mañana	*In the morning*
g. Llovió un	*It rained a bit*
h. Me caí veces	*I fell over many times*
i. Volví hotel	*I went back to the hotel*
j. Me acosté las diez	*I went to bed at ten*
k. Me ensucié	*I got really dirty*

5. Sentence puzzle

a. semana fui a El de Buñol pasado fin	*Last weekend, I went to Buñol.*
b. en la participar Para Tomatina	*...to take part in the Tomatina*
c. coger Llegamos para temprano sitio	*We got there early to get a good spot.*
d. fiesta algunas En esta hay importantes reglas	*In this festival, there are some important rules.*
e. piedras tirar debe No se o botellas	*One must not throw stones or bottles.*
f. llovió la tarde un Por poco	*In the afternoon, it rained a bit.*
g. batalla Durante tomates la de	*During the tomato fight...*
h. divertida Conocí a gente mucha	*...I met a lot of fun people.*
i. reí ensucié mucho Me mucho y me	*I laughed a lot and got really dirty.*

Unit 5. When I went to *la Tomatina* festival: VOCAB BUILDING

6. Complete with the verb in the preterite form

a. La semana pasada yo _____ a Buñol.   *Ir*

b. Mi amigo y yo _____ en tren.   *Viajar*

c. ___ _____ temprano, a las ocho.   *Levantarse*

d. _____ temprano para coger sitio.   *Llegar*

e. _____ a mucha gente divertida.   *Conocer*

f. Yo_____ al hotel a pie.   *Volver*

g. Nosotros _____ muchos tomates.   *Tirar*

h. ___ _____ mucho.   *Ensuciarse*

i. Volví al hotel y ___ _____ .   *Ducharse*

j. Luego _____ .   *Descansar*

k. Mi amigo y yo ____ _____ a las diez.   *Acostarse*

l. _____ un viaje inolvidable.   *Ser*

7. ¿Buena idea o mala idea?

e.g. Se debe llevar gafas de natación. Buena idea

a. Siempre se debe tirar piedras.

b. Se debe llevar zapatillas.

c. Durante la batalla solo se debe tirar tomates.

d. Se debe dormir durante la batalla de tomates.

e. Se debe llegar temprano para coger sitio.

f. Se debe comer muchos tomates durante la batalla.

g. Se debe tirar piedras grandes.

8. Gapped translation

a. El fin de semana pasado fui a Buñol   *Last _____, I went to Buñol.*

b. Fui para participar en la Tomatina   *I went to _____ _____ in the Tomatina.*

c. Fui con mi mejor amigo, Carlos   *I went with my _____ friend, Carlos.*

d. Viajamos en tren y luego en autocar   *We _____ by train and then by coach.*

e. En esta fiesta hay algunas reglas importantes   *In this festival, there are ____ important rules.*

f. No se debe tirar piedras   *One should not throw _____.*

g. Por la mañana hizo buen tiempo   *In the morning, the weather was _____.*

h. ...pero luego por la tarde llovió un poco   *...but later in the afternoon it _____ a bit.*

i. Durante la batalla de tomates   *During the tomato _____.*

j. Tiré muchos tomates y me ensucié mucho   *I threw many tomatoes and got really _____.*

9. Translate into English

a. Por la mañana

b. Estuvo nublado

c. Pero luego hizo buen tiempo

d. Conocí a mucha gente

e. Me caí muchas veces

f. Y me reí mucho

g. Tiramos muchos tomates

h. Volvimos al hotel

i. Nos duchamos

j. Fuimos a comer tapas

k. Me acosté a las diez

l. Fue una experiencia maravillosa

THE LANGUAGE GYM
SPANISH TRILOGY III

Hola, soy Juanjo. ¡El fin de semana pasado fue increíble!

Fui con mi mejor amigo a Buñol, cerca de la ciudad de Valencia, para participar en la Tomatina. Mi mejor amigo se llama Cristóbal y es muy gracioso y deportista. Le encantan los deportes acuáticos, como el windsurf.

El día del viaje nos despertamos muy temprano, a las cinco. Viajamos en avión y luego alquilamos un coche. El viaje fue largo pero muy divertido. Me lo pasé genial escuchando música y mirando el paisaje. El día del festival llegamos temprano al pueblo para coger sitio.

Durante la fiesta de la Tomatina hay algunas reglas muy importantes. Primero, no se debe tirar piedras ni botellas. ¡Sería muy peligroso! Solo se debe tirar tomates.

Además, se recomienda llevar gafas de natación. Esto es importante porque los tomates son bastante ácidos y te pueden dañar los ojos. Por la mañana hizo buen tiempo, pero luego por la tarde llovió un poco.

Durante la batalla de tomates conocí a mucha gente divertida. Mi amigo Cristóbal y yo tiramos muchísimos tomates. ¡Lo pasamos bomba!

Por la tarde volvimos al hotel y nos duchamos. Luego fuimos a un restaurante local y comimos tapas. Finalmente nos acostamos a eso de las once. Fue una experiencia inolvidable. Me encantaría volver otra vez.

Juanjo, 18 años. Toledo, España

1. Find the Spanish equivalent

a. Was amazing

b. Take part in

c. We woke up

d. We rented a car

e. We arrived early

f. During the festival

g. There are some rules

h. Swim goggles

i. The weather was good

j. We threw loads of tomatoes

k. We had a blast!

l. Later, we went

m. An unforgettable experience

2. Answer the questions in Spanish in full sentences, as if you were Juanjo

a. ¿Cuándo fuiste a Buñol, Juanjo?

b. ¿Con quién fuiste?

c. ¿Cómo viajaste?

d. ¿Qué regla crees que es importante?

e. ¿Por qué se debe llevar gafas de natación?

f. ¿Qué tiempo hizo por la mañana?

g. ¿Qué hiciste durante la batalla de tomates?

h. ¿Qué hiciste cuando volviste al hotel?

i. ¿Te gustaría volver a Buñol en el futuro?

3. Complete the sentences

a. *My best friend is called Cristóbal and he is very _____ and _____ .*

b. *On the day of the trip we _____ ____ very early, at _____ .*

c. *I had a great time _____ to music and _____ the landscape.*

d. *On the day of the festival we got there _____ to get a _____ _____ .*

e. *One mustn't throw _____ nor _____. It would be _____ .*

f. *In the afternoon/evening we _____ to the hotel and we _____ .*

Unit 5. When I went to *la Tomatina* festival: READING 2

Hola, soy Cristóbal. El fin de semana pasado fue bastante interesante. Fui con mi mejor amigo Juanjo a Buñol, cerca de la ciudad de Valencia, para participar en la Tomatina. Juanjo es muy inteligente, pero es un poco perezoso. Le encanta tocar el ukelele, pero casi nunca hace deporte. Realmente solo le gusta la música.

El día del viaje me desperté a las cinco. ¡Fue demasiado temprano! Luego viajé en avión y en tren con Juanjo. El viaje duró cuatro horas y fue largo y duro. No fue nada divertido. De hecho, fue muy aburrido. El día de la fiesta llegamos muy temprano al pueblo para coger sitio. No sé por qué.

Durante la fiesta de la Tomatina hay muchas reglas interesantes. Primero, se debe llevar zapatillas (pero yo solo tenía sandalias). Además, se recomienda llevar ropa vieja, pero yo solo tenía ropa nueva de marca. Y solo se debe tirar tomates. Esto sí que es obvio. Si no, no se llamaría la "Tomatina". Por la mañana hizo buen tiempo, pero hizo demasiado calor. Luego por la tarde llovió un poco. No me gustó nada el tiempo.

Durante la batalla de tomates no conocí a nadie. Tiré un montón de tomates, pero me caí muchas veces y me ensucié mucho. Odio los tomates. Era como una sopa asquerosa. Fue horrible.

Por la tarde volví al hotel con Juanjo y me duché. ¡Menos mal! Comí unas tapas con Juanjo y luego me acosté. Estaba feliz porque ese día tan horrible ya se había terminado. Fue una experiencia terrible y no me gustaría volver nunca.

Cristóbal, 18 años. Madrid, España

1. Find the Spanish equivalent

a. Was quite interesting

b. To take part in

c. To play the ukulele

d. On the day of the trip

e. It wasn't fun at all

f. To get a good spot

g. But I only had sandals

h. This much is obvious

i. It rained a bit

j. I hate tomatoes

k. I would not like to ever return

2. Translate the following sentences into English

a. Cerca de la ciudad de Valencia

b. Me desperté a las cinco

c. De hecho, fue muy aburrido

d. Hay muchas reglas interesantes

e. Solo se debe tirar tomates

f. Pero hizo demasiado calor

g. Por la tarde volví al hotel

h. Fue una experiencia terrible

3. Write T (True), F (False) or NM (Not mentioned) and correct the incorrect statements

a. He woke up at 5:00.

b. He thought it was a fun trip .

c. They arrived late on the day of the festival.

d. He had appropriate footwear.

e. There was a big storm in the afternoon.

f. He liked the weather.

g. He hates tomatoes.

h. He is keen to return next year.

Unit 5. When I went to *la Tomatina* festival: READING & WRITING

La Tomatina

Ariella: ¡Fui a la Tomatina y me gustó mucho! Tiré un montón de tomates. Fue una experiencia inolvidable.

Rosa: Fui a Buñol hace diez años y me gustó bastante porque fue divertido.

Rafi: Hay demasiadas reglas. No se puede tirar nada, ¡solo tomates!

Mateo: Lo mejor fue que conocí a mucha gente nueva y divertida. Además, hizo muy buen tiempo todo el día.

Sara: Me caí muchas veces. Era como una gran sopa de tomate. ¡Qué asco!

Leonardo: Me ensucié mucho, pero me reí un montón. ¡Fue muy guay!

Jaume: Volví al hotel y me duché. La ducha fue la mejor parte del día.

Verónica: Después de la batalla, fui con mis amigos y comimos tapas deliciosas.

Dylan: Cuando yo fui a la Tomatina hubo una tormenta por la tarde. Por eso no conocí a mucha gente.

Natasha: Hay muchas reglas, pero son muy importantes para que sea una fiesta segura.

1. Find someone who...

a. ...thinks there are too many rules.

b. ...got really dirty but had a great laugh.

c. ...went to Buñol a decade ago.

d. ...experienced a storm in the afternoon.

e. ...thinks rules are important for safety.

f. ...thought it was like a big tomato soup.

g. ...had really good weather all day.

h. ...went for food straight after the battle.

i. ...was happy once they were clean.

j. ...had an unforgettable experience.

k. ...loves that they could meet new people.

l. ...kept falling over and found it disgusting.

3. Write an extension of the sentence said by each person on the left

e.g. Ariella: Me gustaría volver en el futuro

Rosa:

Rafi:

Mateo:

Sara:

Leonardo:

Jaume:

Verónica:

Dylan:

Natasha:

2. Complete with a suitable word

a. Fui con _____ para participar en La Tomatina.

b. Viajé en _____ y luego en tren.

c. Cuando llegué _____ un coche.

d. El día de la fiesta me desperté _____.

e. Por la mañana hizo _____.

f. Durante la batalla _____.

g. Después de la fiesta _____ al hotel y comí tapas.

h. Para mí fue una experiencia _____.

i. Solo se debe _____ tomates, no _____.

Unit 5. When I went to *la Tomatina* festival: WRITING

1. Complete the text with the options below

El mes pasado _____ con mi primo a Buñol para participar en la Tomatina. Viajamos en _____. El viaje fue _____ pero muy divertido. _____ día de la fiesta llegamos muy temprano para coger _____. Durante _____ fiesta de la Tomatina _____ algunas reglas muy importantes. La _____ importante es que solo se debe tirar tomates. Por la mañana _____ mucho, _____ luego hizo buen tiempo. Durante la _____ de tomates conocí a mucha _____ y nos reímos mucho. Por la tarde volví al hotel y me duché. Fue una experiencia inolvidable.

el	fui
más	llovió
largo	gente
sitio	la
batalla	avión
pero	hay

2. Complete the grids with the appropriate preterite verb forms

Yo	Nosotros
Me acosté	
	Nos despertamos
Me reí	
	Nos caímos
Conocí	
	Descansamos
Viajé	
	Volvimos

3. Guided translation

a. E _ v _ _ _ _ _ p _ _ _ _ _ f _ _ a B _ _ _ _ .
   Last summer, I went to Buñol.
b. F _ _ c _ _ m _ m _ _ _ _ a _ _ _ _ Juan.
   I went with my best friend Juan.
c. F _ _ _ _ _ p _ _ _ p _ _ _ _ _ _ _ _ _ e _ l _ Tomatina.
   We went to take part in the Tomatina.
d. H _ _ a _ _ _ _ _ _ r _ _ _ _ _ i _ _ _ _ _ _ _ _ _ .
   There are some important rules.
e. S _ _ _ s _ d _ _ _ t _ _ _ _ t _ _ _ _ _ _ .
   One must only throw tomatoes.
f. Por la mañana h _ _ _ s _ _ , p _ _ _ l _ _ _ _ l _ _ _ _ _ .
   In the morning, it was sunny, but later it rained.
g. D _ _ _ _ _ _ l _ b _ _ _ _ _ _ t _ _ m _ _ _ _ _ tomates.
   During the fight, I threw loads of tomatoes.
h. C _ _ _ _ _ a m _ _ _ _ g _ _ _ _ y m _ r _ _ m _ _ _ _ .
   I met a lot of people and I laughed a lot.

4. Translate the following text into Spanish

Hi. My name is Pedro. Last year, I went with my friends to Buñol to take part in the Tomatina.

We travelled by plane and then by train. The trip was very long but quite fun.

On the day of the festival, we arrived quite early to get a good spot. In this festival, there are some important rules. One must not throw stones, only tomatoes. Furthermore, it is recommended to wear swimming goggles and trainers.

In the morning, the weather was good and it was very hot. Later, there was a storm and it rained a lot.

During the tomato fight, I threw loads of tomatoes, I laughed a lot and I got really dirty.

In the afternoon, we returned to the hotel, showered and later ate some tapas. I went to bed at 10:00.

It was an unforgettable experience.

5. Write 150 to 200 words about a trip to *la Tomatina*. Mention the following details:

- When you went.
- Who you went with.
- What they are like.
- How you travelled.
- How the trip was.
- Some of the main rules of the Tomatina.
- Three things you did during the tomato fight.
- What you did afterwards.
- Your impressions of the experience.
- Whether you would like to return again one day.

TERM 1 - BRINGING IT ALL TOGETHER – 5

1. Hola, soy Juan. Tengo diecinueve años y vivo en Mérida, una ciudad en el oeste de España. Vivo en un piso en las afueras de la ciudad. Mi piso es bastante feo, pero está en un edificio moderno. Me encanta donde vivo porque en mi barrio hay muchas cosas que hacer.

2. Normalmente voy de vacaciones en el extranjero. Por ejemplo, el año pasado fui a Francia, hace dos años fui a Inglaterra y hace tres años fui a Marruecos. Cuando voy de vacaciones siempre me alojo en un hotel de lujo en el centro de la ciudad. También prefiero viajar en avión porque es más rápido y cómodo, aunque puede ser más caro.

3. Sin embargo, acabo de volver de un viaje con mis amigos a Buñol, un pueblo en Valencia, para participar en la Tomatina, una fiesta conocida por la batalla de tomates. Viajamos en autocar y el viaje fue muy largo, pero también fue bastante tranquilo y cómodo. Nos alojamos en un albergue juvenil muy barato.

4. El día de la fiesta me desperté muy temprano a eso de las seis. Nos despertamos todos para llegar temprano al pueblo para coger sitio. Por la mañana hubo tormenta, pero luego, por la tarde hizo buen tiempo. Durante la batalla me caí muchas veces así que también me ensucié mucho. Mis amigos y yo nos reímos muchísimo y conocimos a mucha gente simpática. Tiré un montón de tomates.

5. Después de la fiesta volvimos al albergue juvenil. Me duché y fuimos todos a un restaurante a comer tapas. Comí patatas bravas, calamares y albóndigas y bebí Coca-Cola. Finalmente me acosté a eso de las diez. Fue una experiencia inolvidable.

6. En esta fiesta hay algunas reglas muy importantes que son fundamentales para la seguridad de todos los participantes. Solo se debe tirar tomates durante la batalla. Nunca se debe tirar piedras ni botellas porque son muy peligrosas. Además, es una buena idea llevar gafas de natación para proteger los ojos. También se recomienda llevar camisetas viejas porque es imposible no ensuciarse.

Juan, 19 años. Mérida, España

1. Answer the following questions in English
a. Why does Juan love where he lives?

b. Where does Juan normally go on holiday?

c. Where did Juan go on holiday two years ago?

d. Why does Juan prefer to travel by plane?

e. How did Juan travel to Buñol?

f. Where did Juan stay in Buñol?

g. Why did Juan and his friends wake up early?

h. What was the weather like in the afternoon?

i. Why did Juan get so dirty?

j. What did Juan do first after the festival?

2. Find the Spanish equivalent in Juan's text
a. On the outskirts of the city (1)

b. There are many things to do (1)

c. Two years ago I went to England (2)

d. I always stay in a hotel (2)

e. Although it can be more expensive (2)

f. (In order) to participate in (3)

g. We travelled by coach (3)

h. It was quite calm and comfortable (3)

i. I woke up very early (4)

j. In the morning there was a storm (4)

k. We met many nice people (4)

l. After the festival (5)

m. It was an unforgettable experience (5)

3. Complete the translation of paragraph 6
In this _____, there are some very important _____ that are fundamental for the safety of _____ participants. One must only _____ tomatoes during the _____. One must _____ throw _____ nor _____ because they are very _____. Furthermore, it is a _____ idea to wear _____ _____ to protect your _____. It is also _____ to _____ old T-shirts because it is impossible not to get dirty.

Daniela y Gael son primos. Están hablando de su viaje a Buñol para participar en la Tomatina.

Daniela	Yo no sabía (*I didn't know*) que también fuiste a Buñol la semana pasada.
Gael	Sí, fui con mis amigos. ¿Tú con quién fuiste?
Daniela	Yo fui con mi mejor amiga. Viajamos en tren y luego en taxi.
Gael	¿Qué tal el viaje?
Daniela	El viaje fue muy largo, pero me pareció muy corto porque nos divertimos mucho ¿Tú cómo viajaste?
Gael	Qué bien. Nosotros viajamos en autocar, fue larguísimo.
Daniela	¿Y dónde te alojaste?
Gael	Me alojé en un hotel barato a cinco minutos de la fiesta. Me encantó, aunque no había gimnasio en el hotel. ¿Y tú?
Daniela	Mis amigas y yo nos alojamos en un albergue juvenil. El hotel estaba a diez minutos a pie de la fiesta.
Gael	¿Y qué te pareció la fiesta? ¿Te gustó?
Daniela	¡Sí! Me encantó la fiesta. Durante la batalla de tomates me reí muchísimo porque todos nos caímos tanto. ¿Y tú?
Gael	También me reí mucho. Tiré un montón de tomates y me ensucié. Menos mal (*just as well*) que llevé una camiseta vieja.
Daniela	Es es una muy buena idea. La próxima vez también voy a llevar gafas de natación. Se me olvidaron (*I forgot mine*).

4. True (T), False (F) or Not Mentioned (NM)?

a.	Daniela and Gael are siblings.	
b.	Daniela did not know that Gael also went to Buñol.	
c.	Gael went to Buñol with his friends.	
d.	Daniela went to Buñol with her sister.	
e.	Daniela travelled by train and taxi.	
f.	Daniela had a lot of fun on the journey.	
g.	Gael's journey was very long.	
h.	Gael stayed in a luxury hotel.	
i.	Gael's accommodation was five minutes from the festival.	
j.	Daniela stayed at a campsite.	
k.	Daniela loved the festival.	
l.	Gael recommends not throwing bottles.	
m.	Daniela forgot her swimming goggles.	

5. Complete the statements

a. Daniela's journey was very _____ but felt very _____ because it was fun.

b. Gael did not have a _____ in the _____.

c. _____ stayed in a youth hostel with his/her _____.

d. _____ threw loads of _____ and _____ a lot.

e. _____ vows to take _____ _____ next time.

TERM 1 - BRINGING IT ALL TOGETHER – QUESTION SKILLS

1. Fill in the missing letters

a. ¿A _ _ _ _ _ f _ _ _ _ _ de vacaciones?

b. ¿C _ _ _ v _ _ _ _ _ _ _?

c. ¿C _ _ _ fue el viaje?

d. ¿D _ _ _ _ t_ q _ _ _ _ _ _ _?

e. ¿T _ g _ _ _ _?

f. ¿Q _ _ h _ _ _ _ _ _ durante las vacaciones?

g. ¿Q _ _ f _ _ lo mejor de t _ _ vacaciones?

h. ¿Q _ _ h _ _ _ _ en tu t _ _ _ _ _ libre?

i. ¿Q _ _ h _ _ _ _ _ _ ayer después del colegio?

j. ¿Qu _ pl _ _ _ _ tienes para este fin de semana?

k. ¿A q _ _ h _ _ _ empiezan l _ _ clases?

l. ¿A q _ _ h _ _ _ termin _ _ las clases?

m. ¿Q _ _ clases t _ _ _ _ _ por la mañana?

n. ¿Q _ _ haces d _ _ _ _ _ _ del c _ _ _ _ _ _?

o. ¿Q _ _ reglas h _ _ en tu c _ _ _ _ _ _?

p. ¿H _ _ i _ _ a alguna fiesta típica española?

q. ¿C _ _ _ _ _ f _ _ _ _ _ y c _ _ _ f _ _?

2. Choose the option that you hear

a. Fui de vacaciones a España / Portugal / Alemania.

b. Viajé en avión / coche / barco.

c. El viaje fue largo / corto pero aburrido / divertido.

d. Me quedé en un camping / un hotel / un albergue.

e. Me gustó mucho / No me gustó / Fue horrible.

f. El primer día nadé en la playa / hice ciclismo.

g. Lo mejor fue pasar tiempo con familia / amigos.

h. En mi tiempo libre toco la guitarra / el piano.

i. Hice los deberes / descansé / di un paseo.

j. Voy a salir al cine / al centro comercial / al parque.

k. Las clases empiezan a las siete / ocho / nueve.

l. Las clases terminan a las tres / cuatro / cinco.

m. A primera hora tengo español / francés / inglés.

n. Voy al club de natación / ajedrez / equitación.

o. No se debe llevar maquillaje / pendientes / botas.

p. Fui al Carnaval de Cádiz / a las Fallas / a la Tomatina.

q. Fui el año pasado y fue guay / terrible / inolvidable.

3. Listen and write in the missing information

a. Fui de _____ el verano _____ con mi familia. Fui a _____.

b. Viajamos en _____ y el viaje _____ cuatro horas y _____.

c. El _____ fue muy _____ y bastante _____.

d. Me _____ en un _____ _____ en el centro de la ciudad.

e. Me _____ el viaje porque la _____ era _____.

f. Durante las vacaciones _____ muchas cosas. El primer día _____ una _____.

g. Lo _____ fue cuando vi un _____ de fútbol con mi _____ amigo.

h. En mi tiempo _____ me gusta _____ al fútbol en el _____.

i. Ayer, _____ del colegio fui a _____ de mi amigo a _____ a la Play.

j. Este fin de _____ voy a ir al _____ con mis _____.

k. En mi _____ las clases _____ a las _____ y media.

l. En mi _____ las clases _____ a las _____ de la tarde.

m. A primera _____ tengo clase de _____. Después tengo clase de _____.

n. _____ del colegio voy al club de _____ con mi _____.

o. En mi colegio no se _____ comer _____ en las _____.

p. Sí, el año pasado fui a la _____, una _____ que se celebra en _____ en Buñol.

q. Fui el _____ pasado con mi _____ y me _____.

TERM 1 - BRINGING IT ALL TOGETHER – QUESTION SKILLS

4. Fill in the grid with your personal information

Question	Answer
a. ¿Adónde fuiste de vacaciones?	
b. ¿Cómo viajaste?	
c. ¿Dónde te quedaste?	
d. ¿Qué hiciste durante las vacaciones?	
e. ¿Qué fue lo mejor de tus vacaciones?	
f. ¿Qué haces en tu tiempo libre?	
g. ¿Qué hiciste ayer después del colegio?	
h. ¿Qué planes tienes para este fin de semana?	
i. ¿Qué clases tienes por la mañana?	
j. ¿Qué reglas hay en tu colegio?	
k. ¿Has ido a alguna fiesta típica española?	
l. ¿Cuándo fuiste y cómo fue?	

5. Survey two of your classmates using the same questions as above – write down the main information you hear in Spanish

Q.	Person 1	Person 2
a.		
b.		
c.		
d.		
e.		
f.		
g.		
h.		
i.		
j.		
k.		
l.		

No Snakes No Ladders

7 During the holidays I did many things.	**6** I had a great time because the people were nice.	**5** I stayed in a luxury hotel in the city centre.	**4** The trip lasted two hours and it was comfortable.	**3** We went to Germany and we travelled by plane.	**2** I went on holiday last summer with my family.	**1** Where did you go on holiday?
8 On the first day, I met a nice girl.	**9** In the morning, I went to the beach to swim in the sea.	**10** At night, we went to the shopping mall to go shopping.	**11** The best thing was when I saw a football match.	**12** In my opinion they were unforgettable holidays.	**13** What do you normally do in your free time?	**14** Generally, I tidy my room at 9:00 in the morning.
23 At my school, one must not go to the toilet during lessons.	**22** I like Spanish because it is fun.	**21** Breaktime is at 11:30.	**20** At my school, lessons start at 8:45 in the morning.	**19** What time do lessons start?	**18** Next weekend, I would like to go to the cinema.	**17** Last Friday, I went jogging in the park with my sister.
24 At my school, you don't have to wear uniform.	**25** Last weekend, I went with my friends to Buñol.	**26** When we arrived, we rented a car.	**27** In the morning, the weather was good.	**28** During the tomato fight, I laughed a lot.	**29** After the festival, I returned to the hotel and I showered.	**30** In this festival, one must not throw stones.

START

FINISH

No Snakes No Ladders

SALIDA

1 ¿Adónde fuiste de vacaciones?

2 Fui de vacaciones el verano passado con mi familia.

3 Fuimos a Alemania y viajamos en avión.

4 El viaje duró dos horas y fue muy cómodo.

5 Me alojé en un hotel de lujo en el centro de la ciudad.

6 Lo pasé genial porque la gente era simpática.

7 Durante las vacaciones hice muchas cosas.

8 El primer día conocí a una chica simpática.

9 Por la mañana fui a la playa para nadar en el mar.

10 Por la noche fuimos al centro comercial para ir de compras.

11 Lo mejor fue cuando vi un Partido de fútbol.

12 En mi opinión fueron unas vacaciones inolvidables.

13 ¿Qué haces normalmente en tu tiempo libre?

14 Por lo general arreglo mi habitación a las nueve de la mañana.

15 Suelo jugar al fútbol con mis amigos en el parque.

16 ¿Qué hiciste ayer después del colegio?

17 El viernes pasado hice footing en el parque con mi hermana.

18 El fin de semana que viene me gustaría ir al cine.

19 ¿A qué hora empiezan las clases?

20 En mi colegio las clases empiezan a las nueve menos cuarto de la mañana.

21 El recreo es a las once y media.

22 Me gusta el español porque es divertido.

23 En mi colegio no se debe ir al baño durante las clases.

24 En mi colegio no tienes que llevar uniforme.

25 El fin de semana pasado fui con mis amigos a Buñol.

26 Cuando llegamos alquilamos un coche.

27 Por la mñana hizo buen tiempo.

28 Durante la batalla de tomates me reí mucho.

29 Después de la fiesta volví al hotel y me duché.

30 En esta fiesta no se debe tirar piedras.

LLEGADA

PYRAMID TRANSLATION

Unit 1-2 Recap

Translate each part of the pyramid out loud with your partner, then write it into the spaces provided below.

a. Last year I went...

b. Last year I went on holiday to Spain with my family.

c. Last year I went on holiday to Spain with my family. We travelled by plane and the trip took 3 hours.

d. Last year I went on holiday to Spain with my family. We travelled by plane and the trip took 3 hours. We stayed in a hotel near the beach, in Nerja.

e. Last year I went on holiday to Spain with my family. We travelled by plane and the trip took 3 hours. We stayed in a hotel near the beach, in Nerja. We spent a lot of time swimming in the sea and taking photos.

f. Last year I went on holiday to Spain with my family. We travelled by plane and the trip took 3 hours. We stayed in a hotel near the beach, in Nerja. We spent a lot of time swimming in the sea and taking photos. They were unforgettable holidays and I hope I can return one day.

Write your translation here:

One pen One dice

Play in pairs. You only have 1 pen and 1 dice.

One person has the pen and starts translating the sentence into **English.** The other person rolls the dice until they roll a 6, they swap the pen and translate. The winner is the person who finishes translating all the sentences first.

1. Fui de vacaciones a España.	
2. Viajé en avión y luego en autobús.	
3. El viaje fue muy largo pero cómodo.	
4. Lo mejor fue cuando pasé tiempo con mis abuelos.	
5. Me gustaría volver el próximo año.	
6. Entre semana voy al centro comercial.	
7. El fin de semana hago mis deberes.	
8. Ayer comí en un restaurante chino.	
9. El viernes pasado fui al estadio.	
10. Hice footing en el parque.	

Play in pairs. You only have 1 pen and 1 dice.
One person has the pen and starts translating the sentence into **Spanish.** The other person rolls the dice until they roll a 6, they swap the pen and translate. The winner is the person who finishes translating all the sentences first.

1. I went on holiday to Spain.	
2. I travelled by plane and then by bus.	
3. The trip was very long, but comfortable.	
4. The best thing was when I spent time with my grandparents.	
5. I would like to return next year.	
6. During the week I go to the shopping mall.	
7. At the weekend I do my homework.	
8. Yesterday I ate in a Chinese restaurant.	
9. Last Friday I went to the stadium.	
10. I did jogging in the park.	

TERM 2 – OVERVIEW

This term you will learn:

Unit 6 – Talking about yesterday after school
• Describe a school morning in the past tense, including getting ready, the trip to school and the morning classes
• Talk about what activities you did after school, once you got home

Unit 7 – Talking about what I did last weekend
• Talk about where you went, with whom, and what activities you did
• Talk about how you spent your time, using the *pasé un rato + gerund* structure

Unit 8 – Talking about a recent outing to the cinema
• Describe a recent cinema trip
• Talk about what genre of film you went to see
• Describe what the film was about

Unit 9 – Talking about a birthday party we went to
• Describe a recent birthday party
• Say where the party was held
• Say what gift you bought your friend

Unit 10 – (OPTIONAL) Making plans for next weekend
• Talk about your plans for next weekend
• Talk about places where you would like to go
• Say what else you would like to do, using the conditional tense

KEY QUESTIONS

¿A qué hora te levantaste ayer?	*What time did you get up yesterday?*
¿Cómo fuiste al colegio?	*How did you go to school?*
¿Qué hiciste ayer después del colegio?	*What did you do yesterday after school?*
¿Qué hiciste el fin de semana pasado?	*What did you do last weekend?*
¿Qué hiciste el sábado/domingo?	*What did you do on Saturday/Sunday?*
¿Qué hiciste antes de dormir?	*What did you do before going to sleep?*
¿Cuándo fue la última vez que fuiste al cine?	*When was the last time you went to the cinema?*
¿Qué película viste?	*What film did you watch?*
¿De qué trataba la historia?	*What was the story about?*
¿Te gustó la película? ¿Por qué?	*Did you like the film? Why?*
¿Dónde fue la fiesta de tu amigo/a?	*Where was your friend's party?*
¿Qué hiciste durante la fiesta?	*What did you do during the party?*
¿Qué le regalaste a tu amigo/a?	*What (gift) did you give your friend?*
¿Qué vas a hacer el fin de semana que viene?	*What are you going to do next weekend?*
¿Qué planes tienes para el sábado/domingo?	*What plans do you have for Saturday/Sunday?*
¿Qué te gustaría hacer?	*What would you like to do?*
¿Qué tienes que hacer?	*What do you have to do?*

UNIT 6
Talking about yesterday after school

In this unit you will learn how to:

- Describe a school morning in the past tense, including getting ready, the trip to school and the morning classes
- Talk about what activities you did after school, once you got home
- Say what you did before going to bed

UNIT 6
Talking about yesterday after school

¿A qué hora te levantaste ayer?	What time did you get up yesterday?
¿Cómo fuiste al colegio?	How did you go to school?
¿Qué hiciste ayer cuando volviste a casa?	What did you do yesterday when you got home?

Ayer *Yesterday*	por la mañana *(in the) morning*	me levanté desayuné fui al colegio	*I got up* *I had breakfast* *I went to school*	a las seis/siete *at six/seven*

En el colegio *At school*	tuve clase de *I had a … lesson*	español francés	y	aprendí mucho fue divertido lo pasé bien/mal	*I learnt a lot* *it was fun* *I had a good/bad time*

Luego *Later*	volví a casa *I returned home*	a las tres *at 3*	a pie en autobús en coche	*on foot* *by bus* *by car*

Durante el viaje a casa *During the trip home*	dormí escuché música hablé con mis amigos/as	*I slept* *I listened to music* *I talked to my friends*

Cuando llegué a casa *When I got home*	hice los deberes jugué a la Switch jugué a videojuegos saqué al perro toqué el piano	*I did my homework* *I played on my Switch* *I played video games* *I took the dog out* *I played the piano*	en mi dormitorio *in my bedroom* en el salón *in the living room* en el jardín *in the garden*

Luego, por la tarde *Later, in the afternoon*	charlé con mis amigos fui a casa de mi amigo fui al parque quedé con mis amigos salí al centro comercial	*I chatted with my friends* *I went to my friend's house* *I went to the park* *I met up with my friends* *I went to the shopping mall*

Después de cenar *After dinner*	me metí en internet *I went on the internet* usé mi móvil *I used my phone* usé mi portátil *I used my laptop*	para *(in order) to*	buscar información *look for information* mirar mi Instagram *look at my Insta* ver vídeos en YouTube *watch videos on YouTube*

THE LANGUAGE GYM
SPANISH TRILOGY III

1. Dictation

a. ¿Q _ _ h _ _ _ _ _ _ a _ _ _?

b. A _ _ _ d _ _ _ _ _ _ _ a l _ _ s _ _ _ _.

c. T _ _ _ c _ _ _ _ de e _ _ _ _ _ _.

d. Du _ _ _ _ _ el v _ _ _ _ a ca _ _ d _ _ _ _.

e. H _ _ _ l _ s deb _ _ _ _ en el s _ _ _ _.

f. To _ _ _ el pi _ _ _ en mi d _ _ _ _ _ _ _ _.

g. P _ _ la t _ _ _ _ f _ _ al p _ _ _ _ _.

h. De _ _ _ _ _ de cen _ _ us _ mi m _ _ _ _.

i. U _ _ mi port _ _ _ _ pa _ _ v _ _ ví _ _ _ _.

j. En el co _ _ _ _ _ a _ _ _ _ _ _ m _ _ _ _.

2. Listen and fill in the gaps

a. Ayer por la mañana _____ _____ a las _____.

b. En el colegio tuve clase de _____ y fue _____.

c. Luego _____ a casa a las tres en _____.

d. Durante el _____ a casa _____ con mis _____.

e. Cuando _____ a casa _____ _____ _____.

f. _____ a videojuegos en mi _____.

g. Por la tarde _____ con mis _____.

h. Después de _____ me _____ en _____.

3. Spot the intruders

Ayer por la mañana fui desayuné al colegio al a las siete seis y media. En el colegio tuve clase de español francés y lo pasé mal bien. Luego volví a casa a las cuatro en coche a pie. Durante el viaje a casa dormí escuché música. Cuando llegué a casa toqué jugué a perro videojuegos en mi salón dormitorio. Luego, por la tarde salí fui al la centro comercial amigos. Después de internet cenar usé mi móvil para ver mirar mi YouTube Instagram.

4. Multiple choice: spot the intruderss

e.g.	home	piano	~~bedroom~~
a.	yesterday	I got up	at seven
b.	French	fun	bad time
c.	school	home	foot
d.	trip	I listened	friends
e.	when	I played	dog
f.	later	friends	park
g.	dinner	internet	YouTube
h.	what	you eat	home

5. Faulty translation: listen, identify and correct the errors

*e.g. After dinner, I used my laptop to ~~look for information.~~ **watch videos on YouTube.***

a. Yesterday morning, I had breakfast at 7:30.

b. At school, I had a Spanish lesson and it was fun.

c. Later, I returned home at 3:30 by bus.

d. When I got home, I listened to music.

e. When I got home, I did my homework in the living room.

f. Later, in the afternoon, I went to my friend's house.

g. After dinner, I used my phone to look at my Insta.

6. Listening slalom: follow the speaker from top to bottom and number the boxes accordingly

a	b	c	d	e
After dinner	At school	Later	After	Before school
I had	I returned home	I used	I got up	at 6:30
I went	my phone	at 5:00	a Spanish lesson	at 6:00
and	and I chatted	to the park	to look	by car
with my sister.	at my Insta.	it was fun.	with my brother.	with my friends.

7. Narrow listening: gapped translation

Hello, my _____ is Andrés and I am _____ Albacete. I am _____ years old and I live with my

_____ and my _____ brother. Yesterday morning, I got up at _____ and I went to _____

at _____. At school, I had an _____ lesson and ___ _____ ___ _____. Later, I returned home

at _____ by _____. During the _____ home, I _____ to _____. When I got _____,

I did my _____ in the _____ _____. Later, in the afternoon, I went to the _____

with my _____. After dinner, I went on the internet to _____ _____ ___ _____.

8. Listen to the two conversations and answer the questions below in English

Conversation 1

a. At what time did Iván get up yesterday?

b. How did Iván travel to school?

c. How did Laura get home from school?

d. What did Laura do when she got home?

e. What did Iván do yesterday afternoon?

Conversation 2

a. What did José do yesterday?

b. What did María use her laptop for?

c. Where did María listen to music?

d. What time did María get up at yesterday?

e. How did María travel to school?

Unit 6. Talking about yesterday after school: VOCAB BUILDING

1. Complete with the missing word

a. _____ a las siete y media — *I had breakfast at 7:30*

b. Tuve clase de _____ — *I had a French lesson*

c. Saqué al _____ — *I took the dog out*

d. _____ con mis amigos — *I chatted to my friends*

e. Usé mi _____ — *I used my phone*

f. Ayer por la _____ — *Yesterday morning*

g. Hice los _____ — *I did my homework*

h. _____ con mis amigos — *I met up with my friends*

i. En el _____ — *In the living room*

2. Match

Ayer	At 3:00
Me levanté	By car
A las tres	I got up
Mi portátil	It was fun
Por la tarde	In the garden
En coche	Yesterday
Fue divertido	At school
En el jardín	My laptop
En el colegio	In the afternoon

3. Translate into English

a. Me levanté a las seis

b. Por la tarde fui

c. Fui al parque con mi hermano

d. Tuve clase de inglés

e. Después de cenar

f. Para ver videos en YouTube

g. Hice los deberes en mi dormitorio

h. Escuché música en el coche

4. Add the missing letter

a. Desayun _

b. Me le _ anté

c. Volv _ a casa

d. Q _ edé con

e. Port _ til

f. Auto _ ús

g. L _ egué

h. _ ablé

5. Anagrams

a. itveroiDd

b. orPtiátl

c. Areíndp

d. snéayDeu

e. oeiolgC

f. nIocnfrióma

g. eVjueogoids

h. oomDrirtoi

6. Broken words

a. D _ _ _ _ _ _ _ a l _ _ s _ _ _ _ — *I had breakfast at 7:00*

b. M _ l _ _ _ _ _ _ a l _ _ s _ _ _ — *I got up at 6:00*

c. T _ _ _ c _ _ _ _ de f _ _ _ _ _ _ — *I had a French lesson*

d. E _ _ _ _ _ _ m _ _ _ _ _ — *I listened to music*

e. C _ _ _ _ _ l _ _ _ _ a c _ _ _ — *When I got home*

f. D _ _ _ _ _ _ d _ c _ _ _ _ — *After dinner*

g. M _ m _ _ _ e _ i _ _ _ _ _ _ — *I went on the internet*

h. J _ _ _ _ a v _ _ _ _ _ _ _ _ _ — *I played video games*

i. S _ _ _ _ a _ p _ _ _ _ — *I took the dog out*

7. Complete with a suitable word

a. Ayer por la mañana _____

b. Tuve clase de _____

c. Volví a casa en _____

d. Hice los deberes en el _____

e. Por la tarde fui al _____

f. ¿Qué hiciste _____?

g. Escuché música con mi _____

h. Volví a casa a las _____

Unit 6. Talking about yesterday after school: VOCAB BUILDING

8. Spot the intruders

a. Ayer por el la mañana me levanté a las seis.

b. En el colegio tuve la clase de español.

c. Luego volví a casa a las tres menos.

d. Durante el mucho viaje a casa dormí.

e. Cuando fui llegué a casa hice los deberes.

f. Luego, por la tarde quedé con mis mi amigo.

g. Después de ceno cenar usé mi portátil.

h. Ayer por la tarde mañana fui al colegio.

i. En el colegio tuve francés clase de francés.

j. Cuando llegué a casa toqué saqué el piano.

9. Translate the verbs

a. Ayer por la mañana desayuné a las siete.
   Yesterday morning, I _____ at 7:00.

b. En el colegio tuve clase de español.
   At school, I _____ a Spanish class.

c. Luego volví a casa a las tres y cuarto en coche.
   Later, I _____ home at 3:15 by car.

d. Durante el viaje a casa hablé con mis amigos.
   During the trip home, I _____ with my friends.

e. Cuando llegué a casa toqué el piano.
   When I _____ home I _____ the piano.

f. Luego, quedé con mis amigos.
   Later, I _____ with my friends.

10. Likely or unlikely: write L for likely or U for unlikely next to each sentence below

a. Ayer por la mañana desayuné los deberes.

b. En el colegio tuve clase de perro.

c. Luego volví a casa a las cuatro menos cuarto.

d. Durante el viaje a casa escuché música.

e. Cuando llegué a casa jugué al parque.

f. Luego, por la tarde quedé con mis amigos.

g. Después de cenar usé mi móvil en el salón.

h. Ayer por la mañana fui al colegio a las ocho.

i. En el colegio tuve clase de francés.

j. Cuando llegué a casa toqué el jardín.

11. Sentence puzzle

a. fui por la al Ayer siete mañana colegio a las

b. el de tuve En español colegio clase

c. a casa y volví media Luego a las tres

d. escuché viaje a casa música Durante el

e. en a llegué piano casa Cuando toqué el salón el

f. fui al la Luego mi primo tarde parque por con

g. usé Después mi cenar portátil de

h. móvil mirar Instagram para Usé mi mi

12. Multiple choice: choose the correct translation

a.	Ayer por la mañana	Yesterday afternoon	In the morning	Yesterday morning
b.	Volví a casa	Return of the king	I returned home	I returned again
c.	Durante el viaje	During the trip	During the village	During the test
d.	Lo pasé bien	I had a great time	I had a good time	I had a bad time
e.	Saqué al perro	I took the dog out	I sacked the dog	I played with the dog
f.	Después de cenar	Afterwards	After the cinema	After dinner
g.	Tuve clase de...	I had a classic...	I had a ... class	You had a ... class
h.	En el salón	In the living room	In the salon	After the living room

THE LANGUAGE GYM
SPANISH TRILOGY III

Unit 6. Talking about yesterday after school: READING 1

Me llamo Roberto. Tengo doce años y vivo en Valencia, en España. En mi familia hay cuatro personas. Tengo un perro muy divertido, Josh. Ayer por la mañana me levanté muy temprano, a las seis. Luego me duché y me vestí en mi dormitorio. Fui al colegio en bici porque vivo muy cerca. En el colegio a primera hora tuve clase de español. Es mi asignatura favorita porque mi profesor es un crack *(legend)*. A segunda hora tuve clase de geografía. Me gusta porque tengo amigos en clase, pero el profesor no explica las cosas muy bien. Volví a casa a las tres y cuando llegué a casa hice los deberes en mi dormitorio. Luego, más tarde quedé con mis amigos en el centro comercial. Comimos un helado en una heladería *(ice cream shop)* italiana. Volví a casa a las ocho. Después de cenar usé mi móvil para mirar mi Instagram. Finalmente, me acosté a las diez.

Roberto, 12, Valencia, España

Me llamo Inés. Tengo trece años y vivo en Brighton, en Inglaterra. En mi familia hay cinco personas. Mi padre, mi madre, mi hermano mayor, mi hermana menor y yo. Tengo un gato muy bonito, pero un poco antipático. Se llama Sam. Ayer por la mañana me levanté temprano, a las seis y media. Luego me duché y me lavé los dientes en mi dormitorio. Fui al colegio en coche porque vivo muy lejos. En el colegio a primera hora tuve clase de francés. Es mi asignatura favorita porque mi profesor es muy gracioso y explica las cosas bien. A segunda hora tuve clase de matemáticas. No me gusta porque el profesor es un poco antipático y siempre me regaña *(tells me off)* porque muchas veces no hago mis deberes. Volví a casa en coche y cuando llegué hice los deberes en mi salón con mi hermano mayor. Él siempre me ayuda. Luego, más tarde salí con mis amigos. Fuimos al parque y jugamos al fútbol. Volví a casa a las siete. Después de cenar usé mi portátil para buscar información para mis deberes. Finalmente, me acosté a las diez y diez.

Inés, 13, Brighton, Inglaterra

1. Find the Spanish in Roberto's text

a. I am 12 years old

b. I showered

c. First period (lesson)

d. He doesn't explain things well

e. In my bedroom

f. We ate an ice cream

g. After dinner

h. I went to bed

2. Who does the statement refer to: Roberto or Inés?

a. Has a fun pet

b. Goes to school by bicycle

c. Has an unfriendly pet

d. Gets up the earliest

e. Has French first lesson

f. Has a teacher who doesn't explain things well

g. Sometimes doesn't do their homework

h. Ate icecream after school

i. Has a brother who always helps them

j. Went to bed the latest

3. Answer the following questions about Inés

a. Who does Inés live with?

b. Why does she go to school by car?

c. What school lessons does she mention? (2 details)

d. Why doesn't she like her maths teacher? (2 details)

e. Where did she do homework with her brother?

f. What did she do at the park?

g. What did she do after dinner?

4. Correct the mistakes

a. Ayer per la mañana.

b. Mi levanté muy temprano.

c. Fuí al colegio en bici.

d. Volví a casa a ocho.

e. A segundo hora tuve clase de matemáticas.

f. Porque a vece no haggle los deberes.

g. Me meti en interneto.

Unit 6. Talking about yesterday after school: READING 2

Hola, me llamo David. Tengo quince años y vivo en Jaén, una ciudad en el sur de España. Vivo en un piso bastante moderno en un barrio pequeño. Vivo con mi familia. En mi familia hay cinco personas. Somos mis padres, mi hermano mayor, mi hermano menor y yo.

Todos los días me levanto a las seis y media de la mañana. Sin embargo, ayer me levanté más temprano, a las seis. Antes de desayunar me duché y me puse el uniforme. Desayuné cereales con leche y tomé un zumo de naranja.

Como siempre, fui al colegio en autobús porque vivo bastante lejos. En el colegio a primera hora tuve clase de inglés. No me gusta el inglés porque mi profesor es muy aburrido y no explica las cosas muy bien. Además, si hablas el profesor te regaña. A segunda hora tuve clase de matemáticas. Me encantan las matemáticas y también me cae bien el profesor. El profesor es muy simpático y siempre me ayuda.

Después del colegio no volví a casa directamente, fui a casa de mi amigo en el coche del amigo de mi padre. Durante el viaje a su casa escuchamos música y hablamos de los planes que tenemos para este fin de semana. Cuando llegamos a su casa jugamos a videojuegos y sacamos al perro en el parque.

Cuando volví a casa hice los deberes en el comedor y cené con mi familia. Después de cenar usé mi portátil para ver vídeos en YouTube.

Finalmente, me acosté a las diez y media.

David, 15, Jaén, España

1. Find the Spanish in David's text

a. A city in the south of Spain

b. A quite modern flat

c. Every day I get up

d. Yesterday I got up

e. I put on my uniform (preterite)

f. I had an orange juice

g. I live quite far

h. He tells you off

i. He always helps me

j. During the trip

k. When we got to his house

l. In the dining room

m. I had dinner with my family

2. Spot and correct the mistakes

a. En mi familia es cinco personas

b. Todos los días me levantar

c. Me duché y me pongo el uniforme

d. Fue al colegio en autobús

e. Me encanto las matemáticas

f. No directamente volví

g. Cuando llegando a su casa

h. Cené a mi familia

i. Me acuesté a las diez y media

3. Tick or cross: tick the phrases that appear in the text above and cross the phrases that don't

a. En un barrio pequeño	f. Tomé un zumo de naranja	k. Volví a casa a pie
b. Todos los días	g. Vivo bastante lejos	l. No volví a casa directamente
c. De vez en cuando	h. Vivo muy cerca	m. Los planes que tenemos
d. Me levanté más temprano	i. Odio el inglés	n. Cuando volví a casa
e. Me alojé en un albergue	j. El profesor es muy simpático	o. Por la noche

THE LANGUAGE GYM
SPANISH TRILOGY III

Unit 6. Talking about yesterday after school: READING & WRITING

El colegio

Jorge: Ayer tuve clase de francés a primera hora. Aprendí mucho y me gusta el profesor, pero no fue divertido.

Aquilino: Ayer volví del colegio a casa en autobús con mis amigos. Durante el viaje hice mis deberes.

Hugo: Durante el viaje a casa escuché música y luego cuando llegué a casa tuve que hacer los deberes.

Monika: Por la tarde fui a casa de mi mejor amiga. Usamos mi portátil para buscar información para los deberes de ciencias.

Irene: En el colegio tuve clase de inglés y lo pasé mal porque no me gusta la profesora. Es muy antipática y a veces me chilla.

Miguel Ángel: Cuando llegué a casa fui al parque con mis hermanos. Jugamos al fútbol y tomamos un helado. Después, fuimos a casa para cenar.

Federico: Ayer por la mañana me levanté temprano a las seis y media. Fui al colegio en bici con mi amigo.

Elena: Volví a casa del colegio a las tres y media. Cuando llegué a casa saqué al perro y quedé con mis amigos en el parque cerca de mi casa.

2. Complete with a suitable word

a. A primer hora tuve clase de _____.

b. Luego, por la tarde fui al _____.

c. Después de cenar usé mi _____ para ver _____ en YouTube.

d. Ayer por la _____ me levanté temprano.

e. Tuve clase de francés y _____ mucho.

f. Cuando _____ a casa jugué a videojuegos y _____ al perro.

g. Volví a casa en _____ a ___ _____.

1. Find someone who...

a. ...did their homework on the way home from school.

b. ...got home from school at 3:30.

c. ...had to do homework when they got home.

d. ...does not like their teacher.

e. ...learnt a lot in lesson but did not have fun.

f. ...did their homework at a friend's house.

g. ...had an ice cream in the park.

h. ...met up with their friends at the park.

i. ...listened to music on the way home from school.

j. ...woke up early at 6:30

3. Using your imagination, write an extension of the sentence said by each person on the left

e.g. Jorge: Después, tuve clase de inglés y me gustó porque fue muy divertido.

Aquilino:

Hugo:

Monika:

Irene:

Miguel Ángel:

Federico:

Elena:

THE LANGUAGE GYM
SPANISH TRILOGY III

81

Unit 6. Talking about yesterday after school: WRITING

1. Complete the following sentences creatively

a. Ayer por la mañana _____ a las siete y _____.

b. En el colegio tuve clase de _____ y _____.

c. Luego volví a _____ a _____ y charlé _____.

d. Durante el viaje a casa _____ porque _____.

e. Cuando llegué a casa _____ en _____ con _____.

f. Luego, por la tarde _____ a las _____ y después _____.

g. Después de cenar _____ para _____.

2. Tangled translation: rewrite in Spanish

a. Ayer **in the morning** me levanté **at 7:00** y desayuné **cereal with milk** y un plátano.

b. **At school** tuve clase de **French** a las **9:40**. No me gusta **the teacher (m) because** es **mean**.

c. Luego **I returned** a casa **at 4:15** en coche con mi **father and my younger** hermano.

d. **During** el viaje **home** escuché **music**, pero **I don't like** la música **Spanish**.

e. Cuando **I got home I played** videojuegos en el **living room with my** hermana menor.

f. Luego, **in the afternoon I chatted** con mis amigos **and we met up** en el parque grande.

g. Después de **dinner I used my** móvil **in order to look for** información para mis **homework**.

3. Fill in the missing letters

a. *In the morning*   P _ _ l_ m _ _ _ _ _

b. *At school I had*   E _ e_ c _ _ _ _ _ _ t _ _ _

c. *I learnt a lot*   A _ _ _ _ _ _ m _ _ _ _

d. *I returned home*   V _ _ _ _ _ c _ _ _

e. *During the trip*   D _ _ _ _ _ _ _ _ v _ _ _ _

f. *I did my homework*   H _ _ _ m _ _ _ _ _ _ _ _ _

g. *I went to the park*   F _ _ _ _ p _ _ _ _ _

h. *I used my laptop*   U _ _ _ _ p _ _ _ _ _ _ _

4. Translate into Spanish

a. Yesterday morning, I went to school by bus as 8:30.

b. At school, I had a Spanish lesson and I had a good time because it was fun.

c. Later, I returned home on foot at 3:30 and, during the trip, I listened to music.

d. When I got home, I took the dog out with my sister. After, I played video games in my bedroom.

e. Later, in the afternoon, I went to the shopping mall with my best friend.

TERM 2 - BRINGING IT ALL TOGETHER – 6

1. Hola, me llamo Pilar y tengo catorce años. Vivo en Girona, una ciudad en el noreste de España. Vivo en un piso en un edificio antiguo en las afueras de la ciudad. Vivo con mi madre y mi hermano mayor. En mi barrio hay mucho que hacer y lo que más me gusta es quedar con mis amigos en el centro comercial para mirar escaparates o ver una película en el cine.

2. Por lo general me levanto a las siete menos cuarto. Me ducho, me visto y me voy a la cocina para tomar el desayuno con mi familia. Antes de ir al colegio también tengo que sacar al perro. Suelo dar una vuelta por el parque pequeño que hay en mi calle. Salgo al colegio a las siete y media. Voy al colegio a pie y suelo llegar a las ocho.

3. Las clases empiezan a las ocho y cuarto y terminan a las tres menos cuarto. Todos los días tengo clases diferentes pero mi clase favorita es el catalán. Tengo clase de catalán los lunes a primera hora y los jueves a tercera hora. Me encanta estudiar el catalán porque es divertido y la profesora es muy inteligente. En mi colegio las reglas son bastante estrictas. Por ejemplo, no se puede levantar la mano en clase ni tampoco se puede llevar maquillaje.

4. Ayer por la mañana me levanté tarde a las siete así que no desayuné porque no quería llegar tarde al colegio. Sin embargo, saqué al perro antes de ir. Fui al colegio a las siete y media como siempre. En el colegio tuve clase ciencias y lo pasé mal porque se me olvidó mi libro de química. Luego volví a casa a las tres a pie y durante el viaje escuché música.

5. Normalmente cuando llego a casa lo primero que hago es merendar (*snack*), suelo comer un pan de leche con jamón. Sin embargo, ayer no tenía hambre así que cuando llegué a casa jugué a videojuegos con mi hermano en el salón. Luego fui al parque con mis amigas a dar una vuelta y tomar un zumo.

6. A las nueve volví a casa y vi la tele un rato. Después cené pasta con mi familia. Después de cenar me metí en internet para mirar mi Instagram y ver vídeos en YouTube.

Pilar, 14 años. Girona, España

1. Answer the following questions in English

a. Who does Pilar live with?

b. What must Pilar do before school?

c. Where is Pilar's school in relation to her home?

d. What time do classes start at?

e. What does Pilar think of the school rules?

f. What time did Pilar wake up at yesterday?

g. Why didn't she enjoy her science lesson?

h. What did she do on the way home?

i. What did she do at 9:00 p.m.?

j. What did she do after dinner?

2. Find the Spanish equivalent in Pilar's text

a. What I like most (1)

b. Watch a film at the cinema (1)

c. (In order) to have breakfast with my family (2)

d. I have to take the dog out (2)

e. I tend to arrive at 8:00 (2)

f. Every day I have different lessons (3)

g. The teacher is very intelligent (3)

h. One cannot put up their hand in class (3)

i. I went to school at 7:30 (4)

j. When I get home (5)

k. When I got home (5)

l. Later, I went to the park with my friends (5)

m. After dinner, I went on the internet (6)

3. Complete the translation of paragraph 4

Yesterday _____, I woke up _____ at _____

so I didn't have _____ because I didn't want

to _____ late to _____. However, I took

the _____ out _____ leaving. I went to school

at _____ like always. At school, I had a _____

lesson and I had a _____ time because I forgot my

_____ _____. Later, I _____

home at _____ on _____ and during the trip I

_____ to _____.

TERM 2 - BRINGING IT ALL TOGETHER – 6

Amira y Antonio son primos. Van a colegios diferentes y están hablando de lo que hicieron ayer en el colegio.	
Amira	Hola, primo. ¿Qué tal el colegio ayer?
Antonio	Amira, fue fatal. Lo pasé muy mal.
Amira	¿Por qué? ¿Qué pasó?
Antonio	Es que mi colegio es muy estricto. Primero llegué tarde a las ocho y veinte.
Amira	¿Y a qúe hora empiezan las clases?
Antonio	Las clases empiezan a las ocho y veinte, pero me caí en la entrada y llegué un minuto después.
Amira	¡Qué fuerte! ¿Por qué llegaste tarde?
Antonio	Me levanté tarde así que no pude coger el autobús. Cuando llegué al colegio, tuve clase de francés y no fue nada divertido.
Amira	A mí me encanta el francés. ¿Qué hiciste cuando volviste a casa?
Antonio	Cuando llegué a casa saqué al perro e hice los deberes. En ese momento me di cuenta (*I realised*) de que también había perdido mi libreta de francés. ¿Y tú?
Amira	Madre mía, Antonio. Pues cuando llegué yo a casa jugué a videojuegos y escuché música. Me lo pasé muy bien.
Antonio	Me alegro mucho, Amira. ¿Y qué tal tu clase de geografía?
Amira	¡Ay! No hice mis deberes y tengo un examen hoy.

4. True (T), False (F) or Not Mentioned (NM)?

a.	Amira and Antonio go to the same school.	
b.	Amira and Antonio are cousins.	
c.	Antonio had a terrible day at school yesterday.	
d.	Antonio's school is not very strict.	
e.	Antonio normally walks to school.	
f.	Antonio arrived at 8:20.	
g.	Amira missed the bus.	
h.	Antonio had a French lesson yesterday.	
i.	Amira loves French.	
j.	Antonio took his dog out for a walk.	
k.	Antonio lost his geography book.	
l.	Antonio is happy that Amira had a nice day.	
m.	Amira didn't do her geography homework.	

5. Complete the statements

a. _____ goes to a very strict school.

b. Antonio was late because he _____ _____ by the entrance and he _____ the _____.

c. _____ realized that he had lost his _____ exercise book.

d. Amira _____ _____ and listened to music when she got home.

e. _____ has an exam today.

UNIT 7
Talking about what I did last weekend

In this unit you will learn how to:

• Describe what you did last weekend
• Talk about where you went, with whom, and what activities you did
• Talk about how you spent your time, using the *pasé un rato + gerund* structure

UNIT 7
Talking about what I did last weekend

¿Qué hiciste el fin de semana pasado?			*What did you do last weekend?*		
¿Qué hiciste el sábado/domingo?			*What did you do on Saturday/Sunday?*		
¿Qué hiciste antes de dormir?			*What did you do before going to sleep?*		

El fin de semana pasado	**fue**	**bastante**	*quite*	**divertido**	*fun*
Last weekend	*was*	**muy**	*very*	**entretenido**	*entertaining*

Mis amigos y yo	**fuimos a muchos sitios**	*(we) went to many places*
My friends and I	**hicimos muchas cosas**	*(we) did many things*

Por ejemplo,	**fui**	**al centro comercial**		**dar un paseo**
For example,	*I went*	*to the shopping mall*	**para**	*go for a walk*
El viernes	**fuimos**	**al centro de la ciudad**	*(in order) to*	**mirar escaparates**
On Friday,	*we went*	*to the city centre*		*go window shopping*

Y luego	**fui**	**al cine**	**para ver una película**	**de acción**	*action*
And later	**fuimos**	*to the cinema*	*to see a ... film*	**nueva**	*new*
				de ciencia ficción	*sci-fi*

El sábado	**pasé**	**un rato**	**buscando información**	*looking for information*
On Saturday,	*I spent*	*a while*	**escuchando música**	*listening to music*
		una hora	**estudiando español**	*studying Spanish*
		an hour	**tocando la guitarra**	*playing the guitar*
			usando el móvil	*using my mobile*

con mi amigo	*with my friend*			**casa**	*house*
solo/sola	*alone*	**en mi**	*in my*	**dormitorio**	*bedroom*

El domingo	**no hice**	**mucho** / *much*	**porque**	**estaba cansado/a**	*I was tired*
On Sunday,	*I didn't do*	**nada** / *anything*	*because*	**estaba ocupado/a**	*I was busy*
		tanto / *so much*		**hacía mal tiempo**	*the weather was bad*
				tenía muchos deberes	*I had a lot of homework*

Finalmente	me acosté	**a eso de**	*at about*	**las nueve**	*nine*
Finally,	*I went to bed*	**a**	*at*	**las diez**	*ten*

Antes de dormir	**escuché un poco de música**	*I listened to a bit of music*
Before going to sleep,	**hablé con mi amigo/a**	*I spoke with my friend*
	leí mi libro	*I read my book*

1. Multiple choice: cross out the words you don't hear

e.g.	semana	~~bastante~~	divertido
a.	amigos	fuimos	cosas
b.	fuimos	centro	dar
c.	cine	ver	ficción
d.	sábado	una	móvil
e.	nada	hacía	ocupado
f.	acosté	eso	nueve
g.	dormir	escuché	toqué

2. Complete the words

a. D _ _ _ _ _ _ _ _   Fun

b. H _ _ _ _ _ _   We did

c. U _   p _ _ _ _   A walk

d. Cien _ ia ficc _ _ _   Science fiction

e. E _ s _ _ _ _ _   On Saturday

f. I _ _ _ _ _ _ _ _ _ _   Information

g. La g _ _ _ _ _ _ _   The guitar

h. Esta _ _ ocupa _ _   I was busy

i. M _   a _ _ _ _ _   I went to bed

j. L _ _ un l _ _ _ _   I read a book

3. Fill in the blanks

a. ¿Qué _____ ayer?

b. El fin de semana pasado fue bastante _____.

c. Mis amigos y yo _____ a muchos _____.

d. El viernes fui al centro _____ para dar un paseo.

e. Luego fuimos al _____ para ver una película de _____.

f. El sábado pasé _____ rato sola _____ español.

g. El domingo no _____ nada porque hacía _____ tiempo.

4. Spot the intruders

El fin de semana pasado fue muy bastante entretenido divertido. Mis amigos y yo hicimos muchos muchas cosas. Por ejemplo, fuimos al centro de la comercial ciudad para dar un paseo mirar escaparates. El sábado no pasé una hora usando tocando la móvil guitarra solo con mi amigo en mi casa. El domingo no hice tanto nada porque estaba tenía muchos tiempo deberes. Finalmente me acosté a eso de las diez.

5. Faulty translation: listen, identify and correct the errors

e.g.	Last weekend	was	very ~~fun~~ entertaining
a.	My friends and I went	to the shopping mall	to go for a walk.
b.	After,	we went to the cinema	to watch a new film.
c.	On Saturday,	I spent an hour	listening to music.
d.	On Friday,	I didn't do anything	because the weather was bad.
e.	Finally,	I went to bed	at 10:00.
f.	Before	going to sleep,	I listened to music.
g.	On Saturday,	I spent a while	studying Spanish.
h.	For example,	I went to the shopping mall	to go window shopping.

6. Complete the table in English

	Opinion	Friday (2 details)	Saturday	Sunday
a. Tiana				
b. Patri				
c. Ian				

7. Narrow listening: gapped translation

Hello, I'm Antonio and I'm _____ years old. Last weekend was _____ fun. My _____ and I did

lots of _____. On _____, we went to the _____ _____ to go for a _____ and

later, we _____ to the _____ to watch an _____ film. On _____, I spent

an hour _____ to _____ with my _____ in my house. On _____,

I didn't do much _____ I was _____. Finally, I went to bed at _____. Before going

to sleep, I _____ a _____.

8. Listen to Laura and answer the questions in English

a. How old is Laura?

b. Where does Laura live?

c. How was last weekend for Laura?

d. What did she do at the shopping mall?

e. What kind of film did she watch?

f. What did she spend an hour doing on Saturday?

g. Where did she do this activity?

h. Why didn't she do anything on Sunday?

i. What time did she go to bed at on Sunday?

j. What did she do before she went to sleep?

Unit 7. Talking about what I did last weekend: VOCAB BUILDING

1. Match

¿Qué hiciste?	Entertaining
Ayer	To go for a walk
Entretenido	To the cinema
Fuimos	The weather was bad
Muchas cosas	We went
Dar un paseo	Science fiction
Al cine	I was tired
Una película	What did you do?
Ciencia ficción	I went to bed
Un rato	Many things
Estaba cansado	A while
Hacía mal tiempo	A film
Me acosté	Yesterday

2. Complete the words

a. ¿Q _ _ h _ _ _ _ _ _? — *What did you do?*

b. F _ _ muy d _ _ _ rtido — *It was very fun*

c. P _ _ ej _ _ _ _ _ — *For example*

d. F _ _ al centro comercial — *I went to the mall*

e. M _ _ _ _ escaparates — *Window shopping*

f. Para ver una p _ _ _ _ _ _ _ — *To watch a film*

g. P _ _ _ u _ r _ _ _ — *I spent a while*

h. Busc _ _ _ _ información — *Looking for info*

i. U _ _ _ _ _ el m _ _ _ _ — *Using my mobile*

j. N _ h _ _ _ m _ _ _ _ — *I didn't do much*

k. L _ _ u _ l _ _ _ _ — *I read my book*

3. Break the flow

a. Fuebastanteentretenido.

b. Fuimosamuchossitios.

c. Fuialcentrodelaciudad.

d. Unapelículadeacción.

e. Paséunratousandoelmóvil.

f. Eldomingonohicemucho.

g. Porqueestabaocupado.

h. Meacostéalasdiez.

i. Escuchéunpocodemúsica.

4. Complete the sentences using the words from the table below (3 words have no match)

a. ¿Qué _____ ayer?

b. Mis _____ y yo hicimos muchas cosas.

c. Estaba ocupado porque tenía muchos _____.

d. Fuimos al _____ para ver una película nueva.

e. _____ un poco de música con mi amiga.

f. El domingo pasé un rato _____ la guitarra.

g. No hice _____ porque hacía mal tiempo.

h. Fui al centro _____ para dar un paseo.

i. ¿Qué hiciste _____ de dormir?

j. El fin de semana pasado fue _____ entretenido.

k. Antes de dormir _____ con mi amigo.

l. El sábado pasé una hora buscando_____.

tocando	hiciste	hablé
información	pingüino	deberes
piano	mucho	escuché
cine	amigos	bastante
antes	harás	comercial

5. Sentence puzzle

a. pasado El entretenido fin de fue semana

b. fui viernes El a las ocho al centro comercial

c. fuimos Y al cine luego

d. El sábado hora estudiando una español pasé

e. El a fin muchos semana pasado fuimos sitios de

f. nada El no hice domingo

g. once me acosté a de las Finalmente eso

h. Antes libro dormir de leí mi

i. centro ejemplo fui al de la ciudad Por

Unit 7. Talking about what I did last weekend: VOCAB BUILDING

6. Multiple choice

a. To go for a walk	Para ir al centro	Para dar un paseo	Para mirar escaparates
b. Last weekend	El sábado pasado	El fin de semana pasado	Y luego
c. Before going to sleep	Me acosté	El domingo	Antes de dormir
d. I spent	Pasé	Acosté	Hablé
e. Playing (an instrument)	Leí	Tocando	Fui
f. I was busy	Estaba cansado	Estaba ocupado	Hacía mal tiempo
g. To go window shopping	Para ir al centro	Para dar un paseo	Para mirar escaparates

7. Gapped translation

a. What did _____ _____ yesterday?
¿Qué hiciste ayer?

b. My _____ and I went to _____ places.
Mis amigos y yo fuimos a muchos sitios.

c. What did _____ _____ before going to _____?
¿Qué hiciste antes de dormir?

d. On _____ we went to the _____ centre.
El Viernes fuimos al centro de la ciudad.

e. _____ _____ to go window shopping.
Fui para mirar escaparates.

f. My _____ and I did _____ things.
Mis amigos y yo hicimos muchas cosas.

8. Translate into English

a. El fin de semana pasado fue muy entretenido.

b. El sábado pasé una hora tocando la guitarra.

c. El domingo no hice tanto.

d. Porque estaba cansado.

e. El viernes fuimos a mirar escaparates.

f. Antes de dormir escuché un poco de música.

g. Fue bastante divertido.

h. Finalmente leí un libro en mi dormitorio.

9. Spot and correct the spelling & grammar mistakes (in the Spanish)

a. Fui muy divertido   *It was very fun*

b. Yo y mis amigos   *My friends and I*

c. En viernes   *On Friday*

d. A el centro de la ciudad *To the city centre*

e. Hacía malo tiempo   *The weather was bad*

f. Fui al centro commercial *I went to the mall*

g. Jugando la guitarra   *Playing the guitar*

h. Para hacer un paseo   *To go for a walk*

i. Hicimos muy cosas   *We did many things*

j. Hablé con mis amigo   *I spoke with my friend*

k. Usando el móbil   *Using the mobile phone*

l. El fin de semana pasada   *Last weekend*

*Kaixo** (hola), soy Ander. Tengo trece años y vivo en Vitoria, una ciudad en España. Vivo en un piso pequeño en un barrio antiguo. Vivo con mis padres y mi hermano. Mi hermano se llama Iker y tiene once años. Tiene el pelo moreno y los ojos verdes. Nos llevamos bien porque es muy simpático.

El fin de semana pasado fue bastante entretenido. Mi hermano y yo fuimos a muchos sitios e hicimos muchas cosas. El viernes fuimos al centro de la ciudad para dar un paseo y tomar algo. Fuimos a una cafetería bonita y comimos un helado. Luego fuimos al cine para ver una película de ciencia ficción. A mi hermano le encantan las películas de ciencia ficción, pero yo prefiero las películas de acción. Sin embargo, me encantó la película. Después de la película volvimos a casa a las diez.

El sábado por la mañana pasé un rato tocando la guitarra en mi dormitorio. Desayuné a las ocho y media en el comedor con mi familia. Desayunamos fruta y yogur y tomamos zumo de naranja. Luego pasé una hora estudiando inglés con mi hermano en el salón. Por la tarde mi hermano y yo fuimos al parque. Quedamos con nuestros amigos y pasamos unas horas jugando al fútbol. Más tarde volvimos a casa. Por la noche pasé un rato escuchando música mientras *(whilst)* preparaba la cena con mi padre.

El domingo no hice mucho porque estaba cansado. Además, hacía mal tiempo así que me quedé en casa e hice los deberes. Finalmente me acosté a eso de la diez y media, pero antes de dormir leí un libro.

Ander, 13 años. Vitoria, España

*Author's note: **Kaixo** is the Euskera (Basque) word for *hola*.

1. Find the Spanish equivalent in the text

a. In a small flat

b. My brother is called

c. Was quite entertaining

d. We went to a pretty café

e. My brother loves science fiction films

f. We returned home at 10:00

g. I spent a while

h. I stayed at home

i. I went to bed at around 10:30

3. Answer the questions below in Spanish as if you were Ander

a. ¿Dónde vives?

b. ¿Cómo fue el fin de semana pasado?

c. ¿Qué opinaste de la película que viste?

d. ¿Dónde estudiaste con tu hermano?

e. ¿Con quién preparaste la cena?

f. ¿Qué hiciste antes de acostarte el domingo?

2. Gapped sentences

a. Ander lives in a _____ _____ with his _____ and his _____.

b. On Friday, Ander and his brother went to the _____ _____.

c. Ander prefers _____ films.

d. However, Ander _____ the film.

e. On Saturday morning, Ander spent a _____ playing the _____.

f. Ander had breakfast with his family at _____.

g. They ate _____, yoghurt and had _____ _____ for breakfast.

h. Ander and his brother _____ _____ with their friends at the _____.

i. Ander stayed at home because the _____ was _____.

Buenos días, soy Cesc y tengo catorce años. Vivo en Badalona, una ciudad en el noreste de España. Vivo en un piso moderno con mis padres y mis hermanas. Mi hermana mayor se llama Núria y tiene dieciséis años. Mi hermana menor se llama Dolça y tiene ocho años. Me llevo bien con mis hermanas porque son muy graciosas.

El fin de semana pasado fue bastante entretenido. Mi familia y yo hicimos muchas cosas. El viernes por la noche fuimos al centro comercial. Fuimos en coche y el viaje fue rápido. Primero fuimos de tiendas. Mi tienda favorita es Décimas porque me encanta la ropa deportiva. Luego fuimos al cine para ver una película nueva. A mí me encantan las películas de ciencia ficción pero a mi familia no, así que vimos una película de acción. Me gustó la película porque fue muy divertida.

El sábado por la mañana pasé un rato escuchando música en la cocina con mi madre. Desayuné a las ocho y cuarto en la cocina con mis hermanas. Desayunamos tostadas y huevos. Después pasé una hora estudiando alemán en mi dormitorio. Por la tarde mi hermana mayor y yo fuimos al centro de la ciudad para quedar con nuestros primos. Fuimos a una cafetería a tomar una Coca-Cola y comer. Por la noche volvimos a casa y vi un partido de fútbol en el salón con mi padre y mi hermana menor. Mi hermana menor es fanática del fútbol, pero a mi hermana mayor no le gusta. Me acosté muy tarde a las doce y media.

El domingo por la mañana leí un libro. Por la tarde no hice mucho porque tenía que hacer muchos deberes.

Cesc, 14 años. Badalona, España

1. Find the Spanish in Cesc's text

a. A city in the northeast of Spain

b. She is eight years old

c. They are very funny

d. We went by car

e. I love sports clothes

f. We saw an action film

g. It was very fun

h. In the kitchen

i. Studying German in my bedroom

j. (In order) to meet up with our cousins

k. I watched a football match

l. I went to bed very late

m. I had to do a lot of homework

2. Spot and correct the mistakes

a. Mi hermana mayor es una llama

b. Mi familia y mi hicimos muchas cosas

c. Me encanto la ropa deportiva

d. A mi me encantan las películas

e. El sábado mañana pasé un rato

f. Fuimos a un cafetería

g. Mi menor hermana

h. Me ácoste muy tarde

i. Por la tarde hice no mucho

3. Tick or cross: tick the phrases that appear in the text above and cross the phrases that don't

a. Tengo quince años	f. Fuimos al parque	k. Desayuné tostadas
b. Con mis padres	g. Odio la ropa deportiva	l. Mi hermana mayor y yo
c. Me llevo bien con	h. Fuimos al cine	m. Volvimos a casa y vi
d. Fue muy entretenido	i. Así que vimos una película	n. Me acosté muy pronto
e. Hicimos muchas cosas	j. Pasé un rato escuchando	o. Porque tenía que hacer

Unit 7. Talking about what I did last weekend: READING & WRITING

El fin de semana pasado

Felipe: El fin de semana pasado fue muy divertido. Mis amigos y yo fuimos al cine.

Laura: Mi primo y yo fuimos al centro de la ciudad a mirar escaparates. Luego fuimos a un parque grande.

Lucía: El sábado pasado pasé una hora y media tocando la guitarra con mis hermanas en el salón.

Pablo: El domingo no hice nada porque estaba muy ocupado con los deberes de matemáticas. ¡Vaya tela! *(Holy smokes!)*

Adrián: El sábado por la noche me acosté a las once y media, pero antes de dormir escuché un poco de música. Me encanta el álbum Un Verano Sin Ti.

Sofía: Mis amigas y yo hicimos muchas cosas el fin de semana pasado. El sábado por la mañana fuimos al cine para ver una película de acción nueva.

Alma: El sábado por la tarde fui al estadio con mi padre para ver un partido de fútbol. Después volvimos a casa en autobús y el viaje fue bastante lento.

Martín: El fin de semana pasado fue muy divertido. Lo mejor fue cuando quedé con mis primos en el centro comercial. Miramos escaparates y tomamos un helado.

2. Complete with a suitable word

a. El domingo no hice nada porque estaba _____.

b. Finalmente me acosté a las _____.

c. El _____ pasé un rato usando el móvil.

d. El viernes no hice _____ porque estaba cansado.

e. Mis amigos y yo _____ a muchos sitios.

f. Luego fuimos al _____ para ver una película.

g. Pasé un rato estudiando en mi _____.

h. Fuimos al centro comercial para _____.

i. El fin de semana pasado fue muy _____.

1. Find someone who...

a. ...went to a big park with their cousin.

b. ...returned home by bus.

c. ...played the guitar with their sisters.

d. ...went to bed at 11:30.

e. ...watched a new action film.

f. ...had an ice cream.

g. ...listened to a bit of music before bed.

h. ...went to the cinema with their friends.

i. ...went to the stadium.

j. ...was busy doing their homework.

k. ...met their cousins at the shopping mall.

l. ...did lots of things with their friends.

m. ...didn't do anything on Sunday.

3. Write an extension of the sentence said by each person on the left

e.g. Felipe: En el cine vimos una película de acción y me encantó.

Laura:

Lucía:

Pablo:

Adrián:

Sofía:

Alma:

Martín:

THE LANGUAGE GYM
SPANISH TRILOGY III

Unit 7. Talking about what I did last weekend: WRITING

1. Complete the following sentences creatively

a. El _____ pasado fue _____ divertido.

b. Mis _____ y yo fuimos a _____.

c. El viernes fuimos _____ para _____.

d. El _____ fui al cine , fue _____.

e. Antes de _____ , _____ con mis amigos.

f. Durante el viaje me alojé en _____ con _____.

g. Lo pasé _____ porque _____.

h. Luego _____ y finalmente _____.

i. El sábado pasé un rato _____.

2. Tangled translation: rewrite in Spanish

a. El **Saturday**, pasé **a while** buscando **information** con mi **friend** en mi **bedroom**.

b. Finalmente **I went to bed** a eso de las **ten** y media.

c. El **Friday I spent** una hora **playing** la guitarra.

d. Usé **my mobile** para **look up** información.

e. **I didn't do** mucho porque hacía **bad weather.**

f. **When** llegué a casa, **I did** mis **homework.**

g. Antes de **sleeping I spoke** con mi **friend**, Laura.

h. **The** fin de **week** pasado **I spent** una hora **studying Spanish.**

i. **On** domingo no hice **nothing because** tenía **a lot of** deberes.

3. Translate into Spanish

a. *I went to bed*   M _ a _ _ _ _ _

b. *We did many things* Hic _ _ _ _ muchas c _ _ _ _

c. *I was busy*   E _ _ _ _ _ o _ _ _ _ _ _

d. *To go for a walk*   P _ _ _ d _ _ un p _ _ _ _

e. *Quite entertaining*   Bas _ _ _ _ _ entre _ _ _ _ _ _

f. *I didn't do much*   N _ h _ _ _ m _ _ _ _

g. *At about*   A e _ _ d _

h. *And later*   Y l _ _ _ _

4. Translate into Spanish

a. Last weekend was very fun. My friends and I went to many places.

b. For example, we went to the city centre to go for a walk.

c. And later, we went to the shopping mall to go window shopping.

d. Finally, we went to the cinema to see a new film.

e. On Saturday, I spent a while listening to music alone in my bedroom.

f. I was tired and the weather was bad.

THE LANGUAGE GYM
SPANISH TRILOGY III

TERM 2 - BRINGING IT ALL TOGETHER – 7

1. ¿Qué tal, amigo? Me llamo Kevin y tengo catorce años. Vivo en Managua, la capital de Nicaragua. Vivo en un piso moderno en el centro de la ciudad con mi familia. En mi piso hay cinco habitaciones. Hay un cuarto de baño, un salón, una cocina, el dormitorio de mis padres y mi dormitorio. En mi dormitorio tengo una Play así que prefiero pasar tiempo ahí.

2. Todos los días me levanto a las siete menos cuarto y me ducho. Por lo general suelo desayunar tostadas y un vaso de leche, pero ayer tomé huevos y zumo de manzana. Entre semana tengo que ir al colegio. Voy al colegio en autobús y llego a las ocho y cuarto.

3. En mi colegio las clases empiezan a las ocho y media. El recreo es a las once menos veinte y la hora de comer es a las doce y media. Las clases terminan a las tres menos cuarto. En mi colegio hay algunas reglas que hay que seguir. No tienes que llevar uniforme, pero no se puede llevar faldas cortas, maquillaje ni zapatillas blancas.

4. El fin de semana pasado fue muy divertido ya que mis amigos y yo hicimos muchas cosas. El viernes por la tarde fuimos al centro de la ciudad para mirar escaparates y dar una vuelta (*a walk*). Luego fuimos a casa de un amigo para ver un partido de fútbol.

5. El sábado por la mañana pasé un rato en mi dormitorio tocando la guitarra. Me encanta la música y siempre me apetece pasar un rato aprendiendo canciones nuevas. Por la tarde quedé con mis amigos en el parque a las cuatro para jugar al fútbol y tomar un helado. A mí me gustan los helados de frambuesa (*raspberry*), pero ayer comí uno de vainilla y coco.

6. El domingo por la mañana me desperté bastante tarde y jugué a videojuegos con mis amigos. Tenía muchos deberes que hacer, pero estaba ocupado con la Play. Después de comer hice mis deberes y por la noche fui al cine con mis amigos a ver una película. Finalmente me acosté a eso de las once, pero antes de dormirme leí mi libro.

Kevin, 14 años. Managua, Nicaragua

1. Answer the following questions in English

a. How does Kevin describe his flat?

b. Why does he prefer his bedroom?

c. What did he have for breakfast yesterday?

d. What time does he get to school at?

e. When is breaktime at his school?

f. What did he do on Friday in the afternoon?

g. What did he do at his friend's house?

h. What did he do on Saturday morning?

i. Why couldn't he do his homework?

j. What did he do before going to sleep?

2. Find the Spanish equivalent in Kevin's text

a. In my flat there are five rooms (1)

b. I prefer to spend time there (1)

c. I tend to eat toast for breakfast (2)

d. During the week (2)

e. I go to school by bus (2)

f. At my school there are some rules (3)

g. You don't have to wear uniform (3)

h. Last weekend was very fun (4)

i. We went to a friend's house (4)

j. Raspberry ice creams (5)

k. I had lots of homework to do (6)

l. After lunch, I did my homework (6)

m. I went to bed at about 11:00 (6)

3. Complete the translation of paragraph 5

On _____ _____, I spent a while in my _____ playing the _____. I love _____ and I _____ fancy spending a _____ learning new songs. In the _____, I met up with my _____ at the park at _____ in order to _____ football and _____ an ice cream. I like raspberry _____ _____ but _____ I ate a _____ and coconut one.

Nadia y Alejandro están en el patio esperando a que empiece el colegio. Hablan del fin de semana pasado.	
Alejandro	Buenas, Nadia. ¿Qué tal hoy?
Nadia	Hola, Alejandro. Estoy fenomenal. ¿Y tú?
Alejandro	Estoy muy feliz, pero también estoy muy cansado. El fin de semana pasado hice muchas cosas.
Nadia	¡Qué guay! ¿Qué hiciste?
Alejandro	El viernes mis amigos y yo fuimos al centro comercial para ir de compras. Me compré una camiseta nueva.
Nadia	¡Qué chulo! ¿Cómo es la camiseta?
Alejandro	Es una camiseta roja con una imagen de un pingüino en la espalda, mola mucho. ¿Te gustan mucho los pingüinos?
Nadia	¡Sí! Este fin de semana fui a un zoológico con mi hermana y vimos unos pingüinos muy bonitos.
Alejandro	¡Cómo mola! ¿Qué día fuiste?
Nadia	Fui el sábado por la mañana. Lo pasé muy bien. Cuando llegué a casa cené con mi familia y vi una película.
Alejandro	¿Qué cenaste?
Nadia	Cené pizza y bebí limonada. La película fue muy larga así que no me acosté hasta las doce y media.
Alejandro	Yo también me acosté tarde. El sábado fui a la playa y el domingo pasé todo el día estudiando matemáticas.

4. True (T), False (F) or Not Mentioned (NM)?

a.	Nadia and Alejandro are cousins.	
b.	Nadia is feeling very well.	
c.	Alejandro is very upset.	
d.	Alejandro was very busy this weekend.	
e.	Alejandro went to the shopping mall.	
f.	Alejandro bought two new T-shirts.	
g.	The T-shirt was blue with purple sleeves.	
h.	Nadia really likes penguins.	
i.	Alejandro went to the zoo.	
j.	Nadia went to the zoo on Saturday morning.	
k.	When Nadia got home, she watched a film.	
l.	Nadia ate patatas bravas.	
m.	Alejandro spent all of Sunday studying.	

5. Complete the statements

a. Alejandro was feeling _____ _____ but also very _____.

b. Alejandro bought a _____ _____ with a _____ on the back.

c. When Nadia got home, she _____ with her _____ and watched a film.

d. The _____ that Nadia _____ was very long.

e. Nadia and Alejandro both _____ ____ _____ late.

TERM 2 – MIDPOINT – RETRIEVAL PRACTICE

1. Answer the following questions in Spanish

¿Qué haces normalmente en tu tiempo libre?	
¿Qué planes tienes para este fin de semana?	
¿A qué hora empiezan las clases?	
¿Qué tienes que hacer después del colegio?	
¿A qué hora te levantaste ayer?	
¿Cómo fuiste al colegio?	
¿Qué hiciste ayer después del colegio?	
¿Qué hiciste el fin de semana pasado?	
¿Qué hiciste el sábado/domingo?	
¿Qué hiciste antes de dormir?	

2. Write a paragraph in the first person singular (I) providing the following details

a. Your name is Sara. You are 13 years old and you live with your parents and your brother.

b. Usually, you play basketball in your spare time.

c. This weekend, you are going to the shopping mall with your friends.

d. At your school, lessons start at 8:30.

e. After school, you have to take your dog to the park.

f. Yesterday, you woke up late and had to walk to school.

g. After school, you did your science homework.

h. Last weekend, you went to the cinema with your brother.

i. On Saturday, you went to your grandmother's house and on Sunday, you didn't do much.

j. Before going to sleep, you read your book.

3. Write a paragraph in the third person singular (he/she) about a friend or a family member.

Say:

a. Their name, their age and where they are from.

b. What they usually do in their free time.

c. What they have to do after school.

d. What time they got up at yesterday.

e. What they did after school.

f. What they did last weekend (Saturday and Sunday).

g. What they did before going to sleep.

UNIT 8
Talking about a recent outing to the cinema

In this unit you will learn how to:

• Describe a recent cinema trip
• Talk about what genre of film you went to see
• Describe what the film was about
• Say what you ate and drank during the film
• Give your opinion about why you liked and disliked the film

UNIT 8
Talking about a recent outing to the cinema

¿Cuándo fue la última vez que fuiste al cine?	*When was the last time you went to the cinema?*
¿Qué película viste?	*What film did you watch?*
¿De qué trataba la historia?	*What was the story about?*
¿Te gustó la película? ¿Por qué?	*Did you like the film? Why*

El fin de semana pasado *Last weekend*	fui al cine *I went to the cinema*	con	mis amigos *my friends* mi novio/a *my boyfriend/girlfriend*

para ver una película *to see/watch a ... film*	de acción *action* de amor *love* de animación *animated* de aventuras *adventure*	de ciencia ficción *science fiction* de guerra *war* de terror *horror*

La entrada costó cinco euros *The ticket cost 5 euros*	Quedamos enfrente del cine *We met up opposite the cinema*

La historia /película trataba *The story/film was about*	de una batalla entre el bien y el mal de la amistad entre un niño y su mascota de una historia de espionaje de una relación de amor de superhéroes que salvan el mundo del tema del acoso/racismo	*a battle between good and evil* *the friendship between a boy and his pet* *a spy story* *a love story* *superheroes who save the world* *(the theme of) bullying/racism*

Durante la película *During the film*	comí *I ate*	caramelos *sweets* palomitas *popcorn* un perrito caliente *a hot dog*	y	bebí *I drank*	Coca-Cola limonada

Lo que más me gustó *What I liked the most*	fue *was*	como termina la historia el actor / la actriz principal la banda sonora la trama	*how the story ends* *the main actor/actress* *the soundtrack* *the plot*
	fueron *were*	los diálogos los efectos especiales las escenas de acción/lucha	*the dialogues* *the special effects* *the action/fight scenes*

La actuación de *The acting by*	Alba Flores Álvaro Morte	fue	conmovedora *moving* impactante *impactful* inolvidable *unforgettable*

1. Multiple choice: tick the vocabulary you hear

e.g.	Action √	Cinema	Horror
a.	A week ago	Yesterday	A month ago
b.	My friends	My boyfriend	My girlfriend
c.	A battle	Friendship	Superheroes
d.	Sweets	Popcorn	Hot dog
e.	The actor	The actress	The plot
f.	The dialogues	Fight scenes	Special effects
g.	Moving	Impactful	Unforgettable

2. Complete the words

a. F _ _ al c _ _ _   *I went to the cinema*

b. P _ _ _ v _ _   *To watch*

c. Una p _ _ _ _ _ _ _   *A film*

d. De a _ _ _ _ _ _ _   *Animated*

e. D _ a _ _ _   *Love*

f. L _ e _ _ _ _ _ _   *The ticket*

g. E _ a _ _ _ _   *Bullying*

h. E _ _ _ _ _ _ _   *Spying*

i. P _ _ _ _ _ _ _ _   *Popcorn*

j. La banda s _ _ _ _ _   *Soundtrack*

k. I _ _ _ _ _ _ _ _ _ _ _   *Unforgettable*

3. Fill in the blanks

a. El fin de _____ fui al cine.

b. Fui con mi _____ Carlos.

c. Fuimos para ver una película de _____.

d. La entrada _____ diez euros.

e. La historia _____...

f. ...una _____ entre _____ y el mal.

g. Durante la película _____.

4. Spot the intruders

a. La amistad entre un una niño y su mascota.

b. La entrada costaron costó cinco euros.

c. La historia se trataba de una relación de amor.

d. Comí de caramelos y bebí Coca-Cola.

e. Lo que más me gustó fue la el actor principal.

f. Me gustaron las escenas de mucha lucha.

g. La actuación de y Ivana Baquero fue inolvidable.

5. Dictation

a. E _ f _ _ d _ s _ _ _ _ _ p _ _ _ _ _ f _ _ a _ c _ _ _ c _ _ m _ m _ _ _ _ a _ _ _ _.

b. F _ _ _ _ _ p _ _ _ v _ _ u _ _ p _ _ _ _ _ _ _ d _ h _ _ _ _ _. ¡Qué miedo! *(How scary!)*

c. Q _ _ _ _ _ _ d _ _ _ _ _ _ d _ _ c _ _ _ a l _ _ s _ _ _ _ y m _ _ _ _.

d. L _ e _ _ _ _ _ _ c _ _ _ _ o _ _ _ e _ _ _ _. ¡No está mal! *(That's not bad!)*

e. L _ h _ _ _ _ _ _ _ t _ _ _ _ _ _ d _ _ t _ _ _ d _ _ r _ _ _ _ _ _.

f. D _ _ _ _ _ _ l _ p _ _ _ _ _ _ _ c _ _ _ u _ p _ _ _ _ _ _ c _ _ _ _ _ _ _.

g. L _ q _ _ m _ _ m _ g _ _ _ _ f _ _ c _ _ _ t _ _ _ _ _ _ l _ h _ _ _ _ _ _.

h. L _ a _ _ _ _ _ _ _ d _ _ a _ _ _ _ p _ _ _ _ _ _ _ _ f _ _ realmente c _ _ _ _ _ _ _ _ _ _.

6. Complete the table in English

	Who did they go with?	What kind of movie?	How much was the ticket?	Favourite thing?
a. Jaime				
b. Ana				
c. Paloma				

7. Narrow listening: gapped translation

Part 1. Hi, my _____ is Leonardo. Last _____ I went to the _____ with my _____ to see an _____ movie. We met up _____ the cinema. The _____ cost _____ euros, how _____! The _____ was about _____ who _____ the _____. The film was very _____.

Part 2. During the film, I ate _____ but my _____ ate a _____. We _____ lemonade. What I _____ the _____ was how the _____ ends. I also liked the _____ _____ and the _____ _____. However, the _____ were not very original. The acting by the _____ _____ was really _____ and _____.

8. Listen to Ariella and answer the questions in English

a. How old is Ariella?

b. When did she go to the cinema?

c. Who did she go with?

d. What kind of film did she watch?

e. Where did they meet up?

f. What was the film about?

g. What did she eat and drink?

h. What did her friend eat?

i. What did she like the most about the film?

j. How was the lead actor's performance?

Unit 8. Talking about a recent outing to the cinema: VOCAB BUILDING

1. Match

Fui al cine	The soundtrack
La historia	A hot dog
La trama	I went to the cinema
La entrada	The main actress
La banda sonora	The plot
De guerra	It was moving
Trataba	War
Un perrito caliente	During the film
Durante la película	Opposite the cinema
La actriz principal	With my boyfriend
Enfrente del cine	The story
Fue conmovedora	The ticket
Con mi novio	(It) Was about

2. Complete the chunks

a. C _ _ m _ n _ _ _ _ — *With my boyfriend*

b. Ci _ _ _ _ _ f _ _ _ _ _ _ — *Science fiction*

c. D _ a _ _ _ _ _ _ _ — *Animated*

d. F _ _ in _ _ _ _ _ _ _ _ — *It was unforgettable*

e. L _ a _ _ _ _ _ _ _ — *The acting*

f. L _ h _ _ _ _ _ _ _ — *The story*

g. L _ t _ _ _ _ — *The plot*

h. S _ m _ _ _ _ _ _ — *His/her pet*

i. F _ _ i _ _ _ _ _ _ _ _ — *It was impactful*

j. L _ _ d _ _ _ _ _ _ — *The dialogues*

k. Per _ _ _ _ c _ _ _ _ _ _ _ — *Hot dog*

3. Break the flow

a. Ayerfuialcineconmisamigos

b. Laentradacostócincoeuros

c. Durantelapelículacomícaramelos

d. Tratabadeltemadelracismo

e. Quedamosenfrentedelcine

f. Comípalomitasybebílimonada

g. Loquemásmegustófuelatrama

h. Paraverunapelículadeamor

i. Elfindesemanapasadofuialcine

4. Complete with the missing words in the table below (3 words have no match)

a. ¿Qué película _____?

b. ¿Te _____ la película?

c. Lo que más me gustó _____ la banda sonora.

d. Lo que más me gustó fueron los _____.

e. La _____ de Alba Flores fue impactante.

f. Durante la película comí un _____ caliente.

g. Fui para ver una película de _____.

h. Quedamos _____ del cine.

i. ¿Cuándo fue la _____ vez que fuiste al cine?

j. La película trataba del tema del _____.

k. ¿De qué _____ la historia?

l. Durante la película _____ Coca-Cola.

diálogos	actuación	española
fiesta	**enfrente**	**bebí**
palomitas	**viste**	**fue**
última	**perrito**	**trataba**
racismo	**aventuras**	**gustó**

5. Spot and correct the nonsense sentences

a. La historia trataba de caramelos.

b. Fui al cine con mi novio.

c. Lo que más me gustó fueron los efectos especiales.

d. La película trataba de limonadas que salvaban el mundo.

e. Para ver una película de terror.

f. Durante la película bebí palomitas.

g. Para ver una película con mis mascotas.

THE LANGUAGE GYM
SPANISH TRILOGY III

Unit 8. Talking about a recent outing to the cinema: VOCAB BUILDING

6. Sentence puzzle

a. de La amor historia relación de una trataba

b. ver película para animación Fui al cine de una

c. Lo termina la que más me fue como gustó historia

d. La batalla historia de una trataba el entre y el mal bien

e. de conmovedora Alba Flores fue actuación La

f. lucha Lo que más me las de escenas gustó fueron

g. superhéroes historia trataba de La salvan el mundo que

h. Para acción ver película de una

8. Translate into English

a. El fin de semana pasado fui al cine con mi novia.

b. La entrada costó cinco euros.

c. Quedamos enfrente del cine.

d. Durante la película comí un perrito caliente.

e. ¿Qué película viste?

f. La historia trataba de la amistad entre un niño y su mascota.

g. Lo que más me gustó fue el actor principal.

h. Comí palomitas y bebí Coca-Cola.

i. La historia trataba de una batalla entre el bien y el mal.

j. La actuación de Alba Flores fue conmovedora.

7. Gapped translation

a. Last weekend _____ to the cinema.
El fin de semana pasado fui al cine.

b. To _____ a _____ film.
Para ver una película de ciencia ficción.

c. During the film I ate_____.
Durante la película comí caramelos.

d. What I liked the _____ was the
_____.
Lo que más me gustó fue la banda sonora.

e. The film was about a _____ story.
La película trataba de una historia de espionaje.

f. _____ was the last time
that_____ to the cinema?
¿Cuándo fue la última vez que fuiste al cine?

g. _____ opposite the cinema.
Quedamos enfrente del cine.

h. _____ I liked the _____ were the dialogues.
Lo que más me gustó fueron los diálogos.

i. On _____ I went to the cinema with my _____.
El sábado fui al cine con mi novio.

j. _____ I drank Coca-Cola.
El fin de semana pasado bebí Coca-Cola.

k. The _____was impactful.
La trama fue impactante.

9. Spot and correct the spelling & grammar mistakes (in the Spanish)

a. Fui a la cine	*I went to the cinema*	g. Me gustó la actris	*I liked the actress*
b. Para ver un película	*To see a film*	h. Su mascot	*His/her pet*
c. ¿Te gusto?	*Did you like it?*	i. Fueron inolvidable	*It was unforgettable*
d. Costó cinqo euros	*It cost 5 pounds*	j. El fin del semana	*At the weekend*
e. ¿Porqué?	*Why?*	k. Frente del cine	*Opposite the cinema*
f. De adventuras	*Adventure*	l. Los efectos speciales	*The special effects*

Unit 8. Talking about a recent outing to the cinema: READING 1

Hola, soy Carlitos. Tengo catorce años y soy de San Miguel de Allende, una ciudad en México. Vivo en un barrio muy pequeño en las afueras y vivo con mis padres y mi abuela. Mi abuela se llama María y tiene setenta y dos años.

La última vez que fui al cine fue el fin de semana pasado. Fui con mis amigos a la una y media. Mis amigos se llaman Leonardo, Ángel y Joaquín. Fuimos al cine para ver una película de guerra nueva. Joaquín quería ver una película de terror, pero a mi amigo Leonardo no le gustan nada las películas de terror.

Quedamos enfrente del parque que está al lado del centro comercial donde está el cine. Normalmente la entrada cuesta 80 pesos (4 euros), pero ese día la entrada solo costó 60 pesos (3 euros). ¡No está mal! Durante la película comí caramelos y bebí Coca-Cola. Mis amigos comieron palomitas, pero a mí no me gustan.

Desde mi punto de vista me gustó la película. La trama trataba de una historia de espionaje, pero también de una relación de amor. Lo que más me gustó fue la banda sonora, aunque a mis amigos les encantó como termina la historia. Sin embargo, también me gustaron los efectos especiales, aunque los diálogos no me gustaron tanto. La actuación de Carme Machi fue impactante e inolvidable.

Después de la película fuimos a la casa de Ángel para cenar. Cenamos pollo asado y tacos. Luego volví a mi casa y me acosté a eso de las once. Antes de dormir leí un libro y escuché un poco de música.

Carlitos, 14 años. San Miguel de Allende, México

1. Find the Spanish equivalent in the text

a. A very small neighbourhood

b. With my friends

c. A new war film

d. He doesn't like horror films at all

e. Is next to the shopping mall

f. My friends ate

g. What I liked the most

h. Was impactful and unforgettable

i. I went to bed at around 11:00

3. Answer the questions below in Spanish

a. ¿Qué tipo de película vio Carlitos?

b. ¿Cuánto costó la entrada?

c. ¿Dónde quedó con sus amigos?

d. ¿De qué trataba la historia de la película?

e. ¿Le gustó la película a Carlitos?

f. ¿Qué cenó Carlitos?

2. Gapped sentences

a. Last weekend, Carlitos went to the cinema at _____ (time).

b. His friend _____ wanted to watch a _____ film.

c. Carlitos met his friends _____ the _____.

d. During the film, Carlitos ate _____ and drank _____.

e. His friends ate _____.

f. Carlitos liked the _____ most.

g. His friends liked _____.

h. Carlitos also liked the _____ but he did not like the _____.

i. Before going to bed, Carlitos _____ a _____ and _____ to music.

Unit 8. Talking about a recent outing to the cinema: READING 2

Hola, me llamo Jaume y tengo dieciséis años. Vivo en un piso en un edificio antiguo en Sabadell, una ciudad en el noreste de España. Vivo con mi madre, mi hermana mayor y mi hermano menor. Tengo dos perros y un loro.

El fin de semana pasado fue muy divertido. El sábado por la noche fui al cine con mi novia para ver una película de superhéroes. Normalmente prefiero ver películas de amor, pero esta vez mi novia eligió *(chose)* la película.

Quedamos enfrente de mi casa a las doce y media y fuimos al cine en autobús. El viaje fue bastante corto, pero no fue cómodo. La entrada costó ocho euros. Durante la película comimos palomitas y yo comí un perrito caliente. Mi novia bebió Coca-Cola, pero yo bebí agua – no me gusta nada la Coca-Cola. Es muy dulce.

Desde mi punto de vista no me gustó mucho la película. La historia trataba de una batalla entre el bien y el mal, pero no me gustó como terminó la película. Sin embargo, lo que más me gustó fue la actriz principal. Su actuación fue conmovedora e impactante. A mi novia le gustó la banda sonora, pero no le gustaron los diálogos.

Después de la película fuimos al centro comercial a una cafetería para tomar un helado, mi sabor favorito es de avellana *(hazelnut)*. Luego volví a mi casa y pasé un rato jugando a la Play con mis hermanos. Más tarde me acosté a eso de las once y media. Antes de dormir escuché un poco de música en mi dormitorio.

Jaume, 16 años. Sabadell, España

1. Find the Spanish in Jaume's text

a. In an old building

b. Was very fun

c. With my girlfriend

d. We met up opposite my house

e. The trip was quite short

f. We ate popcorn

g. But I drank water

h. I didn't like how the story ended

i. What I liked the most

j. She didn't like the dialogues

k. We went to the shopping mall

l. I spent a while playing on the PlayStation

m. At around 11:30

2. Spot and correct the mistakes

a. Soy dieciséis años

b. Por la noche fue al cine con mi novia

c. Ver amor películas

d. Quedamos enfrente mi casa

e. No gustó mucho la película

f. Lo que más me gustó fue el actriz

g. Fue conmovedora y impactante

h. No le gustó los dialogos

i. Mi favorito sabor es

3. Tick or cross: tick the phrases that appear in the text above and cross the phrases that don't

a. Una ciudad en el noreste	f. A las doce y media	k. Después de la película
b. En un edificio moderno	g. Comimos pollo asado	l. Para tomar un helado
c. Tengo dos perros y un loro	h. No bebí agua	m. Luego volví al colegio
d. Fue muy entretenido	i. No me gustó mucho	n. A eso de las once y media
e. Prefiero ver películas	j. A mi novia le gustó	o. Después de dormirme

El cine

Rafa: El fin de semana pasado fui al cine con mi tío y mi tía. Vimos una película de acción.

Claudia: Ayer fui al cine para ver una película de terror. La historia trataba de la amistad entre un niño y una fantasma *(ghost)*.

Jimena: El fin de semana pasado fui al cine con mi hermano para ver una película de animación. La entrada costó diez euros.

Enrique: Ayer fui al cine para ver una película de guerra. Fui con mi padre.

Ignacio: Hace dos días vi una película de acción con mi primo. Lo que más me gustó fue la banda sonora, pero no me gustó el actor principal.

Sara: El viernes pasado fui al cine con mi abuela para ver una película nueva. La actuación de Álvaro Morte fue conmovedora e impactante.

Pau: Ayer quedé con mis amigos en el centro comercial para ir al cine. Vimos una película de amor y me encantó, pero a mis amigos no les gustó.

Alba: Ayer fui al cine para ver una película de ciencia ficción. La historia trataba de una batalla entre el bien y mal. Durante la película comí palomitas.

2. Complete with a suitable word

a. Ayer fui al _____ con mi _____.

b. Fui al cine para ver una película de _____.

c. El viernes pasado fui al cine a las _____.

d. La entrada costó _____.

e. Durante la película _____ palomitas.

f. Quedé con mis amigos _____ del cine.

g. Lo que más me gustó fue _____.

h. Normalmente prefiero películas de _____.

i. La actuación de Alba Flores fue _____.

1. Find someone who...

a. ...saw a war film.

b. ...met their friends at the shopping mall.

c. ...watched a horror film.

d. ...ate popcorn during the film.

e. ...paid ten euros to watch a film.

f. ...went to the cinema with their uncle.

g. ...liked the soundtrack most.

h. ...watched a science fiction film.

i. ...watched a film with their grandmother.

j. ...watched an animated film.

k. ...watched a love film.

l. ...watched an action film.

m. ...went to the cinema two days ago.

3. Write an extension of the sentence said by each person on the left

e.g. Rafa: Lo que más me gustó fueron las escenas de acción.

Claudia:

Jimena:

Enrique:

Ignacio:

Sara:

Pau:

Alba:

Unit 8. Talking about a recent outing to the cinema: WRITING

1. Complete the following sentences creatively

a. El fin de semana pasado fui al cine con _____.

b. El _____ pasado fui al cine para ver una _____.

c. La entrada al cine costó _____ y quedamos _____.

d. La historia trataba de _____.

e. Durante la película comí _____ y bebí _____.

f. Lo que más me gustó fue _____ y _____.

g. Sin embargo, no me gustó tanto _____.

h. También me gustaron _____.

i. La actuación de _____ fue _____.

2. Tangled translation: rewrite in Spanish

a. El **weekend** pasado fui al **cinema** con mis **friends.**

b. Fuimos **in order to** ver una película de **love.**

c. **We met** delante del **shopping centre** antes de la **film.**

d. La **ticket** costó **seven** euros. ¡No está **bad**!

e. **During the** película comí **popcorn** y caramelos y **I drank lemonade.**

f. Lo que más **I liked** fue la **soundtrack** y como **ends** la historia.

g. **Also** me gustaron los **dialogues** y las **scenes** de **action.**

h. La **acting** de Álvaro Morte fue **impactful** e **unforgettable.**

3. Complete the gapped translation

e.g. La semana pasada fui al cine.
Last week I went to the cinema.
a. F _ _ c _ _ m _ m _ _ _ _ a _ _ _ _.
I went with my best friend (m).
b. L _ e _ _ _ _ _ _ c _ _ _ _ d _ _ _ e _ _ _ _.
The ticket cost ten/twelve euros.
c. Q _ _ _ _ _ _ _ e _ _ _ _ _ _ _ d _ _ c _ _ _.
We met up opposite the cinema.
d. L _ his _ _ _ _ _ t _ _ _ _ _ _ d _ l _ a _ _ _ _ _ _.
The story was about friendship.
e. C _ _ _ p _ _ _ _ _ _ _ _ y b _ _ _ l _ _ _ _ _ _ _.
I ate popcorn and drank lemonade.
f. Lo q _ _ m _ _ m _ g _ _ _ _ f _ _ l _ t _ _ _ _.
What I liked the most was the plot.

4. Translate into Spanish

a. Last weekend I went to the cinema with my girlfriend.

b. We met up opposite the cinema at 8 o'clock and the ticket cost six euros. That's not bad!

c. The story was about superheroes who save the world.

d. The story was about the friendship between a boy and his pet.

e. What I liked the most was the plot because it was very interesting.

f. The acting by Tom Holland was very moving. He is my favourite actor.

THE LANGUAGE GYM
SPANISH TRILOGY III

TERM 2 - BRINGING IT ALL TOGETHER – 8

1. Hola, soy Ignacio. Tengo once años y vivo en Ceuta, una ciudad española situada en la orilla africana. Vivo en un piso en el centro de la ciudad. Cerca de mi casa están el Parque Juan Carlos I, los Baños Árabes de Ceuta y la Biblioteca Pública del Estado en Ceuta – Adolfo Suárez. En mi piso hay seis habitaciones y cuatro baños. También tiene terraza y balcón.

2. Por lo general suelo ir a la biblioteca dos o tres veces a la semana porque me encanta leer. Lo que más me gusta leer son los tebeos (*comics*) de superhéroes que salvan el mundo. Todos los días tengo que sacar al perro al parque, pero también suelo quedar con mis amigos en el parque para tomar un refresco.

3. El fin de semana pasado fui al cine con mis amigos. Quedamos a las seis y media de la tarde. Queríamos ver una película de ciencia ficción. Sin embargo, cuando llegamos no quedaban entradas así que vimos una película de terror. No me gustan las películas de terror, pero no quería quedar mal (*look bad*).

4. La entrada costó cinco euros que, en mi opinión, es bastante barato. Pedí unas palomitas y las comí durante la película. También bebí una Coca-Cola. La historia trataba de un niño y su madre luchando contra un demonio. Si soy sincero (*If I'm honest*), yo tenía muchísimo miedo y casi salí de la sala.

5. Aunque tenía mucho miedo, me gustó la película. Lo que más me gustó fue la actriz principal porque su actuación fue muy impactante e inolvidable. También me gustaron los efectos especiales porque el demonio parecía de verdad (*looked real*). No me gustó la banda sonora porque daba mucho miedo.

6. Después de la película fuimos a comer comida rápida y dar una vuelta por el centro comercial. Mis amigos viven en mi calle así que volvimos todos juntos. Cuando llegué a casa me duché y bebí agua. Después fui a mi dormitorio a descansar. Antes de dormir leí mi libro un rato. Me gustó leer el libro mucho más que ver la película de terror.

Ignacio, 13 años. Ceuta, España

1. Answer the following questions in English

a. Where is Ignacio's flat?

b. How many rooms are in Ignacio's house?

c. How often does he tend to go to the library?

d. What must Ignacio do every day?

e. Where does he tend to meet up with his friends?

f. What kind of film did they want to watch?

g. What is Ignacio's opinion of horror films?

h. What did Ignacio eat during the film?

i. Where do Ignacio's friends live?

j. What did Ignacio do before bed?

2. Find the Spanish equivalent in Ignacio's text

a. The African coast (1)

b. Near my house are (1)

c. Because I love to read (2)

d. Superheroes that save the world (2)

e. We met up at 6:30 (3)

f. When we arrived (3)

g. I didn't want to look bad (3)

h. Is quite cheap (4)

i. Fighting against a demon (4)

j. I nearly left the theatre (4)

k. We went to eat fast food (6)

l. We all returned together (6)

m. I liked reading the book much more than… (6)

3. Complete the translation of paragraph 5

_____ I was very scared, I _____ the

_____. What I liked the _____ was the _____

_____ because her _____ was very

_____ and _____.

I also liked the _____ _____

because the _____ looked real. I

_____ _____ the _____

_____ it was very scary.

Biel y Fabio son compañeros de clase. Están en clase de teatro hablando de la última película que vieron.	
Biel	¿Cuándo fue la última vez que fuiste al cine, Fabio?
Fabio	El fin de semana pasado fui al cine con mi novia. Fuimos a ver una película...
Biel	¡De amor!
Fabio	No, tío. Fuimos a ver una película de guerra nueva.
Biel	¿De qué trataba la peli?
Fabio	Trataba de una batalla entre los ciudadanos (*citizens*) de un mundo extraterrestre y lo seres humanos (*human beings*).
Biel	Me parece muy guay. ¿Qué fue la mejor parte de la película?
Fabio	A mí me gustó cuando el actor principal se enamoró (*fell in love*) con un extraterrestre...
Biel	¡Así que sí trataba de una relación de amor!
Fabio	Bueno, supongo que sí. Lo que más me gustó fueron los efectos especiales. También me gustó la banda sonora.
Biel	¿Qué comiste durante la película?
Fabio	Durante la película comimos caramelos y palomitas. Yo bebí Coca-Cola y mi novia bebió limonada.
Biel	A mí no me gustan las palomitas. Prefiero comer un perrito caliente.
Fabio	Me apetecía un perrito caliente pero no quedaban. La próxima vez voy a comer un perrito caliente.

4. True (T), False (F) or Not Mentioned (NM)?

a.	Biel and Fabio are in a Drama lesson.	
b.	Fabio went to the cinema with his girlfriend.	
c.	Fabio went to see a love film.	
d.	Fabio and his girlfriend really like love films.	
e.	Fabio went to watch a war film.	
f.	The film was about cities with extra terrain.	
g.	Biel doesn't like the sound of the film.	
h.	The main actor fell in love with an alien.	
i.	Fabio liked the dialogues the most.	
j.	Fabio also liked the soundtrack.	
k.	Fabio ate a hot dog.	
l.	Biel doesn't like popcorn.	
m.	Fabio is going to eat a hot dog next time.	

5. Complete the statements

a. The film was about a _____ between humans and _____.

b. Biel says that the film was about ____ _____ _____.

c. Fabio's girlfriend drank _____.

d. _____ doesn't like to eat _____.

e. _____ wanted to eat a _____ _____ but there were none left.

UNIT 9
Talking about a birthday party we went to

In this unit you will learn how to:

- Describe a recent birthday party
- Say where the party was held
- Say what there was to eat and drink
- Say what you did during the party to have fun
- Say what gift you bought your friend

UNIT 9
Talking about a birthday party we went to

¿Dónde fue la fiesta de tu amigo/a?	*Where was your friend's party?*
¿Qué hiciste durante la fiesta?	*What did you do during the party?*
¿Qué le regalaste a tu amigo/a?	*What (gift) did you give your friend?*

El fin de semana pasado	fue la fiesta de cumpleaños	de mi amigo/a
Last weekend	*was the birthday party*	*of my friend*

Mi amigo/a	hizo la fiesta *had the party*	en un centro comercial	*in a shopping mall*
		en un parque de atracciones	*at a theme park*
		en un restaurante	*at a restaurant*
		en su casa	*at their house*

Había mucha comida y bebida		*There was a lot of food and drink*			
comí	*I ate*	comida rápida	*fast food*	patatas fritas	*French fries*
comimos	*we ate*	pastel	*cake*	pizza	
bebí	*I drank*	Coca-Cola		refrescos	*soft drinks*
bebimos	*we drank*	limonada	*lemonade*	zumo de naranja	*orange juice*

Durante la fiesta	*During the party*	
Nos divertimos *We had fun*	bailando	*dancing*
	cantando karaoke	*singing karaoke*
	contando chistes	*telling jokes*
	escuchando música	*listening to music*
Pasamos una hora / dos horas *We spent one/two hours*	jugando a juegos	*playing games*
	sacando fotos	*taking photos*
	viendo una película	*watching a film*

Le di un regalo *I gave a ... gift*	barato	*cheap*	a mi amigo/a *to my friend*
	caro	*expensive*	
	chulo	*cool*	
	original	*original*	

Le compré *I bought* Le regalé *I gave (gifted)*	una camiseta	*a shirt*	y le gustó mucho *and he/she liked it a lot*
	un collar	*a necklace*	
	un reloj	*a watch*	
	una pulsera	*a bracelet*	
	una tarjeta de regalo	*a gift card*	

La fiesta fue *The party was*	la leche	*awesome (the milk)*	Me lo pasé genial *I had a great time*
	muy divertida	*very fun*	

1. Multiple choice: cross out the words you don't hear

e.g.	amigo	~~centro~~	restaurante
a.	cumpleaños	mi	amigo
b.	hizo	fiesta	casa
c.	mucho	comida	limonada
d.	nos	contando	juegos
e.	di	chulo	amigo
f.	me	compré	gustó
g.	fiesta	divertida	pasé

2. Complete the words

a. R _ _ _ _ _ _ _ _   *You gave*

b. C _ _ _ _ _ _ _ _ _   *Birthday*

c. H _ _ _ la f _ esta   *(Had) the party*

d. Comida r _ _ _ _ _   *Fast food*

e. R _ _ _ _ _ _ _   *Soft drinks*

f. Nos div _ _ _ _ _ _ _   *We had fun*

g. C _ _ _ _ _ _   *Jokes*

h. L _ c _ _ _ _ _   *I bought (him)*

i. U _ r _ _ _ _   *A watch*

j. U _ c _ _ _ _ _   *A necklace*

3. Fill in the blanks

a. Fue la _____ de _____ de mi mejor amigo.

b. ¿Dónde _____ la _____?

c. Mi amigo hizo __ fiesta en un parque de _____.

d. _____ mucha comida. _____ pastel y pizza.

e. Había _____ bebida. _____ Coca-Cola.

f. Nos _____ cantando karaoke y _____.

g. Le _____ una _____ de regalo y le gustó mucho.

4. Spot the intruders

El fin de su semana pasado fue el la fiesta de cumpleaños dos de mi amiga. Mi amiga han hizo la fiesta en su casa. Había mucha de comida y la bebida. Comí pizza y muchas patatas fritas y bebí un zumo de naranja. Pasamos todos una hora jugando a los juegos. Le di un gran regalo chulo a mi mejor amiga. Le regalé una camiseta y no le gustó mucho. La fiesta fue la leche azul. Me lo pasé genial.

5. Faulty translation: listen, identify and correct the errors

e.g.	I gave	a ~~cheap~~ cool gift	to my friend.
a.	My friend	had the party	at a restaurant.
b.	There was lots of food.	We ate	cake and pizza.
c.	I gave	an original gift	to my brother.
d.	We had fun	telling jokes	and dancing.
e.	We spent two hours	listening to music	and dancing.
f.	I bought him	a bracelet	and he liked it a lot.
g.	There was lots of drink.	We drank	lemonade.
h.	My cousin	had the party	at a shopping mall.

6. Complete the table in English

	Location of party	Food and drink	Activities	Gift(s)
a. **Aida**				
b. **Rubén**				
c. **Miguel**				

7. Narrow listening: gapped translation

Hello, I am Elena and _____ Salamanca. Last _____, it was the _____ party of my _____. My friend had the party at his _____. There was lots of _____ and _____. I _____ and _____ and I drank _____ _____. We had fun _____ _____ and _____ spent _____ _____ listening to music and _____. I gave a _____ gift to my friend. I gifted a _____ and he liked it a lot. The party was _____. I had a great time.

8. Listen to Ana and answer the questions in English

a. Where does Ana live?

b. How old is Ana?

c. What did Ana do last weekend?

d. Where was the party?

e. Was there much food and drink?

f. What did Ana eat?

g. What did Ana drink?

h. What activities does she mention? (2 details)

i. How does Ana describe the gift she gave?

j. What was the gift?

Unit 9. Talking about a birthday party: VOCAB BUILDING

1. Match

La fiesta	A watch
Un regalo	Soft drinks
Comida rápida	Cool
Cumpleaños	Cake
Refrescos	Cheap
Contando chistes	Birthday
Nos divertimos	Telling jokes
Barato	The party
Chulo	Expensive
Un reloj	A bracelet
Pastel	We had fun
Una pulsera	Fast food
Caro	A gift

2. Complete the chunks

a. H _ _ _ la f _ _ _ _ _   *I had the party*

b. C _ _ _ _ _ _ _ _ _   *Birthday*

c. P _ _ _ _ _ _ f _ _ _ _ _   *French fries*

d. U _ c _ _ _ _ _   *A necklace*

e. L _ l _ _ _ _   *Awesome (milk)*

f. M _ _ d _ _ _ _ _ _ _ _   *Very fun*

g. M _ _ _ _ c _ _ _ _ _   *A lot of food*

h. F _ _ d _ s _ _ _ _ _   *Weekend*

i. L _ r _ _ _ _ _   *I gave (gifted) him/her*

j. L _ c _ _ _ _ _   *I bought him/her*

k. A m _ a _ _ _ _   *To my friend*

3. Break the flow

a. Miamigohizolafiestaenuncentrocomercial.

b. Nosdivertimoscantandokaraokeybailando.

c. Pasamosunahoracantandokaraoke.

d. Lediunregalomuychuloamiamigo.

e. Lecompréunatarjetaderegalo.

f. Leregaléunrelojylegustómucho.

g. Lafiestafuelaleche.

h. ¿Dóndefuelafiestadetuamigo?

i. ¿Quéhicistedurantelafiesta?

4. Categorise as food, object or place

Un collar   Un pastel   Un refresco

Una casa   Un parque   Una camisa

Una pulsera   Una pizza   Un caramelo

Un zumo   Una tarjeta   Un regalo

Food	Object	Place

5. Spot and correct the nonsense sentences

a. La fiesta hizo mi amigo en su casa.

b. La fiesta bebió la leche.

c. Comimos en un restaurante.

d. Le compré un parque de atracciones.

e. Le di un regalo muy chulo.

f. Nos divertimos bailando chistes.

g. Durante la fiesta bebí zumo de naranja.

h. Pasamos una hora cantando una película.

6. Complete with the missing words below

a. ¿Dónde _____ la fiesta?

b. Mi amigo _____ la fiesta en su casa.

c. Nos divertimos _____ a juegos

d. _____ dos horas viendo una película.

e. Le compré una camiseta muy _____.

f. En un restaurante comimos _____ rápida.

g. Me lo pasé _____.

h. Ayer fue la _____de mi amigo.

pasamos	jugando	hizo	original
fue	genial	fiesta	comida

Unit 9. Talking about a birthday party: VOCAB BUILDING

7. Sentence puzzle

a. una nueva hora una viendo película Pasamos

b. y comida bebida en la fiesta Había mucha

c. parque amigo hizo Mi la fiesta en de un atracciones

d. Pasamos jugando dos a juegos horas

e. Comimos y refrescos pastel bebimos

f. chistes divertimos contando Nos

g. un di Le original regalo amigo a mi

h. amigo fiesta mi de la Fue

i. ¿Qué le amiga? a tu regalaste

9. Translate into English

a. Mi amigo hizo la fiesta en un centro comercial.

b. Nos divertimos contando chistes.

c. Me lo pasé genial con mis amigas.

d. Le regalé una camiseta muy chula.

e. Pasamos dos horas cantando karaoke.

f. Bebimos refrescos y yo comí pastel.

g. Durante la fiesta nos divertimos.

h. La fiesta fue en un parque de atracciones.

8. Gapped translation

a. What did you _____ your _____?
¿Qué le regalaste a tu amigo?

b. My _____ did the _____ in a restaurant..
Mi amigo hizo la fiesta en un restaurante..

c. It was the _____ party of my friend.
Fue la fiesta de cumpleaños de mi amigo.

d. I ate _____ _____ and _____ _____.
Comí comida rápida y patatas fritas.

e. We drank _____ like Coca-Cola and lemonade.
Bebimos refrescos como Coca-Cola y limonada.

f. There was a lot of _____ and _____.
Había mucha comida y bebida.

g. _____ Saturday was the birthday _____.
El sábado pasado fue la fiesta de cumpleaños.

h. My friend _____ the party at his house.
Mi amigo hizo la fiesta en su casa.

i. I gave an _____ _____ to my friend.
Le di un regalo caro a mi amigo.

j. And he/she _____ the gift _____.
Y le gustó mucho el regalo.

10. Spot and correct the spelling & grammar mistakes (in the Spanish)

a. Hacer la fiesta	*Had the party*	g. ¿Dónde fui la fiesta?	*Where was the party?*
b. Un comercial centro	*A shopping mall*	h. Muy comida y bebida	*A lot of food and drink*
c. Nos bebimos	*We drank*	i. Pasamos dos hora	*We spent two hours*
d. Fue la leches	*Awesome (the milk)*	j. Un parque de atracción	*A theme park*
e. Sumo de naranja	*Orange juice*	k. Un regalos	*A gift*
f. Me lo pasar genial	*I had a great time*	l. Una pulsera chulo	*A cool bracelet*

Unit 9. Talking about a birthday party: READING 1

Buenos días, me llamo Agustín y tengo catorce años. Vivo en Valladolid, una ciudad en España. Valladolid está en el noroeste de la península ibérica y es una ciudad muy bonita. Vivo en el barrio de Huerta del Rey. En mi barrio hay un polideportivo. El polideportivo está a cinco minutos a pie de mi piso. Mi piso está en un edificio bastante moderno y es muy acogedor. Todos los días juego al fútbol en el polideportivo con mis amigos.

Mi mejor amigo se llama Benjamín. El fin de semana pasado fue su fiesta de cumpleaños. Cumplió quince años así que es mayor que yo. Benjamín hizo la fiesta en un parque de atracciones. Fuimos al parque de atracciones en coche y el viaje fue muy divertido. Durante el viaje escuchamos música y contamos chistes. Cuando llegamos al parque de atracciones, pagamos las entradas. Costaron treinta y cinco euros.

A la hora de comer había mucha comida y bebida. Comimos comida rápida y bebimos Coca-Cola. También comimos pastel y luego comimos un gofre *(waffle)*.

Le di un regalo muy chulo y bastante caro a mi amigo Benjamín. Le compré una camiseta de marca *(branded)* muy bonita y también le regalé una tarjeta de regalo para su tienda favorita, Zara.

La fiesta fue la leche y me lo pasé genial. Cuando volví a casa no hice nada porque estaba muy cansado.

Agustín, 14 años. Valladolid, España

1. Find the Spanish equivalent in the text

a. It is in the northwest

b. In my neighbourhood there is

c. It is very cosy

d. He turned 15 years old

e. The trip was very fun

f. We paid the entrance tickets

g. There was a lot of food

h. I gave him a very cool gift

i. His favourite shop

3. Answer the questions below in Spanish

a. ¿Qué hizo Agustín el fin de semana pasado?

b. ¿De quién fue la fiesta de cumpleaños?

c. ¿Dónde fue la fiesta?

d. ¿Qué había de beber en la fiesta?

e. ¿Qué le regaló Agustín a su amigo?

f. ¿Qué hizo cuando volvió a casa?

2. Gapped sentences

a. In Agustín's neighbourhood there is a

_____ _____.

b. Agustín plays football _____ _____

at the sports centre with his _____.

c. Last weekend, Agustín celebrated his friend's

_____ at a

_____ _____.

d. During the trip, they _____ to

_____ and _____ _____.

e. The tickets cost _____ euros.

f. They ate _____ _____, cake

and a _____.

g. Agustín describes the gift he gave as _____

_____ and _____ _____.

h. Agustín thinks the party was _____.

Unit 9. Talking about a birthday party: READING 2

Hola, me llamo Fátima y tengo doce años. Vivo en Teruel, una ciudad en el sur de Aragón, una región en España. Vivo en un piso en el centro de la ciudad. Mi piso es muy moderno, pero el edifico es bastante antiguo. Mi barrio es muy ruidoso, pero la gente es muy simpática. En mi calle hay una tienda de música, un cine pequeño y un parque muy bonito. En mi tiempo libre me gusta quedar con mis amigos en el parque.

El fin de semana pasado fue la fiesta de cumpleaños de mi hermano menor. Se llama Fran y cumplió *(he turned)* ocho años. Hicimos la fiesta en casa e invitamos a toda nuestra familia. Estaban mis padres, mis abuelos, mis tíos y mis primos. También estaban los amigos de mi hermano.

Había mucha comida y bebida típica de fiesta. Comí mucha pizza y patatas fritas, pero no comí pastel porque no me gusta. Prefiero comer fruta y yogur de postre *(dessert)*. Bebí limonada porque no había Coca-Cola. Mi hermano bebió zumo de naranja porque es su bebida favorita.

Nos divertimos bailando y cantando karaoke, aunque normalmente prefiero no cantar. Sin embargo, canté la canción *Bulería* de David Bisbal. Después pasamos una hora jugando a juegos y me lo pasé genial.

Le di un regalo muy chulo a mi hermano. Le compré un collar y también una pulsera y le gustó muchísimo. También recibió muchos juguetes *(toys)* nuevos.

La fiesta fue muy divertida. Todos nos lo pasamos genial y me acosté muy tarde.

Fátima, 12 años. Teruel, España

1. Find the Spanish in Fátima's text

a. In the south of

b. But the building is quite old

c. The people are very nice

d. I like to meetup with my friends

e. We invited all our family

f. I ate a lot of pizza

g. My brother drank orange juice

h. It is his favourite drink

i. I sang the song

j. We spent one hour playing games

k. I bought him a necklace

l. He also received

m. The party was very fun

2. Spot and correct the mistakes

a. Vivo en un piso en la ciudad centro

b. Hay una música tienda

c. Me gusta quedo con mis amigos

d. Fueron la fiesta de cumpleaños

e. También está los amigos de mi hermano

f. Comí mucho pizza

g. Había no Coca-Cola

h. Yo pasé genial

i. Él compré un collar

3. Tick or cross: tick the phrases that appear in the text above and cross the phrases that don't

a. Una región en España	f. Cumplió ocho años	k. Prefiero no cantar
b. Mi piso es muy moderno	g. No había mucha comida	l. Me lo pasé genial
c. Mi barrio es muy ruidoso	h. No comí pastel	m. Le compré una camiseta
d. Me gusta jugar al fútbol	i. Bebí limonada	n. No le gustó el regalo
e. De mi hermano mayor	j. Es su bebida favorita	o. Me acosté muy tarde

THE LANGUAGE GYM
SPANISH TRILOGY III

Unit 9. Talking about a birthday party: READING & WRITING

Las fiestas de cumpleaños

Guillermo: El sábado pasado fue el cumpleaños de mi abuelo. Hicimos la fiesta en un restaurante.

Ángela: El fin de semana pasado fue el cumpleaños de mi primo menor. Le di un regalo chulo. Le compré un reloj y le gustó mucho.

Alberto: El viernes pasado fue la fiesta de cumpleaños de mi madre. La fiesta fue la leche y me lo pasé genial.

Leonardo: Hace dos días fue la fiesta de cumpleaños de mi perro. ¡Le regalé un hueso *(bone)* enorme!

Yasmín: Hace dos días fue la fiesta de cumpleaños de mi mejor amiga. Se llama Ainhoa y cumplió catorce años. Pasamos dos horas viendo una película nueva.

Ismael: Ayer fue la fiesta de cumpleaños de mi hermano. Le regalé una camiseta del fútbol nueva ya que es fanático del deporte.

Inés: El domingo pasado fue la fiesta de cumpleaños de mi tía. Hizo la fiesta en el parque y había mucha comida y bebida. Comí mucha pizza y bebí limonada.

Clara: Hace dos semanas fue la fiesta de cumpleaños de mi abuela. ¡Cumplió noventa y cinco años! Le regalé un collar y le gustó mucho.

1. Find someone who...

a. ...celebrated a birthday at the park.

b. ...gifted somebody a necklace.

c. ...celebrated their grandad's birthday.

d. ...celebrated a pet's birthday.

e. ...celebrated a 14th birthday.

f. ...drank lemonade.

g. ...celebrated their mother's birthday.

h. ...gifted somebody a watch.

i. ...celebrated their brother's birthday.

j. ...celebrated a birthday last Sunday.

k. ...celebrated a 95th birthday.

l. ...spent two hours watching a film.

3. Write an extension of the sentence said by each person on the left

e.g. Guillermo: Después, fuimos al cine y vimos una película. Fue muy divertido.

Ángela:

Alberto:

Leonardo:

Yasmín:

Ismael:

Inés:

Clara:

2. Complete with a suitable word

a. _____ fue la fiesta de cumpleaños de mi _____.

b. Había mucha _____, pero no comí _____.

c. Mi amigo hizo la fiesta en _____.

d. Le di un regalo _____ a mi amigo.

e. Nos divertimos _____.

f. Le compré una _____ y le gustó mucho.

g. La fiesta fue _____ y me lo pasé genial.

Unit 9. Talking about a birthday party: WRITING

---

1. Complete the following sentences creatively

a. El fin de semana pasado fue _____.

b. Mi _____ hizo la fiesta _____.

c. Comí _____ y bebí _____.

d. Nos divertimos_____ y _____.

e. Le regalé _____ a mi amigo.

f. Pasamos _____ horas _____.

g. Le di un regalo _____ y _____.

h. Comí _____ pero no _____.

---

2. Tangled translation: rewrite in Spanish

a. El **Friday** pasado **was** la fiesta de cumpleaños **of my**

older sister.

b. Mi **cousin had** la fiesta en un **theme park**.

c. **I drank** muchos **soft drinks** y comí **fast food.**

d. **During** la fiesta **we had fun** y a mi amigo **liked it a lot**.

e. En **the party** había mucha **food and drink**.

f. **I gave** un regalo **cool** a mi amigo.

g. Nos divertimos **telling jokes** y **singing karaoke.**

h. El **last weekend we ate at** un restaurante.

3. Translate into Spanish

a. Last Saturday was the birthday party of my grandma.

b. There was a lot of food but I didn't eat pizza.

c. My grandma had her party in a shopping mall.

d. The party was awesome (the milk) and I had a great time.

e. Last year she had her party at the karaoke.

---

4. Translate into Spanish

a. La s _ _ _ _ _ p _ _ _ _ _ fue la f _ _ _ _ _ de c _ _ _ _ _ _ _ _ _ de mi herman _ men _ _ .
   Last week was the birthday party of my younger brother.

b. Le di un r _ _ _ _ _ o _ _ _ _ _ _ _ a mi a _ _ _ _ . Le c _ _ _ _ _ un c _ _ _ _ _ y le e _ _ _ _ _ _ .
   I gave an original gift to my friend. I bought her a necklace and she loved it.

c. La f _ _ _ _ _ f _ _ m _ _ d _ _ _ _ _ _ _ _ y p _ _ _ _ _ h _ _ _ c _ _ _ _ _ _ _ y b _ _ _ _ _ _ _ .
   The party was very fun and we spent hours singing and dancing.

d. F _ _ el c _ _ _ _ _ _ _ _ _ de mi m _ _ _ _ _ . L _ r _ _ _ _ _ u _ _ p _ _ _ _ _ _ bo _ _ _ _ .
   It was my mother's birthday. I gave her a pretty bracelet.

e. Dur _ _ _ _ _ la fi _ _ _ _ nos dive _ _ _ _ _ _ con _ _ _ _ _ c _ _ _ _ _ _ y can _ _ _ _ _ karao _ _ .
   During the party, we had fun telling jokes and singing karaoke.

1. Hola, soy Ximena y tengo doce años. Vivo en Murcia en un barrio pequeño en las afueras de la ciudad. Vivo en una casa antigua con mi padre, mi hermano mayor y mi hermana menor. Me llevo bien con mi padre porque es muy cariñoso y siempre me apoya (*supports me*). También me llevo bien con mis hermanos, aunque mi hermana menor a veces me molesta. Sin embargo, es muy simpática. Mi mejor amiga se llama Isabela y vive en mi calle.

2. Hace dos semanas fui al cine con mi mejor amiga para ver una película de acción. La entrada solo costó cuatro euros así que también compré unas palomitas, unos caramelos y una Coca-Cola. Lo que más me gustó de la película fueron los efectos especiales, pero no me gustó la banda sonora. La actuación de Tom Holland fue impactante.

3. El fin de semana pasado fue la fiesta de cumpleaños de Isabela. Isabela cumplió trece años. Normalmente su madre hace las fiestas en un restaurante local, pero esta vez su madre hizo la fiesta en su casa así que fui a la fiesta a pie. La fiesta empezó a la una y media de la tarde, pero antes de ir a la fiesta tuve que hacer mis deberes de matemáticas.

4. En la fiesta había mucha comida y bebida. A la madre de Isabela no le gusta la comida rápida, pero había pizza, patatas fritas y perritos calientes. De beber había de todo: Coca-Cola, limonada, zumo y agua. Durante la fiesta nos divertimos contando chistes y jugando a juegos. También pasamos una hora cantando karaoke y bailando.

5. A Isabela le di un regalo muy original. Le compré una pulsera de amistad (*friendship*) y una camiseta de Taylor Swift, su cantante favorita. A Isabela le gustó mucho el regalo. Su madre le compró un reloj y su padre le regaló unas zapatillas blancas.

6. La fiesta fue muy divertida y me lo pasé genial. Sin embargo, cuando acabó estaba muy cansada. Cuando llegué a casa me duché y subí a mi dormitorio a descansar. Antes de dormirme vi una serie en Netflix.

Ximena, 12 años. Murcia, España

1. Answer the following questions in English

a. Who does Ximena live with?

b. What is her best friend called?

c. What kind of film did she watch two weeks ago?

d. What did she like most about the film?

e. How old did Ximena's friend turn last week?

f. Where was the party last week?

g. What did Ximena have to do before the party?

h. What gift did Ximena buy for her friend?

i. How was Ximena feeling after the party?

j. What did Ximena do before bed?

2. Find the Spanish equivalent in Ximena's text

a. In a small neighbourhood on the outskirts (1)

b. She lives on my street (1)

c. The ticket only cost (2)

d. I also bought some popcorn (2)

e. Normally her mother does the parties (3)

f. I went to the party on foot (3)

g. The party started at 1:30 (3)

h. Isabela's mother doesn't like fast food (4)

i. I bought her a friendship bracelet (5)

j. Her mother bought her a watch (5)

k. The party was very fun (6)

l. When it finished (6)

m. I went upstairs to my bedroom (6)

3. Complete the translation of paragraph 4

At the _____, there was lots of _____ and _____. Isabela's mother doesn't like _____ _____ but there was pizza, _____ and _____ _____. There was everything to _____: Coca-Cola, _____, _____ and _____. _____ the party, we had fun _____ _____ and _____ _____. We also spent _____ hour _____ karaoke and _____.

Aitana está hablando con su madre Marisol. Le está contando de la fiesta de cumpleaños de su amiga.

Marisol	Mi hija, ¿qué tal la fiesta de cumpleaños a la que fuiste el otro día? ¿De quién era la fiesta? No me acuerdo.
Aitana	Mamá, te lo dije muchas veces. Fue la fiesta de Lorena, mi mejor amiga.
Marisol	Tú tienes muchas amigas, cariño. Bueno, dime. ¿Dónde fue la fiesta?
Aitana	Lorena hizo la fiesta en un restaurante chino muy cerca de su casa.
Marisol	Ah, ¿sí? ¿Y qué había de comer?
Aitana	Pues… comida china. Yo comí arroz tres delicias* y pollo, pero había de todo. Bebí Coca-Cola, pero los demás bebieron zumo y agua.
Marisol	Muy bien. ¿Y te divertiste?
Aitana	Claro. Nos divertimos contando chistes y charlando. Después de la cena, fuimos al parque a dar una vuelta y tomar un helado. Pedí un helado de plátano.
Marisol	¡Qué rico! ¿Y qué le regalaste a Laura?
Aitana	Lorena, mamá. Se llama Lorena. Además, el regalo lo compraste tú. Le regalé una camiseta rosa muy bonita. También le regalé una tarjeta de regalo.
Marisol	Vaya, se me olvidó. ¿Te lo pasaste bien?
Aitana	Sí, la fiesta fue la leche. Nos reímos un montón y me lo pasé genial.
Marisol	¿Y qué hiciste cuando llegaste a casa?
Aitana	Estaba tan cansada que me quedé dormida en el sofá viendo la tele.

__Arroz tres delicias__ is a type of fried rice served in Chinese restaurants in Spain. It's 'delicious'.

4. True (T), False (F) or Not Mentioned (NM)?

a.	Marisol is Aitana's mother.	
b.	Marisol cannot remember whose birthday it was.	
c.	It was Aitana's birthday.	
d.	The party was at a Chinese restaurant.	
e.	The Chinese restaurant is near Lorena's house.	
f.	Aitana drank juice and water.	
g.	Aitana had fun at the party.	
h.	After dinner, Aitana went straight home.	
i.	Aitana ate a vanilla ice cream.	
j.	Aitana gave Lorena a pink T-shirt and a gift card.	
k.	Aitana and her friends laughed a lot.	
l.	Aitana can't wait to go to the cinema.	
m.	When she got home, Aitana fell asleep on the sofa.	

5. Complete the statements

a. _____ says that Aitana has _____ friends.

b. _____ dinner, Aitana and her friends went _____ __ _____ in the park.

c. _____ keeps forgetting _____'s name.

d. _____ actually bought the present for _____'s friend.

e. _____ was so tired after the _____ that she _____ _____.

UNIT 10
(OPTIONAL) Making plans for next weekend

In this unit you will learn how to:

• Talk about your plans for next weekend
• Talk about places where you would like to go
• Say what you would like to do on Saturday and Sunday
• Say what other obligations you have
• Say what else you would like to do, using the conditional tense

UNIT 10
*OPTIONAL: Making plans for next weekend

¿Qué vas a hacer el fin de semana que viene?	*What are you going to do next weekend?*
¿Qué planes tienes para el sábado/domingo?	*What plans do you have for Saturday/Sunday?*
¿Qué te gustaría hacer?	*What would you like to do?*
¿Qué tienes que hacer?	*What do you have to do?*

El fin de semana que viene *Next weekend*	me gustaría *I would like*		hacer muchas cosas		*to do many things*	
		ir *to go*	al cine		*to the cinema*	
			al centro comercial		*to the shopping mall*	
			al estadio		*to the stadium*	
			al parque		*to the park*	
			de compras		*shopping*	
			de paseo		*for a walk*	
			de pesca		*fishing*	
		pasar tiempo con		*to spend time with*	mis amigos/as	
		quedar con		*to meet up with*	mi familia	

El sábado *On Saturday*	por la mañana *morning* por la tarde *afternoon*	me gustaría *I would like*	jugar a la Play	*to play on the PlayStation*
			salir con mis amigos	*to go out with my friends*
			tocar el piano	*to play the piano*

Luego *Later*	el domingo *on Sunday*	voy a *I'm going to*	escuchar música	*listen to music*
			hablar con mis amigos	*speak with my friends*
			jugar a videojuegos	*play video games*
			leer un libro	*read a book*
			meterme en internet	*go on the internet*
			mirar mi Instagram	*look at my Insta*

Sin embargo *However*	también tengo que *I also have to*	estudiar para un examen de *study for a ... exam*	español ciencias matemáticas
		hacer los deberes de *do my ... homework*	
		ayudar en casa	*help at home*
		buscar información (para mis deberes)	*look for information* (for my HW)
		sacar al perro	*take out the dog*

Si tengo tiempo *If I have time*	me gustaría *I would like*	pasar *to spend*	una hora *an hour* un rato *a while*	charlando con mi amigo/a *chatting to my friend* entrenando en el gimnasio *training in the gym* tocando la guitarra *playing the guitar*

Pienso que será *I think it will be*	divertido *fun*	entretenido *entertaining*	relajante *relaxing*

1. Fill in the blanks

a. El fin de semana que _____ me gustaría ir de pesca.

b. El sábado por la mañana me gustaría _____ a la Play.

c. Luego, el _____ voy a _____ un libro.

d. Sin embargo, también me gustaría tocar el _____.

e. Me gustaría pasar un rato entrenando en el _____.

f. Pienso que _____ muy _____.

g. El fin de semana que viene me gustaría _____ con mis amigos.

h. El sábado por la _____ me gustaría salir con mis amigos.

piano	divertido	leer	tarde	gimnasio
será	viene	quedar	jugar	domingo

2. Dictation

a. E _ f _ _ d _ s _ _ _ _ _

b. Q _ _ v _ _ _ _

c. M _ g _ _ _ _ _ _ _

d. Q _ _ _ _ _ c _ _

e. P _ _ l _ m _ _ _ _ _

f. T _ _ _ _ e _ p _ _ _ _

g. Jug _ _ a v _ _ _ _ _ _ _ _ _

h. S _ _ _ _ a _ p _ _ _ _

i. S _ t _ _ _ _ t _ _ _ _ _

j. P _ _ _ _ _ q _ _ s _ _ _

3. Break the flow

a. ¿Quévasahacer?

b. Elfindesemanaquevienemegustaríahacermuchascosas.

c. Elsábadoporlatardemegustaríajugaralaplay.

d. Luegoeldomingovoyaescucharmúsica.

e. Sinembargotambiéntengoqueayudarencasa.

f. Sitengotiempomegustaríatocarelpiano.

g. Piensoqueserámuydivertido.

h. Megustaríapasarunahoraentrenandoenelgimnasio.

4. Spot the differences

El fin de semana pasado me gustaría ir de pesca con mis amigos. El sábado por la tarde me gustaría tocar la batería. Luego, el lunes voy a meterme en mi dormitorio para hacer los deberes. Sin embargo, también tengo que sacar al gato. Si tengo tiempo me gustaría pasar un rato tocando la trompeta. Pienso que fue relajante.

5. Complete the translations

a. Next _____, I would like to _____ _____ with my _____.

b. On _____ afternoon, I would like to _____ _____ with __ _____.

c. _____, on _____, I am going to _____ at my Insta.

d. _____, I _____ have to do my _____ homework.

e. If I have _____, I would like to _____ a while _____ to my _____.

f. I _____ that it will be _____ fun and quite _____.

g. What _____ do _____ have for next _____?

h. _____ weekend, I _____ like to go _____ with my _____.

6. Faulty translation: listen, identify and correct the errors

*e.g. Later, on ~~Saturday~~ **Sunday**, I am going to speak with my friends.*

a. What plans do you have for next Friday?

b. Next weekend, I would like to go to the shopping mall with my cousins.

c. On Saturday afternoon, I would like to go out with my family.

d. If I have time, I would like to spend a while playing the piano.

e. Later, on Friday, I am going to play video games with your brother.

f. On Sunday, I also have to do my maths homework.

g. I think that it will be quite fun.

7. Listening slalom: follow the speaker from top to bottom and number the boxes accordingly

a.	b.	c.	d.	e.
Next weekend	On Saturday	Later	However	If I have time
I also	I would like	I am going	afternoon	on Sunday
I would like	have to	to go	I'm going to	to spend
an hour	fishing	to go out	study for	listen to music
with friends	in my bedroom	playing the guitar	a Spanish exam	with my family
at 8:00.	at 1:00.	to the lake.	at 3:00.	at 4:00.

8. Listen to Ignacio and answer the questions in English

a. How old is Ignacio?

b. What would he like to do this weekend?

c. What would he like to do on Saturday morning?

d. What would he like to do on Saturday afternoon?

e. What is he going to do on Sunday morning? (two details)

f. What does he have to do on Sunday afternoon?

g. What would he like to do if he has time?

h. When will he train if he doesn't have time?

i. How does he think his weekend will be?

THE LANGUAGE GYM
SPANISH TRILOGY III

Unit 10. Making plans for next weekend: VOCAB BUILDING

1. Match

El domingo	I have to
Me gustaría	Also
Tengo que	On Sunday
Pasar tiempo	To spend time
Quedar con	In the afternoon
Por la mañana	Fishing
Por la tarde	However
También	Chatting to
Charlando con	I am going to
Sin embargo	To meet up with
De pesca	I would like
De compras	In the morning
Voy a	Shopping

2. Complete the chunks

a. M _ g _ _ _ _ _ _ _   *I would like*

b. P _ _ l _ m _ _ _ _ _   *In the morning*

c. S _ _ _ r _ _ _ _ _ _ _   *It will be relaxing*

d. S _ _ _ _ a _ p _ _ _ _   *Take out the dog*

e. A _ e _ _ _ _ _ _   *To the stadium*

f. P _ _ _ _ _ q _ _   *I think that*

g. L _ _ _ u _ l _ _ _ _   *To read a book*

h. A _ _ _ _ _ e _ c _ _ _   *To help at home*

i. P _ _ _ _ u _ r _ _ _   *To spend a while*

j. D _ p _ _ _ _   *For a walk*

k. I _ d _ p _ _ _ _   *To go fishing*

3. Break the flow

a. Megustaríairdecomprasconmimadre.

b. Eldomingovoyajugaravideojuegos.

c. Tambiéntengoquetocarelpiano.

d. ¿Quéplanestienesparaeldomingo?

e. Lasemanaquevienevoyairalcine.

f. LuegovoyajugaralaPlayconmihermano.

g. Piensoqueserámuyentretenido.

h. Sinembargotambiéntengoqueestudiar.

4. Complete with the missing words in the table below (2 words have no match)

a. ¿Qué planes tienes para el viernes que _____?

b. El sábado que viene me gustaría ____ de pesca

c. La semana que viene voy a pasar una hora _____ la guitarra.

d. El domingo voy a _____ mi Instagram.

e. Me gustaría hacer muchas _____.

f. Voy a _____ con mis amigos.

g. Por la tarde voy a hacer los _____ de español.

h. También me gustaría ir de _____.

i. Me _____ ayudar en casa.

j. ¿Qué tienes que _____ el domingo?

quedar	avestruz	mirar	paseo
ir	gustaría	tocando	piragüismo
hacer	viene	cosas	deberes

5. Spot and correct the 5 nonsense sentences

a. Me gustaría hacer al cine.

b. Sin embargo tengo que tocar el piano.

c. Tengo que estudiar para un examen de patatas.

d. Me gustaría pasar tiempo entrenando en el cine.

e. Luego voy a meterme en internet y mirar mi Instagram.

f. También tengo que pescar al perro.

g. Luego voy a quedar con mis pingüinos.

Unit 10. Making plans for next weekend: VOCAB BUILDING

6. Sentence puzzle

a. mis amigos gustaría pasar Me tiempo con

b. el El leer un domingo salón libro voy en a

c. ¿ te Qué hacer gustaría?

d. Tengo para que buscar deberes mis información

e. Me gustaría con pasar mi un rato prima

f. a tengo tiempo Si voy leer un de libro terror

g. que tengo hacer de los deberes ciencias También

h. El semana fin de voy a con mi familia quedar

i. la tarde voy Por a a jugar videojuegos

j. El con viernes gustaría salir mi me amigo mejor

7. Gapped translation

a. What _____ do you have for _____ weekend?

¿Qué planes tienes para el fin de semana que viene?

b. Next weekend, I _____ like to _____ _____ with my friends.

El fin de semana que viene me gustaría quedar con mis amigos.

c. What do you have _____ _____ in the _____?

¿Qué tienes que hacer por la tarde?

d. __ _____ it will be cool.

Pienso que será guay.

e. However, I would like to _____ my dad.

Sin embargo, me gustaría ayudar a mi padre.

f. Later, I am going to _____ in the gym.

Luego voy a entrenar en el gimnasio.

g. I _____ have to take out the dog to _____ _____.

También tengo que sacar al perro al parque.

h. I would like to _____ for information for my _____.

Me gustaría buscar información para mis deberes.

i. If I _____time, I am going to _____ on the internet.

Si tengo tiempo voy a meterme en internet.

8. Translate into English

a. El sábado por la tarde me gustaría tocar el piano.

b. También tengo que buscar información en casa.

c. Si tengo tiempo me gustaría jugar a la Play.

d. Me gustaría jugar al fútbol pero tengo que estudiar.

e. Voy a tocar la guitarra con mi amiga en el parque.

f. El domingo por la mañana voy a ir de pesca.

g. La semana que viene me gustaría ir de compras.

h. Voy a salir con mis amigos al centro comercial.

9. Spot and correct the spelling & grammar mistakes (in the Spanish)

a. Yo gustaría	*I would like*	g. Las mathemáticas	*Mathematics*
b. El viene fin de semana	*Next weekend*	h. Examen de espanol	*Spanish exam*
c. El domingo mañana	*On Sunday morning*	i. Con mi amigos	*With my friends*
d. Si pasar tiempo	*If I have time*	j. Juegar a la Play	*To play on the PlayStation*
e. Entrenando en el gymnasio	*Training in the gym*	k. Muy cosas	*Many things*
f. Jugando la guitarra	*Playing guitar*	l. Passar un rato	*To spend a while*

THE LANGUAGE GYM
SPANISH TRILOGY III

Unit 10. Making plans for next weekend: READING 1

Buenas, me llamo Sierra y tengo diecisiete años. Soy española y vivo en Toledo, una ciudad en el centro de España, a 71 kilómetros de la capital del país, Madrid. Vivo en el barrio de San Martín en una casa pequeña. Vivo con mi padre, mi madrastra *(stepmother)* y mis hermanas. Me llevo bien con mi padre porque es muy simpático y siempre me ayuda.

El fin de semana pasado fue muy divertido. Fue la fiesta de cumpleaños de mi hermana menor. Mi madrastra hizo la fiesta en la bolera *(bowling alley)* en el centro comercial. Fue la leche.

Este fin de semana me gustaría hacer muchas cosas. El viernes por la noche me gustaría ir al cine con mis amigas para ver una película de terror. Después me gustaría ir al parque de paseo con ellas.

El sábado por la mañana voy a tocar el piano en el salón porque tengo que practicar. Sin embargo, también tengo que ayudar en casa y hacer los deberes. Creo que voy a hacer los deberes el domingo. El sábado por la tarde me gustaría ver una serie en Netflix con mi familia y pedir una pizza a domicilio.

Luego, el domingo por la mañana no voy a hacer nada hasta las diez y media. A las diez y media tengo que hacer mis deberes de ciencias y estudiar para un examen de inglés. Me encanta el inglés porque mi profesor es muy inteligente. Más tarde voy a ir con mi familia a casa de mi abuela para comer. Vamos a comer pescado y arroz.

Si tengo tiempo me gustaría pasar una hora entrenando en el gimnasio, pero creo que no va a ser posible.

Sierra, 17 años. Toledo, España

1. Find the Spanish equivalent in the text

a. In a small house

b. I get on well with

c. He always helps me

d. It was awesome

e. I would like to go to the cinema

f. On Saturday morning

g. I think I am going to do

h. I am not going to do anything until

i. We are going to eat fish and rice

3. Answer the questions below in Spanish

a. ¿Dónde vive Sierra?

b. ¿Con quién vive Sierra?

c. ¿Qué hizo el fin de semana pasado?

d. ¿Qué le gustaría hacer este viernes?

e. ¿Qué comida quiere pedir a domicilio?

f. ¿Dónde va a comer el domingo?

2. Gapped sentences

a. Last _____, Sierra went to her _____ sister's birthday party at the bowling alley

b. This weekend, she would like to do _____ _____.

c. She would like to go to the cinema with her _____.

d. She is going to practise the _____ because she _____ _____.

e. She is going to do her homework on _____.

f. On Sunday, she is doing nothing until _____.

g. She has to study for an _____ _____.

h. She thinks her English teacher is _____.

i. If she has time, she would like to spend _____ _____ in the _____.

Buenos días, soy Macarena y tengo trece años. Soy española y vivo en Salto, una ciudad en el noroeste de Uruguay. Vivo en una casa grande en el campo, bastante cerca del río. Vivo con mi padre, mi madre y mi hermano menor. Mi hermano se llama Jorge y tiene doce años.

El fin de semana pasado fue muy divertido. Fue la fiesta de cumpleaños de mi primo. Mi primo se llama Roberto y cumplió quince años. Su madre hizo la fiesta en un parque cerca del centro comercial. Me lo pasé genial y comí mucha pizza.

Este fin de semana me gustaría hacer muchas cosas. El viernes por la noche me gustaría ir al centro comercial con mis amigos para mirar escaparates. También me gustaría cenar con ellos en un restaurante que hay en el centro comercial.

El sábado por la mañana me gustaría jugar a la Play en el salón con mi hermano. Sin embargo, los sábados siempre tengo que hacer los deberes y este fin de semana tengo que estudiar para un examen de matemáticas. Por la tarde voy a leer un libro o ver una película con mi familia.

Luego, el domingo por la mañana no voy a hacer mucho. Todos los domingos voy con mi familia al polideportivo a jugar al bádminton y después tomamos algo en una cafetería al lado del polideportivo. Sin embargo, este domingo no puedo ya que tengo que pasar una hora practicando el piano. Pienso que será relajante.

Si tengo tiempo me gustaría pasar una hora charlando con mi amiga.

Macarena, 13 años. Salto, Uruguay

1. Find the Spanish in Macarena's text

a. In the countryside

b. Quite close to the river

c. He is 12 years old

d. It was my cousin's birthday

e. I had a great time

f. I ate lots of pizza

g. I would like to do many things

h. I would like to go to the shopping mall

i. I would also like to have dinner

j. I would like to play on the PlayStation

k. I always have to do my homework

l. I am going to read a book

m. I think it will be relaxing

2. Spot and correct the mistakes

a. Vivo en una grande casa

b. Vivo con me padre

c. Yo gustaría ir al centro comercial

d. En la salón con mi hermano

e. Tengo a estudiar

f. Voy a leo un libro

g. Voy a hacer no mucho

h. Todos domingos

i. Me gustaría a pasar una hora

3. Tick or cross: tick the phrases that appear in the text above and cross the phrases that don't

a. Vivo en una casa grande	f. Su madre hizo la fiesta	k. Tengo que hacer las tareas
b. Mi hermano se llama	g. El viernes por la tarde	l. Voy a leer un libro
c. Tiene trece años	h. Me gustaría ir de paseo	m. No voy a hacer mucho
d. Fue muy estresante	i. En un restaurante que hay	n. Con mi tío al polideportivo
e. Mi primo se llama	j. El sábado por la mañana	o. Charlando con mi amiga

THE LANGUAGE GYM
SPANISH TRILOGY III

Unit 10. Making plans for next weekend: READING & WRITING

¿Qué vas a hacer el fin de semana que viene?

Juan Carlos: El fin de semana que viene me gustaría ir de compras con mis primos.

Martina: El domingo voy a jugar a videojuegos. Sin embargo, también tengo que hacer los deberes de matemáticas.

Estrella: El sábado por la mañana me gustaría salir un rato con mis amigas al parque.

Jonatan: El domingo por la tarde voy a leer un libro en mi dormitorio y jugar a la Play.

Bernardo: Si tengo tiempo este fin de semana me gustaría pasar un rato tocando la guitarra en mi dormitorio. Después tengo que sacar al perro.

Rodrigo: Pienso que este fin de semana será divertido porque voy a ir al cine con mis amigos para ver una película de acción. Después me gustaría ir a un museo.

Gabriela: El sábado por la mañana me gustaría tocar el piano. Por la tarde me gustaría pasar tiempo con mi familia en casa de mi abuelo.

Lola: El fin de semana que viene me gustaría quedar con mis amigos para ir de tiendas. Sin embargo, también tengo que ayudar en casa.

1. Find someone who...

a. ...will read a book in their room.

b. ...thinks this weekend will be fun.

c. ...has to do maths homework.

d. ...would like to play the piano.

e. ...has to take out the dog.

f. ...would like to spend time with family.

g. ...would like to go shopping with cousins.

h. ...is going to play video games on Sunday.

i. ...would like to play guitar.

j. ...would like to go to the park with friends.

k. ...would like to go to a museum.

l. ...has to help at home.

m. ...is going to go to the cinema.

3. Write an extension of the sentence said by each person on the left

e.g. Juan Carlos: Mis primos se llaman Felipe e Iñaki.

Martina:

Estrella:

Jonatan:

Bernardo:

Rodrigo:

Gabriela:

Lola:

2. Complete with a suitable word

a. El viernes que viene me gustaría ir _____.

b. El domingo voy a jugar _____.

c. Sin embargo, tengo que _____.

d. Me gustaría hacer los deberes de _____.

e. Me gustaría pasar una hora _____ la guitarra.

f. Pienso que será _____.

g. Tengo que estudiar para un _____ de inglés.

h. El sábado por la _____ voy a leer un libro.

i. Me gustaría ir al cine con mi _____.

Unit 10. Making plans for next weekend: WRITING

1. Complete the following sentences creatively

a. El fin de semana que viene _____ con _____.

b. El sábado _____ en _____.

c. Luego, el domingo voy a _____ y _____.

d. También tengo que _____ y luego _____.

f. Si tengo tiempo _____ sin embargo _____.

g. Por la tarde _____ con _____.

h. Me gustaría _____. Pienso que será _____.

i. Por la mañana _____ con _____.

2. Tangled translation: rewrite in Spanish

a. El **weekend** que viene **I would like** ir **fishing** con mi **grandfather** en el **park**.

b. El **Saturday** por la **morning** me gustaría **play on the PlayStation** en mi **bedroom**.

c. **On Sunday** por la **afternoon** me gustaría **take out the dog**.

d. **Later** el domingo voy a **spend** un rato **chatting** con mi amigo

e. **Also** me gustaría **meet up** con **my** amigas.

f. Si tengo **time I would like to** pasar un **while** tocando la **guitar. I think that** será **fun**.

3. Gapped translation

a. El v _ _ _ _ _ _ q _ _ v _ _ _ _ me gust _ _ _ _
ir al c _ _ _.
Next Friday, I would like to go to the cinema.

b. El s _ _ _ _ _ por la t _ _ _ _ me gustar _ _
toc _ _ el piano.
On Saturday afternoon, I would like to play the piano.

c. El f _ _ d _ s _ _ _ _ _ q _ _ v _ _ _ _
me gust _ _ _ _ h _ _ _ _ m _ _ _ _ _ c _ _ _ _.
Next weekend, I would like to do many things.

d. El d _ _ _ _ _ _ por la m _ _ _ _ _ v _ _ a
e _ _ _ _ _ _ _ m _ _ _ _ _ en e _ p _ _ _ _ _.

On Sunday morning, I am going to listen to music in the park.

4. Translate into Spanish

a. Next weekend, I would like to go for a walk with my cousins.

b. On Sunday, I'm going to look at my Insta if I have time.

c. In the afternoon I would like to spend a while playing guitar with my dad.

d. I have to do my homework, however later I am going to go shopping.

e. I think it will be relaxing to go to the park for a walk.

f. If I have time I would like to spend an hour training in the gym. I think it will be tiring *(agotador)* but fun.

TERM 2 - BRINGING IT ALL TOGETHER – 10

1. Buenos días, me llamo Tiana y tengo diez años. Vivo en Segovia, una ciudad en el centro de España. Vivo en un barrio pequeño, pero hay muchas cosas que hacer. Todos los días me levanto a las siete y cuarto. Antes de ir al colegio me ducho, me visto y desayuno. Suelo desayunar tostadas y zumo de manzana. Mi colegio está muy cerca de mi casa, a cinco minutos a pie así que nunca llego tarde.

2. El fin de semana pasado fue el cumpleaños de mi primo. Mi primo se llama Tomás y cumplió trece años. Tomás hizo la fiesta en un parque de atracciones y me lo pasé genial. Viajamos en coche y durante el viaje nos divertimos escuchando música y cantando canciones. El viaje fue bastante largo y mi hermano fue muy pesado (*annoying*).

3. El fin de semana que viene me gustaría hacer muchas cosas. El viernes por la tarde me gustaría ir al cine con mis amigos para ver una película de animación. Me encantan las palomitas del cine así que me gustaría comer palomitas durante la película. El problema es que la comida del cine es muy cara. Después de la película voy a volver a casa y acostarme.

4. El sábado por la mañana me gustaría jugar a la Play con mi hermano. Siempre jugamos a la Play en el salón porque la pantalla (*screen*) de la televisión es grande. Luego, por la tarde me gustaría salir con mi amiga al parque a montar en bici. Sin embargo, antes de salir tengo que hacer los deberes de matemáticas. A lo mejor (*maybe*) me los va a hacer mi hermano porque me debe (*he owes me*) un favor.

5. Luego, el domingo voy a levantarme tarde y escuchar música en mi dormitorio hasta las once y media. También me gustaría pasar una hora tocando la guitarra, pero tengo que estudiar para un examen de inglés. Me encanta el inglés, pero mi profesor es muy antipático. Por la noche voy a cenar con mi familia en casa de mi abuela. Vamos a comer pollo asado y ensalada, pero lo mejor será el postre.

6. Pienso que será un fin de semana bastante caótico, pero también será muy entretenido.

Tiana, 10 años. Segovia, España

1. Answer the following questions in English

a. What time does Tiana get up at every day?

b. Where is her school?

c. Where was the birthday party held last week?

d. What did she do during the car journey?

e. What kind of film would she like to watch?

f. What food would she like to eat at the cinema?

g. What would she like to do at the park?

h. What homework does she have to do?

i. Who does she hope will do her homework for her?

j. How does she think the weekend will be?

2. Find the Spanish equivalent in Tiana's text

a. There are many things to do (1)

b. I tend to eat toast for breakfast (1)

c. I never arrive late (1)

d. I had a great time (2)

e. The journey was quite long (2)

f. I would like to go to the cinema (3)

g. The food at the cinema is very expensive (3)

h. I am going to go home (3)

i. We always play [...] in the living room (4)

j. Before going out (4)

k. He owes me a favour (4)

l. I think that it will be (6)

m. But it will also be (6)

3. Complete the translation of paragraph 5

Later, on _____, I am going to _____ _____ late and _____ to music in my _____ until _____. I would also like to _____ an hour _____ the guitar but I have to _____ for an English _____. I love English but my _____ is very _____. At _____, I am going to have _____ with my _____ at my grandmother's _____. We are going to eat _____ _____ and salad but the best bit will be the _____.

THE LANGUAGE GYM
SPANISH TRILOGY III

Julián y Milagros son amigos. Están hablando del fin de semana que viene.

Julián	Hola, Milagros. ¿Qué tal? ¿Tienes ganas de que sea ya el fin de semana?
Milagros	¡Sí! Estoy muy emocionada por este fin de semana. Tenemos muchos planes. ¿Dónde quedamos el viernes?
Julián	El viernes quedamos en el centro comercial a las siete y media. Vamos a ir de compras un rato y tomar un refresco.
Milagros	¡Perfecto! ¿Qué vas a hacer después?
Julián	Después voy a volver a casa y acostarme bastante temprano para no estar cansado el sábado. ¿Estás preparada para el sábado?
Milagros	Sí, ya tengo mis botas. Tengo muchas ganas de subir la montaña. ¿A qué hora empezamos?
Julián	Empezamos la escalada a las siete de la mañana, pero primero debemos pintarnos (*paint*) la cara de Spiderman.
Milagros	Qué buena idea. Vamos a recaudar fondos (*fundraise*) y también vamos a divertirnos.
Julián	Eso es. ¿Te apetece ir a un restaurante después? ¿Qué tipo de comida prefieres?
Milagros	Pues a mí me gusta de todo. Sin embargo, me gustaría ir a un restaurante italiano y comer pizza.
Julián	¡Perfecto! Entonces bajamos la montaña y vamos directamente al restaurante. Pienso que será muy divertido.

4. True (T), False (F) or Not Mentioned (NM)?

a.	The pair are talking about last weekend.	
b.	Milagros is very excited for the weekend	
c.	Milagros is too busy to meet up with Julián.	
d.	The two are going to meet up at the shopping mall.	
e.	They are going to meet up at 7:30 and go shopping.	
f.	Milagros has to walk her dog first.	
g.	Julián is going to go to bed early.	
h.	Milagros has boots ready for Saturday.	
i.	Milagros is excited to climb the mountain.	
j.	They start the climb at 7:15.	
k.	The two are going to fundraise.	
l.	Milagros does not like Italian food.	
m.	Julián thinks the weekend will be very fun.	

5. Complete the statements

a. Julián and Milagros are meeting up at the _____ _____ at _____.

b. _____ asks _____ whether they are ready for Saturday.

c. _____ suggests that they paint their _____ like Spiderman.

d. They are not just going to _____, they are going to _____ _____ as well.

e. After they descend the _____, they

TERM 2 - BRINGING IT ALL TOGETHER – QUESTION SKILLS

1. Fill in the missing letters

a. ¿A q _ _ hora te l _ _ _ _ _ _ _ _ ayer?

b. ¿C _ _ _ f _ _ _ _ _ al c _ _ _ _ _ _ ?

c. ¿Q _ _ hiciste ayer d _ _ _ _ _ _ del colegio?

d. ¿Q _ _ hiciste el fin de semana p _ _ _ _ _ ?

e. ¿Q _ _ hiciste a _ _ _ _ de d _ _ _ _ _ ?

f. ¿C _ _ _ _ _ f _ _ _ _ _ a _ c _ _ _ ?

g. ¿Q _ _ p _ _ _ _ _ _ _ v _ _ _ _ ?

h. ¿D _ q _ _ t _ _ _ _ _ _ la historia?

i. ¿T _ g _ _ _ _ la película? ¿Por q _ _ ?

j. ¿D _ _ _ _ fue la f _ _ _ _ _ de tu amiga?

k. ¿Q _ _ h _ _ _ _ _ _ durante la f _ _ _ _ _ ?

l. ¿Q _ _ l _ r _ _ _ _ _ _ _ _ a tu a _ _ _ _ ?

m. ¿Q _ _ v _ _ a hacer el finde que v _ _ _ _ ?

n. ¿Q _ _ planes tienes p _ _ _ el d _ _ _ _ _ _ ?

o. ¿Q _ _ te g _ _ _ _ _ _ _ hacer este sábado?

p. ¿Q _ _ t _ _ _ _ _ que h _ _ _ _ en casa?

2. Choose the option that you hear

a. Me levanté a las seis / siete / ocho.

b. Fui al colegio a pie / en autobús / a caballo.

c. Después del cole hablé / quedé / salí con mis amigos.

d. Fui al cine / al parque / al museo con mi amiga.

e. Escuché música / leí un libro / hablé con mi amigo.

f. Fui al cine el viernes / sábado / domingo pasado.

g. Vi una película de acción / horror / ciencia ficción.

h. De una historia de amor / superhéroes / espionaje.

i. Me gustó la trama / la banda sonora/ el actor principal.

j. Hizo la fiesta en un parque / un restaurante / su casa.

k. Nos divertimos bailando / cantando / charlando.

l. Le regalé un reloj / una camiseta / una pulsera.

m. Voy a tocar el piano / el ukelele / la trompeta.

n. El domingo voy a jugar al fútbol / al golf / al tenis.

o. Me gustaría salir / dormir / descansar.

p. Tengo que estudiar / hacer deberes / sacar al perro.

3. Listen and write in the missing information

a. Ayer por la _____ me _____ a las _____.

b. Salí de _____ y fui al _____ en _____.

c. Después del cole _____ con mis _____ y _____ al centro comercial.

d. Fui al _____ con mi _____ y vimos una _____.

e. Antes de _____ _____ un poco de _____.

f. Fui al cine el _____ pasado. La _____ costó _____ euros.

g. _____ una película de _____.

h. La _____ trataba de una _____ entre el _____ y el _____.

i. Lo que _____ me _____ fue como _____ la historia.

j. Mi amigo _____ la fiesta en un _____ en un centro _____.

k. Pasamos una hora _____ chistes y _____ música.

l. Para su cumpleaños le _____ una _____ de _____.

m. Me gustaría _____ con mis amigos y _____ un rato _____ con ellos.

n. El _____ voy a meterme en _____ y buscar _____ para mis _____.

o. Este _____ me gustaría pasar un rato _____ en el _____.

p. Tengo que _____ para un examen de _____. ¡Qué horror!

TERM 2 - BRINGING IT ALL TOGETHER – QUESTION SKILLS

4. Fill in the grid with your personal information

Question	Answer
1. ¿A qué hora te levantaste ayer?	
2. ¿Cómo fuiste al colegio?	
3. ¿Qué hiciste ayer después del colegio?	
4. ¿Cuándo fue la última vez que fuiste al cine?	
5. ¿Qué película viste?	
6. ¿Dónde fue la fiesta de cumpleaños de tu amigo?	
7. ¿Qué hiciste durante la fiesta?	
8. ¿Qué planes tienes para el fin de semana que viene?	
9. ¿Qué te gustaría hacer el sábado/domingo?	
10. ¿Qué cosas tienes que hacer?	

5. Survey two of your classmates using the same questions as above: write down the main information you hear in Spanish

Q.	Person 1	Person 2
1.		
2.		
3.		
4.		
5.		
6.		
7.		
8.		
9.		
10.		

No Snakes No Ladders

TERM 2

7 Last weekend was very entertaining.	**6** Later, in the afternoon, I met up with my friends.	**5** When I got home, I did my homework in the living room.	**4** During the trip home, I listened to music.	**3** At school, I had a French lesson and I learnt a lot.	**2** Yesterday morning, I went to school at 7:30.	**1** What did you do yesterday? **START**
8 My friends and I went to many places.	**9** On Friday, we went to the city centre to go for a walk.	**10** On Saturday, I spent a while playing the guitar.	**11** On Sunday, I didn't do anything because I was tired.	**12** Finally, I went to bed at 11:30.	**13** Last weekend, I went to the cinema with my boyfriend.	**14** I went to the cinema to watch a horror film.
23 I gave a cool gift to my friend (f). I gifted her a bracelet.	**22** We had fun dancing and singing karaoke.	**21** There was a lot of food and drink. I ate pizza.	**20** My friend had the party in a theme park.	**19** Last weekend was the birthday party of my friend.	**18** The acting by Alba Flores was moving.	**17** What I liked the most was the soundtrack.
24 The party was awesome and I had a great time.	**25** Next weekend, I would like to go fishing with my dad.	**26** On Saturday morning, I would like to play on the PlayStation.	**27** Later, on Sunday, I'm going to read a book.	**28** However, I also have to study for a science exam.	**29** If I have time, I would like to spend a while training in the gym.	**30** I think it will be very fun. **FINISH**

15 The story was about a battle between good and evil.

16 During the film, I ate popcorn and I drank Coca-Cola.

THE LANGUAGE GYM
SPANISH TRILOGY III

136

No Snakes No Ladders

SALIDA

1 ¿Qué hiciste ayer?	**2** Ayer por la mañana fui al colegio a las siete y media.	**3** En el colegio tuve clase de francés y aprendí mucho.	**4** Durante el viaje a casa escuché música.	**5** Cuando llegué a casa hice mis deberes en el salón.	**6** Luego, por la tarde quedé con mis amigos.	**7** El fin de semana pasado fue muy entretenido.
14 Fui al cine para ver una película de terror.	**13** El fin de semana pasado fui al cine con mi novio.	**12** Finalmente me acosté a las once y media.	**11** El domingo no hice nada porque estaba cansado.	**10** El sábado pasé un rato tocando la guitarra.	**9** El viernes fuimos al centro de la ciudad para dar un paseo.	**8** Mis amigos y yo fuimos a muchos sitios.
17 Lo que más me gustó fue la banda sonora.	**18** La actuación de Alba Flores fue conmovedora.	**19** El fin de semana pasado fue la fiesta de cumpleaños de mi amigo.	**20** Mi amigo hizo la fiesta en un parque de atracciones.	**21** Había mucha comida y bebida. Comí pizza.	**22** Nos divertimos bailando y cantando karaoke.	**23** Le di un regalo chulo a mi amiga. Le regalé una pulsera.
16 Durante la película comí palomitas y bebí Coca-Cola.	**15** La historia trataba de una batalla entre el bien y el mal.	**28** Sin embargo, también tengo que estudiar para un examen de ciencias.	**27** Luego, el domingo voy a leer un libro.	**26** El sábado por la mañana me gustaría jugar a la Play.	**25** El fin de semana que viene me gustaría ir de pesca con mi padre.	**24** La fiesta fue la leche y me lo pasé genial.
30 Pienso que será muy divertido.	**29** Si tengo tiempo me gustaría pasar un rato entrenando en el gimnasio.					

LLEGADA

PYRAMID TRANSLATION

Units 6-7-8 Recap

Translate each part of the pyramid out loud with your partner, then write it into the spaces provided below.

a.
Yesterday, I got up at 7:00 am.

b. Yesterday, I got up at 7:00 am. I went to school by car with my father.

c. Yesterday, I got up at 7:00 am. I went to school by car with my father. After school, I did my homework...

d. Yesterday, I got up at 7:00 am. I went to school by car with my father. After school, I did my homework and then I spent a while playing the guitar.

e. Yesterday, I got up at 7:00 am. I went to school by car with my father. After school, I did my homework and then I spent a while playing the guitar. On Saturday, I went to the cinema with my friends to see a sci-fi film. The ticket cost 10 euros.

f. Yesterday I got up at 7:00 am. I went to school by car with my father. After school, I did my homework and then I spent a while playing the guitar. On Saturday, I went to the cinema with my friends to see a sci-fi film. The ticket cost 10 euros. What I liked the most were the fight scenes.

Write your translation here:

gustó fueron las escenas de lucha.

mis amigos para ver una película de ciencia ficción. La entrada costó diez euros. Lo que más me

Después del colegio hice los deberes y pasé un rato tocando la guitarra. El sábado fui al cine con

SOLUTION: Ayer me levanté a las siete de la mañana. Fui al colegio en coche con mi padre.

One pen One dice

Play in pairs. You only have 1 pen and 1 dice.
One person has the pen and starts translating the sentence into **English.** The other person rolls the dice until they roll a 6, they swap the pen and translate. The winner is the person who finishes translating all the sentences first.

1. El fin de semana que viene.	
2. Me gustaría ir al cine con mi amigo.	
3. Me gustaría quedar con mis amigos.	
4. El sábado por la mañana…	
5. Voy a salir con mis amigos.	
6. Tengo que estudiar para un examen.	
7. Tengo que ayudar en casa.	
8. Si tengo tiempo…	
9. Me gustaría pasar una hora charlando.	
10. Pienso que será entretenido.	

One pen One dice

Play in pairs. You only have 1 pen and 1 dice.

One person has the pen and starts translating the sentence into **Spanish.** The other person rolls the dice until they roll a 6, they swap the pen and translate. The winner is the person who finishes translating all the sentences first.

1. Next weekend.	
2. I would like to go to the cinema with my friend.	
3. I would like to meet up with my friends.	
4. On Saturday morning...	
5. I'm going to go out with my friends.	
6. I have to study for an exam.	
7. I have to help at home.	
8. If I have time...	
9. I would like to spend an hour chatting.	
10. I think it will be entertaining.	

TERM 3 – OVERVIEW

This term you will learn:

Unit 11 – Talking about jobs

• Say what jobs people do and where they work
• Say why they like and dislike those jobs
• Say words for types of buildings and other work locations

Unit 12 – My dreams and aspirations: What I am going to do with my life

• Say what you are going to study next year
• Say what job you would like to do when you are older
• Say what is important to you in life

Unit 13 – Talking about celebrities and role models: their journey to success

• Say which famous person inspires or interests you
• Describe their journey to success
• Talk about what they have been able to achieve in life

Unit 14 – My summer holiday and back-to-school plans

• Talk about your summer plans
• Talk about what you need to do to get ready to go back to school

KEY QUESTIONS

¿Qué trabajo hace tu padre/madre?	*What job does your dad/mum do?*
¿Le gusta su trabajo?	*Do they like their job?*
¿Dónde trabaja?	*Where do they work?*
¿Qué vas a estudiar el año que viene?	*What are you going to study next year?*
¿Qué te gustaría ser cuando seas mayor?	*What would you like to be when you are older?*
¿Dónde te gustaría trabajar?	*Where would you like to work?*
Para ti, ¿qué es lo más importante en la vida?	*For you, what is the most important thing in life?*
¿Qué persona famosa te inspira? ¿Por qué?	*Which famous person inspires you? Why?*
¿Cómo fue su camino a la fama?	*What was their journey to fame like?*
¿Cuándo comenzó su carrera?	*When did they start their career?*
¿Qué ha logrado?	*What have they achieved?*
¿Qué planes tienes para este verano?	*What plans do you have for this summer?*
¿Cómo vas a pasar el tiempo?	*How are you going to spend your time?*
¿Tienes ganas de volver al colegio? ¿Por qué?	*Are you looking forward to going back to school?*
¿Cómo vas a prepararte para volver al colegio?	*How are you going to prepare to go back to school?*

UNIT 11
Talking about jobs

In this unit you will learn how to:

• Say what jobs people do and where they work
• Say why they like and dislike those jobs
• Say words for types of buildings and other work locations

You will revisit:

• Family members
• Key adjectives for giving opinions

UNIT 11
Talking about jobs

¿Qué trabajo hace tu padre/madre?	*What job does your dad/mum do?*
¿Le gusta su trabajo?	*Does he/she like his/her job?*
¿Dónde trabaja?	*Where does he/she work?*

		actor	*actor*	hombre de negocios	*business man*
Mi padre *My father*		**abogado**	*lawyer*	**ingeniero**	*engineer*
		amo de casa	*house-husband*	**jardinero**	*gardener*
Mi hermano *My brother*		**cocinero**	*chef*	**mecánico**	*mechanic*
		contable	*accountant*	**médico**	*doctor*
	es *is*	**enfermero**	*nurse*	**obrero**	*labourer*
Mi tío *My uncle*		**escritor**	*writer*	**peluquero**	*hairdresser*
		granjero	*farmer*	**profesor**	*teacher*
	trabaja como *works as a*	**actriz**		**ingeniera**	
Mi madre *My mother*		**abogada**		**jardinera**	
		ama de casa		**mecánica**	
Mi hermana *My sister*		**cocinera**		**médica**	
		contable		**mujer de negocios**	
		enfermera		**obrera**	
Mi tía *My aunt*		**escritora**		**peluquera**	
		granjera		**profesora**	

				aburrido	*boring*
Le encanta	*He/she loves it*			**activo**	*active*
Le gusta	*He/she likes it*			**apasionante**	*exciting*
No le gusta	*He/she doesn't like it*			**difícil**	*difficult*
		porque es *because it is*		**divertido**	*fun*
Dice que le gusta *He/she says he/she likes it*				**estimulante**	*stimulating*
				estresante	*stressful*
				fácil	*easy*
Dice que NO le gusta *He/she says he/she doesn't like it*				**gratificante**	*rewarding*
				interesante	*interesting*

	un colegio	*a school*	casa	*(at) home*
	un garaje	*a garage*	**el campo**	*the countryside*
Trabaja en *He/she works in*	**un hotel**	*a hotel*	**la ciudad**	*the city*
	un restaurante	*a restaurant*	**una empresa**	*a company*
	un taller	*a workshop*	**una granja**	*a farm*
	un teatro	*a theatre*	**una oficina**	*an office*

1. Multiple choice: select the correct job

	1	2	3
a.	Accountant	Actor	Housewife
b.	Writer	Farmer	Mechanic
c.	Engineer	Businessman	Cook
d.	Househusband	Doctor	Actress
e.	Accountant	Receptionist	Policeman
f.	Farmer	Actress	Hairdresser
g.	Teacher	Mechanic	Actor
h.	Lawyer	Footballer	Mechanic
i.	Teacher	Singer	Cook

2. Did you hear the masculine or the feminine form?

	Masculine	Feminine
a.	Actor	Actriz
b.	Cocinero	Cocinera
c.	Médico	Médica
d.	Granjero	Granjera
e.	Ingeniero	Ingeniera
f.	Abogado	Abogada
g.	Aburrido	Aburrida
h.	Activo	Activa

3. Spot the intruders: identify the words the speaker is NOT saying

Me llamo Juan Carlos y voy a hablarte de mi gran familia. En mi familia somos tres personas: mi padre, mi madre, mi hermano y yo. Mi padre se llama Pablo. Tiene cincuenta y seis años. Es muy alto y un poco gordo. Es calvo. Es simpático y también es trabajador. Trabaja como un contable. No le gusta porque es un trabajo bien pagado. Mi madre trabaja como una peluquera. Le encanta este trabajo porque él es muy divertido y gratificante. A mí me gustaría trabajar como un cocinero y ser famoso como Gordon Ramsay.

4. Spot the differences

Me llamo Mario. Soy de Bilbao. Mi persona favorita en mi familia es mi madre. Es tímida pero muy simpática. Mi madre es contable pero ahora no trabaja. Odio a mi padre. Es inteligente pero muy muy antipático. Mi padre es mecánico, pero odia su trabajo porque es difícil y aburrido. Trabaja en un garaje en Bilbao. En su casa tengo una cobaya que se llama Donatello. Es lenta pero muy graciosa, como mi hermana Casandra.

5. Listen and fill in the grid

	Person	Job
a.	My father	
b.		Lawyer
c.		
d.		
e.		
f.		
g.		Doctor
h.		

6. Narrow listening: gapped translation

My name is _____. In my family there are _____ people. My _____ is called Cristián. He is tall and _____. He works as a _____. He loves his job because it is _____. My mother is an _____. She does not _____ her job because it is _____. She wants to be a _____ because it is very _____ and she is very _____. My two _____ are students at _____. They love it because it is _____ and _____. I am still a _____ in a secondary school. I hate school because it is _____ and _____.

7. Translate the sentences into English

a.

b.

c.

d.

e.

f.

g.

h.

8. Listen, spot and correct the errors

a. Yo trabaja en el campo.

b. Mi madre trabajan como cocinera.

c. Mi padre soy peluquero.

d. Mis hermanos no trabajamos.

e. Mi novia es actor.

f. Mi mejor amigo escrittor.

g. Mi prima es médico.

h. Mis tios son granjero.

9. Listen to the two conversations and answer the questions below in English

Conversation 1 - Valeria

a. What job does her father do?

b. What does he think about his job?

c. What job does Valeria's mother do?

d. What does her mum think about her job?

e. What job does Valeria want to do one day? (Mention why)

Conversation 2 - Fernando

a. What job does his father do?

b. What does he think about his job?

c. What job does Fernando's mother do?

d. What does his mum think about her job?

e. What job does Fernando want to do one day? (Mention why)

Unit 11. Talking about jobs: VOCAB BUILDING 1

1. Complete with the missing word

a. Mi padre es _____ . *My father is a lawyer.*

b. Mi tía es _____ . *My aunt is a hairdresser.*

c. Mi hermano _____ . *My younger brother.*

d. Él trabaja como _____ . *He works as a mechanic.*

e. Mi madre es _____ . *My mother is a doctor.*

f. Mi hermana _____ . *My older sister.*

g. Ella trabaja como _____ . *She works as an engineer.*

h. Mi tía es _____ . *My aunt is an accountant.*

i. Mi _____ es _____ . *My uncle is a farmer.*

2. Match

Es aburrido	It's stressful
Es activo	It's fun
Es difícil	It's hard
Es divertido	It's active
Es estimulante	It's rewarding
Es estresante	It's boring
Es fácil	It's interesting
Es gratificante	It's easy
Es interesante	It's stimulating

3. Translate into English

a. Mi madre es mecánica.

b. Le gusta su trabajo.

c. Trabaja en un garaje.

d. Mi hermano es contable.

e. No le gusta su trabajo.

f. Mi primo es peluquero.

g. Le encanta su trabajo.

h. Porque es divertido.

4. Add the missing letter

a. Es f _ cil

b. L _ gusta

c. Ing _ niera

d. _ édico

e. Es e _ tresante

f. T _ abaja como

g. Es en _ ermera

h. Mi t _ o

5. Anagrams

a. anerGrjo

b. ogAbado

c. caéMdi

d. rotcA

e. rAizct

f. Coblenta

g. Peuerluqo

h. Aecmadasa

6. Broken words

a. E___ a_____ d_ c_____ *He is a house husband.*

b. L__ g_____ s_ t_____ *He likes his job.*

c. M__ h_____ e_ g_____ *My brother is a farmer.*

d. Él/ella t_____ *He/she works.*

e. E__ e___ c_____ *In the countryside.*

f. O_____ s___ t_____ *He hates his job.*

g. P_____ e__ a_____ *Because it is active.*

h. E____ m___ g_____ *It is very rewarding.*

i. M__ m_____ e_ a_____ *My mother is a lawyer.*

7. Complete with a suitable word

a. Mi madre es _____ .

b. Le _____ su trabajo

c. Le gusta porque es _____ .

d. Trabaja en _____ .

e. Mi _____ es peluquero.

f. No _____ gusta su trabajo.

g. Porque es muy _____ .

h. ___ tía es médica.

i. Le gusta su _____ .

j. Mi tío es mecánico, trabaja en un _____ .

THE LANGUAGE GYM
SPANISH TRILOGY III

Unit 11. Talking about jobs: VOCAB BUILDING 2

1. Circle the correct translation

a. Fácil	Easy	Cheap	Difficult
b. Taller	School	Garage	Workshop
c. Empresa	Office	Company	Bank
d. Granja	Workshop	Farm	Garage
e. Colegio	Farm	Workshop	School
f. Ciudad	Campo	City	Seaside
g. Estresante	Stressful	Fun	Exiting
h. Abogado	Fisherman	Avocado	Lawyer
i. Aburrido	Boring	A Burrito	Interesting

2. Match

Enfermero/a	Accountant
Cocinero/a	Actress
Contable	Lawyer
Peluquero/a	Writer
Granjero/a	Chef
Actriz	Nurse
Abogado/a	Doctor
Médico/a	Hairdresser
Escritor/a	Farmer

3. Spot and add the missing word

a. ¿Le gusta trabajo?   *Do they like their job?*

b. ¿Trabajo hace tu padre?   *What job does your dad do?*

c. Porque divertido   *Because it is fun*

d. Trabaja en colegio   *He/she works in a school*

e. Mi tía es de negocios   *My aunt is a businesswoman*

f. No gusta   *He/she doesn't like it*

g. Dice le gusta   *Says he/she likes it*

h. Trabaja un hotel   *He/she works in a hotel*

i. Mi tio cocinero   *My uncle is a chef*

j. Trabaja en ciudad   *He works in the city*

4. Sentence puzzle

a. Mi una padre y trabaja es abogado en oficina   *My dad is a lawyer and works in an office.*

b. Mi cocinero tío es y restaurante trabaja en un   *My uncle is a cook and he works in a restaurant.*

c. un hermana trabaja es Mi médica y en hospital   *My sister is a doctor and she works in a hospital.*

d. desde casa Mi madre es y escritora trabaja   *My mother is a writer and works from home.*

e. Mi tía trabaja mecánica y es en un garaje   *My aunt is a mechanic and she works in a garage.*

5. Tangled translation: rewrite in Spanish

a. **My** hermana **is chef** en un **restaurant**.

b. Mi **aunt says** que le gusta **a lot**.

c. Él **works** en un **school** en **the** campo.

d. Dice que **he/she likes it** porque es **rewarding**.

e. ¿Qué **job does** tu padre?

f. Mi **mother** es mujer de **business** y **she loves it**.

g. Le encanta **because** es **exciting**.

h. Mi tío es **farmer** en el **countryside**.

i. Él **says** que le gusta porque **is easy**.

j. **My brother** es **nurse** porque es **rewarding**.

6. Complete with suitable words

a. Mi tío trabaja en el _____.

b. No le gusta porque es _____.

c. Trabaja en un _____ .

d. Trabaja en una _____.

e. Le _____ porque es _____.

f. Dice que _____ le gusta.

g. Mi hermano es profesor. Trabaja en un _____.

h. Mi madre es _____. Le _____ su _____ porque es muy _____.

Unit 11. Talking about jobs: READING 1

Me llamo Felipe. Tengo veinte años y vivo en Cartagena, en Colombia. En mi familia hay cuatro personas. Tengo un perro muy divertido, David. Mi padre trabaja como médico, en la ciudad. Le gusta su trabajo porque es gratificante y divertido. Mi tío Daniel es granjero y le encanta su trabajo. A veces, es un trabajo duro y difícil, pero le encantan los animales.
Felipe, 20 años. Cartagena, Colombia

Me llamo Sebastián. En mi familia hay cuatro personas. Mi padre se llama Mateo y es abogado. Le gusta su trabajo porque es interesante. Sin embargo, a veces es estresante. Mi madre es ama de casa y le gusta bastante su trabajo. Dice que es muy gratificante. En casa tengo un perro que se llama Daniel. ¡Es muy grande y divertido! No me gustan los gatos.
Sebastián, 14 años. Oaxaca, México

Me llamo Samuel. Soy de Valencia. Mi persona favorita en mi familia es mi madre. Es tímida pero muy simpática. Mi madre es ingeniera, pero ahora no trabaja. Odio a mi tío, es inteligente pero muy muy antipático. Mi tío es profesor, pero odia su trabajo porque es difícil y aburrido. Trabaja en un colegio en Valencia, pero odia a los niños. En casa tengo una tortuga que se llama Speedy. Es lenta pero muy graciosa, igual que mi hermana.
Samuel, 13 años. Valencia, España

4. Fill in the blanks

Me l _ _ _ _ Mariana. Tengo trece a _ _ _ y v _ _ _ en Santiago de Compostela. En mi f _ _ _ _ _ _ hay cinco personas. Mi primo Cristóbal Pye e _ muy hablador y amable, tiene treinta años. Cristóbal es pr _ _ _ _ _ _ y trabaja en un c _ _ _ _ _ _. Vive en Liverpool, en Inglaterra. Le gusta su t _ _ _ _ _ porque es int _ _ _ _ _ _ _ _ y gra _ _ _ _ _ _ _ _ _.
Mi pad _ _ no trabaja ahora. En casa tengo _ _ animal que se lla _ _ Damián. ¡Es una ara _ _: una tarántula!

Me llamo Camila. En mi familia hay cuatro personas. Mi madre se llama Valeria y es peluquera. Le gusta su trabajo porque es interesante y activo. Mi padre es amo de casa, pero no le gusta mucho su trabajo porque dice que es muy difícil y un poco aburrido. En casa no tengo un animal, pero me gustaría tener un caballo. Mi primo tiene un caballo que se llama Cristián y es muy grande y fuerte. ¡Qué guay!
Camila, 18 años. La Libertad, El Salvador

1. Find the Spanish in Felipe's text	2. Answer the questions on ALL texts
a. I am 20	a. Who is Cristián?
b. I have a dog	b. Whose mum is a housewife?
c. My dad works as…	c. Who has an uncle that is in the wrong job?
d. A doctor	d. Whose father is a doctor?
e. In the city	
f. He likes his work	e. Who has a turtle?
g. It is rewarding	
h. Sometimes	f. Who has a dog?
i. He loves his work	

3. Answer the following questions about Samuel

a. Where does Samuel live?
b. Who is his favourite person?
c. What does his mum do (2 details)?
d. Why does he hate his uncle?
e. Why does his uncle hate jobs?
f. Who is Speedy?
g. What is Samuel's sister like?

5. Fill in the table below

Name	Mariana	Cristóbal
Age		
City		
Pets/Job		
Opinion of job	- - -	

Unit 11. Talking about jobs: READING 2

Buenos días, soy Thiago y tengo catorce años. Soy español y vivo en San José de David, una ciudad en el oeste de Panamá. Vivo en una casa antigua en el campo. Mi casa es muy bonita y acogedora y tiene un jardín muy grande. Vivo con mis padres, mi hermano menor y mi hermana mayor.

Mi padre se llama Matías y tiene treinta y siete años. Me llevo muy bien con mi padre porque es muy gracioso y siempre me ayuda. Él trabaja como mecánico en un taller en el pueblo. Dice que le gusta su trabajo porque es estimulante, pero también puede ser difícil.

Mi madre se llama Belén y tiene treinta y seis años. Me llevo bien con ella porque es muy cariñosa y es muy trabajadora. Mi madre trabaja como escritora y dice que le gusta porque es muy interesante y divertido. Sin embargo, dice que le gustaría ser profesora.

Mi hermana mayor se llama Andrea y tiene diecinueve años. Ella quiere ser abogada así que es estudiante universitaria y estudia derecho *(law)*. Sin embargo, también trabaja como cocinera a tiempo parcial. Trabaja en un restaurante chino que se llama Dong Fang. Dice que le gusta porque es un trabajo activo, pero puede ser estresante.

A mí me gustaría ser peluquero. Pienso que sería muy gratificante y divertido. Sin embargo, también me gustaría ser médico o ingeniero. Los fines de semana trabajo con mi padre en su taller. En mi opinión es muy interesante, pero también puede ser muy aburrido. Este fin de semana tengo que limpiar el taller.

Thiago, 14 años. San José de David, Panamá

1. Find the Spanish in Thiago's text

a. Is very pretty and cosy

b. It has a very big garden

c. He is 37 years old

d. He says he likes his job

e. It can also be difficult

f. I get on well with her

g. She would like to be

h. She wants to be a lawyer

i. As a chef part time

j. But it can be stressful

k. I think it would be

l. In his workshop

m. This weekend I have to

2. Spot and correct the mistakes

a. Mi menor hermano

b. El trabaja como mecánico

c. Dice que gusta su trabajo

d. Le va a gustaría ser profesora

e. Ella querer ser abogada

f. Trabaja en un chino restaurante

g. A yo gustaría ser peluquero

h. Con mi padre en mi padres taller

i. Tengo que limpio el taller

3. Tick or cross: tick the phrases that appear in the text above and cross the phrases that don't

a. Tengo quince años	f. Dice que no le gusta	k. Es estudiante universitaria
b. Vivo con mis padres	g. También puede ser activo	l. En un restaurante italiano
c. Mi hermana mayor	h. Porque es muy cariñosa	m. Puede ser relajante
d. Me llevo mal con mi padre	i. Le gustaría ser profesora	n. Me gustaría ser médico
e. Él trabaja como mecánico	j. Tiene diecinueve años	o. Puede ser muy aburrido

Unit 11. Talking about jobs: READING & WRITING

¿Qué vas a hacer el fin de semana que viene?

Daniel: Mi padre es actor. Le encanta porque es estimulante y divertido. Él trabaja en un teatro en el centro de la ciudad.

Miguel: Mi hermano mayor es contable y trabaja en una empresa en Madrid. Dice que le gusta su trabajo porque es interesante.

Luna: Mi tío trabaja como escritor y le encanta porque es gratificante.

César: Mi madre es ama de casa. Dice que le gusta porque es gratificante. Antes trabajaba en un colegio como profesora de ciencias.

Alexis: Mi tía es ingeniera y trabaja en una oficina en Londres. Le gusta, pero es muy estresante.

Julián: Mi hermano es peluquero. Dice que le encanta porque es estimulante y fácil.

Patricia: Mi padre es médico y trabaja en un hospital en el centro de la ciudad. Le encanta su trabajo, pero puede ser difícil y estresante.

Juan Carlos: Mi hermana trabaja en un restaurante y también trabaja en un hotel. Es muy trabajadora.

1. Find someone who...

a. ...has a hardworking sister.

b. ...mentions an accountant.

c. ...has an uncle who is a writer.

d. ...mentions an 'easy' job.

e. ...has a parent with a stressful job.

f. ...has a family member working in the UK.

g. ...has a family member with two jobs.

h. ...has a parent who used to be a teacher.

i. ...has a parent who works in a theatre.

j. ...has a family member working in an office.

k. ...has a parent who loves their job.

l. ...knows a hairdresser.

m. ...mentions a capital city.

2. Complete with a suitable word

a. Mi padre es _____ y le encanta.

b. Mi _____ es médica y le gusta mucho.

c. Mi hermano es cocinero y le _____ mucho.

d. Dice que no le gusta porque es _____.

e. Mi hermano trabaja en _____.

f. Mi tía es _____ y trabaja en un hospital.

g. Le encanta su trabajo porque es _____.

h. Mi hermana _____ como actriz y le encanta.

i. Mi primo es granjero y trabaja en _____.

3. Write an extension of the sentence said by each person on the left

e.g. Daniel: Me gustaría trabajar como actor también.

Miguel:

Luna:

César:

Alexis:

Julián:

Patricia:

Juan Carlos:

Unit 11. Talking about jobs: TRANSLATION

1. Faulty translation: correct the English

a. Mi padre trabaja como actor y le gusta mucho porque es emocionante. Trabaja en un teatro.
My father works as a cook and he really likes his job because it is interesting. He works in a school.

b. Mi tía trabaja como mujer de negocios en una oficina. Le gusta pero es duro.
My aunt works as a businesswoman in a hair salon. She hates it but it's hard.

c. Mi amigo Fran trabaja como enfermero. Trabaja en un hospital y le gusta su trabajo.
My enemy Fran works as a nurse. He lives in a hospital and likes his work.

d. Mi tío Gianfranco es cocinero en un restaurante italiano y le encanta.
My uncle Gianfranco is a lawyer in an Italian restroom and he likes it.

e. Mi madre Angela es contable y trabaja en una oficina. Odia su trabajo porque es aburrido y repetitivo.
My mother Angela is an actress and works in an office. She loves her work because it is boring and repetitive.

3. Phrase-level translation

a. My big brother

b. Works as

c. A farmer

d. He likes

e. His job

f. Because it's active

g. And fun

h. But it's tough.

2. Translate into English

a. Mi tío trabaja como

b. Mi padre trabaja como

c. Amo de casa

d. Enfermera

e. Peluquero

f. Mecánico

g. Le encanta su trabajo

h. Trabaja en un taller

i. Trabaja en un teatro

j. Trabaja en un garaje

k. Es gratificante

l. Es duro pero divertido

4. Sentence-level translation

a. My brother is a mechanic.

b. My father is a businessman.

c. My uncle is a farmer and hates his job.

d. My brother Darren works in a restaurant.

e. At home I have a snake called Sally.

f. At home I have a fun dog and a mean cat.

g. My aunt is a nurse. She likes her job...

h. ...because it is rewarding.

i. My aunt works in a hospital.

Unit 11. Talking about jobs: WRITING

1. Split sentences

Mi hermano tiene	estimulante
Mi tía es	como abogado
Mi primo trabaja	profesora
Le gusta	un restaurante
Porque es	empresa
Trabaja en	su trabajo
Trabaja en una	un pato negro

2. Rewrite the sentences in the correct order

a. Le su trabajo gusta mucho

b. Trabaja en una contable de oficina

c. Es y le ama de casa gusta

d. como tío granjero Mi trabaja

e. trabaja Mi hermano un teatro en

f. Mi odia su abuelo trabajo

g. Mi es médico amigo y en un trabaja hospital

3. Spot and correct the grammar and spelling
Note: in several cases a word is missing

a. Mi madre es amo de casa.

b. Es una trabajo aburrido y difícil.

c. Mi hermana trabaja como peluquero.

d. Ella odia su trabajo porque es dura y repetitivo.

e. Trabaja en una hospital en el ciudad.

f. Le gusto mucho su trabajo porque es fácil.

g. Mi parde odio su trabaja.

h. Le gusta su trabajo porque es gratificantes.

4. Anagrams: solve & translate

a. Micédo

b. Gratantifice

c. Ritipetevo

d. eL stGua

e. janaGr

f. taurResante

g. Psorrofe

h. Adoboga

5. Guided writing: write 3 short paragraphs describing the people below using the details in the box in 1st person

Person	Relation	Job	Like/ Dislike	Reason
Jorge	My dad	Mechanic	Loves	Active and interesting
Luciano	My brother	Lawyer	Hates	Boring and repetitive
Marta	My aunt	Farmer	Likes	Tough but fun

6. Describe this person in Spanish in the 3rd person:

Name: Magdalena

Hair: Blond + green eyes

Physique: Tall and slim

Personality: Hard-working

Job: Nurse

Opinion: Likes her job a lot

Reason: Stressful but rewarding

TERM 3 - BRINGING IT ALL TOGETHER – 11

1. Buenos días, me llamo Raquel y tengo catorce años. Soy española y vivo en Ávila, una ciudad en el centro de España. Vivo en un piso en el centro histórico de la ciudad. Me encanta vivir en Ávila porque es una ciudad que combina la riqueza *(richness)* histórica con la calma de la vida moderna. Vivo con mis padres y mi hermano mayor. Desde mi piso se puede ver vistas a la Plaza del Mercado Grande, a la Iglesia de San Pedro y a la gran estatua de Santa Teresa.

2. El fin de semana pasado fue la fiesta de cumpleaños de mi mejor amiga. Hizo la fiesta en su casa. Quedamos ahí a las cinco y media. Había mucha comida y bebida, pero a mí no me gusta la pizza así que solo comí patatas fritas. Bebí Coca-Cola. Nos divertimos contando chistes y bailando y luego vimos una película de terror. Me encantó la película, pero no me gustó el actor principal.

3. Este fin de semana me gustaría hacer muchas cosas. Por ejemplo, el sábado me gustaría ir de compras con mi madre. Siempre que vamos de compras nos lo pasamos bien y después vamos a una cafetería a tomar un chocolate caliente. Solemos ir en autobús, aunque prefiero ir en coche ya que es más cómodo. El domingo me gustaría ir de pesca con mi padre. Sin embargo, depende de cuando trabajan mis padres.

4. Mi padre es hombre de negocios y trabaja en una oficina en el centro de Madrid. Todos los días tiene que coger el tren a Madrid y el viaje dura una hora y media. Dice que durante el viaje suele escuchar música o ver una película en su móvil. Dice que le encanta su trabajo porque es estimulante, pero también dice que puede ser muy estresante.

5. Mi madre trabaja como peluquera así que muchas veces tiene que trabajar los sábados. Le encanta su trabajo porque es gratificante, pero dice que puede ser difícil si alguien pide un estilo muy complicado.

6. Pero bueno, ya veremos si están ocupados o no. Si están ocupados, me gustaría jugar a la Play con mi hermano mayor.

Raquel, 14 años. Ávila, España

1. Answer the following questions in English

a. Where is Raquel's flat?

b. What can she see from her flat?

c. What did she do last weekend?

d. What didn't she like about the film?

e. What would she like to do this Saturday?

f. What would she like to do this Sunday?

g. What do her plans depend on?

h. What does her father do for work?

i. What does her mother do for work?

j. What will she do if her parents are busy?

2. Find the Spanish equivalent in Raquel's text

a. Combines (the) rich history with (1)

b. From my flat one can see (1)

c. Last weekend it was (2)

d. We had fun telling jokes (2)

e. Later we watched a horror film (2)

f. I would like to do many things (3)

g. Every time we go shopping (3)

h. We tend to go by bus (3)

i. He has to get the train to Madrid (4)

j. She has to work on Saturdays (5)

k. But she says it can be difficult (5)

l. We will see if they are busy or not (6)

m. If they are busy (6)

3. Complete the translation of paragraph 4

My _____ is a _____ and he works in an _____ in the centre of Madrid. Every _____ he _____ to get a train to Madrid and the _____ lasts an _____ and a _____. He says that _____ the journey he _____ to listen to music or watch a film on his _____. He says that he loves his job because it is _____ but he _____ says that it can be very _____.

TERM 3 - BRINGING IT ALL TOGETHER – 11

Verónica y Carolina son amigas. Están hablando del trabajo de sus padres.	
Verónica	Es que tu madre siempre está ocupada. ¿Por qué? ¿Qué trabajo hace?
Carolina	Sí, tienes razón, mi madre siempre está ocupada. Mi madre es abogada.
Verónica	¿Le gusta su trabajo?
Carolina	Le encanta. Dice que es estimulante y gratificante, aunque también es difícil y tiene que trabajar muchas horas.
Verónica	¿Qué trabajo hace tu padre?
Carolina	Mi padre es… no lo sé. Bueno, creo que es hombre de negocios porque siempre lleva traje y maletín (*briefcase*).
Verónica	¿Cómo que no lo sabes?
Carolina	Pues trabaja mucho, pero nunca habla de su trabajo. Muchas veces tiene que ir al aeropuerto inmediatamente.
Verónica	Carolina, ¿tu padre es… espía?
Carolina	¡Shh! No se lo digas a nadie (*don't tell anyone*).
Verónica	¡Qué guay! Tus padres son superchulos. Mis padres son muy aburridos. Mi padre es amo de casa, pero dice que es artista.
Carolina	¿Y tu madre?
Verónica	Mi madre es médica. ¡Es que alguien tiene que ganar dinero (*earn money*)!

4. True (T), False (F) or Not Mentioned (NM)?

a.	The girls are talking about their parents' jobs.	
b.	Verónica's mother is always busy.	
c.	Carolina's mother is 47 years old.	
d.	Carolina's mother is a lawyer.	
e.	Carolina's mother loves her job.	
f.	Carolina's father is a businessman.	
g.	Carolina's father always wears a suit.	
h.	Carolina's father doesn't work a lot.	
i.	Carolina's father works at the airport.	
j.	Carolina's father is a spy.	
k.	Verónica's father loves his house.	
l.	Verónica's father says he is an artist.	
m.	Verónica's mother earns very little money.	

5. Complete the statements

a. Carolina's mother's job is _____ and _____, but _____.

b. Carolina's father always wear a _____ and has a _____.

c. Carolina's _____ turns out to be a _____.

d. _____ thinks her parents are very boring.

e. In Verónica's family, her _____ has the larger income.

UNIT 12
My dreams and aspirations: What I am going to do with my life

In this unit you will learn how to:

• Say what you are going to study next year

• Say what job you would like to do when you are older

• Say what vocational training you would like to pursue

• Talk about where you would like to live later on in life

• Say what is important to you in life

• Mention one famous person who inspires you

UNIT 12
My dreams and aspirations: What I am going to do with my life

¿Qué vas a estudiar el año que viene?	*What are you going to study next year?*
¿Qué te gustaría ser cuando seas mayor?	*What would you like to be when you are older?*
¿Dónde te gustaría trabajar?	*Where would you like to work?*
Para ti, ¿qué es lo más importante en la vida?	*For you, what is the most important thing in life?*
¿Qué persona famosa te inspira? ¿Por qué?	*Which famous person inspires you? Why?*

En el futuro *In the future*	**voy a estudiar** *I am going to study*	**arquitectura** *architecture* **programación** *programming* **derecho** *law* **magisterio** *teaching* **medicina** *medicine*	**en la universidad** *at university*

Luego *Later,* **Cuando sea mayor** *When I am older*	**quiero ser** *I want to be (a/an)*	**abogado/a** *lawyer* **actor/actriz** *actor/actress* **artista** *artist* **científico/a** *scientist* **escritor/a** *writer*	**informático/a** *IT technician* **ingeniero/a** *engineer* **profesor/a** *teacher* **médico/a** *doctor* **YouTuber** *YouTuber*

Me gustaría ser	*I would like to be (a/an)*		**albañil** *builder* **artesano/a** *tradesperson*
Creo que *I believe that*	**voy a formarme** *I am going to train*	**como** *as (a/an)* **para ser** *to be (a/an)*	**electricista** *electrician* **fontanero/a** *plumber*

Más tarde *Later on,*	**me gustaría** *I would like*	**trabajar** *to work* **vivir** *to live*	**en** *in*	**el campo** *the countryside* **una ciudad grande** *a big city* **Japón** *Japan* **Nueva York** *New York*

Para mí *For me*	**lo más importante en la vida es** *the most important thing in life is*	**aprender muchas cosas** *to learn many things* **ayudar a la gente** *to help people* **ganar mucho dinero** *to earn a lot of money* **ser famoso/a** *to be famous* **ser feliz** *to be happy*

Una persona famosa que *A famous person that*	**me inspira** *inspires me*	**es**	**Lionel Messi** **Taylor Swift**	**porque es**	**talentoso/a** *talented* **trabajador/a** *hardworking*

THE LANGUAGE GYM
SPANISH TRILOGY III

1. Dictation

a. C _ _ _ _ _   s _ _   m _ _ _ _

b. V _ _   a   e _ _ _ _ _ _ _

c. A _ _ _ _ _ _ _ _ _ _

d. Q _ _ _ _ _   s _ _   a _ _ _ _ _

e. P _ _ _   s _ _   a _ _ _ _ _

f. V _ _ _ _   e _   N _ _ _ _   Y _ _ _

g. A _ _ _ _ _   a   l _   g _ _ _ _

h. G _ _ _ _   m _ _ _ _   d _ _ _ _ _

i. U _ _   p _ _ _ _ _   f _ _ _ _

j. E _   t _ _ _ _ _ _ _ _

2. Listen and fill in the gaps

a. En el _____ voy a _____ derecho en la universidad.

b. Luego _____ ser _____.

c. Creo que _____ a formarme para ser _____.

d. Más tarde me _____ vivir en el _____.

e. Para _____ lo más importante en la vida es ser _____.

f. _____ quiero ser _____.

g. Una persona _____ que me _____ es Lionel Messi porque es _____.

h. Una persona famosa que _____ inspira es Taylor Swift _____ es _____.

i. Creo que voy a _____ para ser _____.

3. Break the flow

a. Enelfuturovoyaestudiararquitectura.

b. Luegoquierosercientíficaomédica.

c. Lomásimportanteenlavidaesserfamosa.

d. Creoquevoyaformarmeparaseralbañil.

e. MeinspiraLionelMessiporqueestalentoso.

f. Mástardemegustaríavivirenelcampo.

g. Creoquevoyaformarmeparaserelectricista.

h. Cuandoseamayorvoyaestudiarmedicina.

i. MástardemegustaríavivirenNuevaYork.

4. Multiple choice: spot the intruders

e.g.	*me gustaría*	*vivir en*	~~*el campo*~~
a.	futuro	en	universidad
b.	luego	quiero	profesor
c.	que	estudiar	albañil
d.	luego	me gustaría	vivir
e.	opinión	importante	feliz
f.	quiero	ser	actor
g.	famosa	mucho	talentoso
h.	te	ser	viene

5. Faulty translation: listen, identify and correct the errors

e.g. I think that I am going to train to be ~~a builder.~~ an electrician.

a. In the future, I am going to study programming at university.

b. Later, I want to work as a scientist.

c. I think that I am going to train to be a tradesperson.

d. Later on, I would like to work in New York.

e. What do you want to do next year?

f. What would you like to study when you are older?

g. For me, the most important thing in life is to earn lots of money.

6. Listening slalom: follow the speaker from top to bottom and number the boxes accordingly

a.	b.	c.	d.	e.
In the future	Later	I believe that	Later on	When I am older
I want	I am going	I am going	I believe that	I would like
to train	to live	I am not going	to be	to study
architecture	in a big city	to be	an IT technician	to study
or a teacher.	medicine.	at university.	with my sister.	a plumber.

7. Narrow listening: gapped translation

Hello, my _____ is Verónica and I am _____ Barbastro. I am _____ years old and I _____ to study. In the _____, I am going to study _____ at _____. Later, I _____ to be a _____. However, I would also like to be a _____. I don't want to _____ to be a _____. Later on, I would like to _____ in a _____ _____ like New York. For me, the _____ important thing in life is to _____ people, not to _____ a lot of _____. A _____ person that _____ me is Lionel Messi. _____ is one of the best footballers in the _____.

8. Listen to Karima and answer the questions in English

a. How old is Karima?

e. Where would she like to live? (2 details)

b. What is Karima going to study in the future?

f. What is the most important thing for her?

c. What would she would like to be? (2 details)

g. What is not the most important thing for her?

d. What doesn't she want to train to do?

h. What famous person inspires her, and why?

Unit 12. My dreams and aspirations: VOCAB BUILDING

1. Match

Voy a estudiar	A scientist
Programación	When I am older
Magisterio	He/she is talented
Quiero ser	Programming
Científico/a	I want to be
Escritor/a	I am going to study
Albañil	A builder
Cuando sea mayor	Teaching
El campo	A writer
Ser feliz	To be happy
Ayudar a la gente	The countryside
Es talentoso/a	To help people

2. Missing letters

a. Voy a est _ diar dere _ ho en la uni _ ersidad.

b. Lu _ go quiero s _ r abo _ a _ o.

c. Cua _ do sea ma _ or me gus _ aría ser ar _ is _ a.

d. C _ eo que vo _ a for _ arme como fon _ anero.

e. Más tar _ e me gu _ taría v _ vir en Es _ aña.

f. Me gustar _ a ser Y _ u _ uber, co _ o Señor Bestia.

g. Lo _ ás imp _ rtante en la vi _ a es ser f _ liz.

h. Qui _ ro apre _ der muc _ as co _ as.

i. Me g _ staría se _ fa _ oso y ganar muc _ o di _ ero.

j. Quie _ o ayu _ ar a la ge _ te.

k. Una pe _ sona famo _ a que me ins _ ira es Shakira.

3. Faulty translation: correct the English

a. Voy a estudiar programación.
I am going to train in programming.

b. Quiero estudiar derecho en la universidad.
I want to study teaching at university.

c. Cuando sea mayor quiero ser ingeniera.
When I am younger, I would like to be an electrician.

d. Creo que voy a formarme como albañil.
I think I am going to train as an Albanian.

e. Me gustaría vivir en una ciudad grande.
I would like to live in a small city.

f. Lo más importante es aprender muchas cosas.
The most important thing is to learn a lot of money.

4. Spot and add in the missing word

a. En futuro voy a estudiar arquitectura.

b. Voy estudiar magisterio.

c. Me gustaría vivir Japón.

d. Creo me gustaría ser escritora.

e. Más importante en la vida es ser feliz.

f. Cuando sea mayor quiero vivir en campo.

g. En el futuro voy a estudiar la universidad.

h. Más tarde gustaría ser científico.

i. ¿Qué vas a estudiar el año viene?

5. Sentence puzzle

a. voy el futuro a En medicina estudiar
In the future, I am going to study medicine.

b. sea mayor abogado ser quiero Cuando
When I'm older, I want to be a lawyer.

c. Taylor Swift Me porque inspira trabajadora es
Taylor Swift inspires me because she is hardworking.

d. electricista Me gustaría como formarme
I would like to train as an electrician.

e. Creo quiero estudiar que magisterio
I think that I want to study teaching.

f. ¿ trabajar gustaría Dónde te?
Where would you like to work?

g. En quiero el futuro ser York YouTuber en Nueva
In the future, I want to be a YouTuber in New York.

h. a la gente gustaría ayudar Me
I would like to help people.

i. Cuando quiero sea ser famosa mayor
When I am older, I want to be famous.

Unit 12. My dreams and aspirations: VOCAB BUILDING

6. Complete with the options below (one word has no match)

a. Quiero _____ para ser ingeniera.   *I want to study to be an engineer.*

b. Lo más importante es _____ muchas cosas.   *The most important thing is to learn many things.*

c. Me _____ Serena Williams...   *Serena Williams inspires me...*

d. ..._____ es trabajadora.   *...because she's hardworking.*

e. En el _____ me gustaría ser actor.   *In the future, I would like to be an actor.*

f. Quiero _____ mucho dinero.   *I want to earn a lot of money.*

g. Lo más importante _____ ayudar a la gente.   *The most important thing is to help people.*

h. El año que _____ voy a estudiar derecho.   *Next year, I'm going to study law.*

i. Quiero _____ como fontanera.   *I want to train as a plumber.*

j. Cuando _____ mayor quiero ir a la universidad.   *When I'm older, I want to go to university.*

k. Creo _____ me gustaría vivir en una ciudad grande.   *I believe that I would like to live in a big city.*

porque	formarme	sea	que	viene	tiburón
futuro	es	aprender	estudiar	ganar	inspira

7. Multiple choice: choose the correct translation

		1	2	3
a.	I get dressed	Me lavo	Preparo la mochila	Me visto
b.	I go to bed	Me acuesto	Me levanto	Me lavo
c.	Later on	Más tarde	Luego	Ayer
d.	Later	Mañana	Más tarde	Luego
e.	I want to be	Quiero ser	En el futuro	Me gustaría ser
f.	I would like to be	Creo que	Me gustaría ser	Quiero ser
g.	I work as	Trabajo como	Estudio	Soy
h.	To earn money	Ganar dinero	Ser famoso	Ayudar a la gente
i.	In the afternoon	Por la mañana	El fin de semana	Por la tarde
j.	In the countryside	En la costa	En las afueras	En el campo

8. Spot and correct the spelling & grammar mistakes (in the Spanish)

a. Creo kue   *I believe that*

b. Vas a formarme   *I'm going to train*

c. Ayudar la gentes   *To help people*

d. Porque son talentoso   *Because he's talented*

e. Me gustaría vivo en   *I would like to live in*

f. Voy estudiar   *I'm going to study*

g. Cuando soy mayor   *When I am older*

h. En el universidad   *At university*

i. Ganar muy dinero   *To earn a lot of money*

j. Un ciudad grande   *A big city*

Unit 12. My dreams and aspirations: READING 1

En el futuro, voy a estudiar arquitectura en la universidad. Luego, cuando sea mayor, quiero ser arquitecto, igual que mi padre. Me gustaría ser arquitecto porque quiero diseñar edificios bonitos y aprender muchas cosas. Creo que voy a formarme como arquitecto en una universidad británica.

Más tarde, me gustaría vivir en el campo. Para mí, lo más importante en la vida es ser feliz y ganar mucho dinero. Una persona famosa que me inspira es Taylor Swift porque es talentosa y trabajadora.

Mike, 15 años.
St Andrews, Escocia

En el futuro, voy a estudiar derecho en la universidad. Luego, cuando sea mayor, quiero ser abogada, igual que mi madre. Me gustaría ser abogada porque quiero defender los derechos *(rights)* de las personas y aprender muchas cosas. Me gustaría formarme como abogada en una universidad en los Estados Unidos.

Más tarde, me gustaría vivir en una ciudad grande en el extranjero. Ojalá pueda vivir en Tokio, por ejemplo. Para mí, lo más importante en la vida es ayudar a la gente y ganar suficiente *(enough)* dinero. Ser famoso no es importante para mí. Una persona famosa que me inspira es Malala porque es influyente y carismática y lucha por los derechos de las personas vulnerables.

Daniela, 13 años.
Krefeld, Alemania

En el futuro, voy a estudiar programación en la universidad. Luego, cuando sea mayor, quiero ser informático. Me gustaría ser informático porque quiero crear programas y ganar mucho dinero. Creo que voy a formarme como informático en una universidad en línea. Más tarde, mi ambición es de crear una nueva aplicación para ayudar a personas con discapacidades.

Cuando sea mayor, me gustaría vivir en California o en Nueva York. Para mí, lo más importante en la vida es ser feliz, ayudar a la gente y ganar un montón de dinero. Una persona famosa que me inspira es Elon Musk porque es innovador y muy creativo.

Soo How, 12 años. Taiping, Malasia

1. Find the Spanish equivalent in the texts

a. I want to be an IT technician

b. I want to design beautiful buildings

c. And to earn enough money

d. To be famous is not important to me

e. Just like my mother

f. In a big city abroad

g. My ambition is to create a new application

2. Find someone who...

a. ...wants to be a lawyer.

b. ...wants to be likes their father.

c. ...wants to study online.

d. ...wants to live in the countryside.

e. ...wants to study programming.

f. ...wants to study in UK.

g. ...thinks it is important to help people.

3. Correct the mistakes

a. En el futuro Soo How quiere crear una aplicación para diseñar edificios.

b. Daniela quiere ser abogada, igual que su padre.

c. A Daniela le inspira Malala porque gana mucho dinero.

d. Para Mike lo más importante en la vida es ayudar a otros.

e. Soo How quiere vivir en la montaña.

f. A Daniela le gustaría vivir en Londres cuando sea mayor.

THE LANGUAGE GYM
SPANISH TRILOGY III

Unit 12. My dreams and aspirations: READING 2

Me llamo César y soy de Aguadulce, un pueblo pequeño cerca de Almería, en el sur de España. En el colegio me gusta la historia y el inglés, pero mi asignatura favorita es la música. La música es mi pasión. Desde pequeño, siempre me gustaba tocar la guitarra en mi habitación y luego aprendí a tocar el piano y el violín. Hoy en día suelo pasar dos o tres horas al día tocando la guitarra y componiendo canciones.

El año que viene voy a seguir estudiando música en el colegio. Luego, me gustaría estudiar música en la Universidad Nacional de Colombia. Estudiar música en Colombia es una excelente oportunidad de explorar y aprender sobre diversos géneros musicales. Me encanta la música y la cultura de América Latina.

Cuando sea mayor, quiero tocar en un grupo y viajar por el mundo. También quiero explorar nuevos estilos musicales y colaborar con otros músicos talentosos

Más tarde, me gustaría vivir en una ciudad como Nueva Orleans, famosa por su rica cultura musical. Allí, la música está en cada esquina *(corner)*, desde el jazz en los clubes hasta los sonidos del blues en las calles.

Una persona famosa que me inspira es mi tío Ed. Él es músico y siempre me ha inspirado con sus historias sobre cómo ha viajado por todo el mundo haciendo conciertos y conociendo a mucha gente.

César, 15 años. Aguadulce, España

1. Find the Spanish in César's text
Note: They are not in order

a. In the south of Spain

b. A small town

c Near Almería

d. Nowadays

e. I want to explore

f. When I am older

g. I want to play

h. Is in every corner

i. Has always inspired me

j. In the streets

k. Other talented musicians

l. His stories about

m. In a band

2. Spot and correct the mistakes

a. La música es mi passión

b. Me lamo César

c. Soy en Aguadulce

d. Famosa para su rica cultura

e. En el sud de España

f. Luego aprendo a tocar el piano

g. La música es en cada esquina

h. Quiero explorar nuevos estilos musical

i. Me gustaba toco la guitarra

3. Tick or cross: tick the phrases that appear in the text above and cross the phrases that don't

a. Me gustaría vivir	f. Tocar flamenco con mi tío	k. En cada esquina
b. Casi siempre	g. Cerca de Almería	l. Un pueblo pequeño
c. En mi habitación	h. Vivo muy cerca	m. Sin ir más lejos
d. A menudo	i. Odio la música Latina	n. Desde pequeño
e. Conociendo a mucha gente	j. Me encanta cantar ópera	o. Colaborar con otros

Unit 12. My dreams and aspirations: READING & WRITING

El fin de semana pasado

Santiago: En el futuro voy a estudiar medicina en la universidad porque quiero ser médico. Más tarde me gustaría vivir en Nueva York.

Marta: Creo que voy a formarme como fontanera. Para mí lo más importante en la vida es ser feliz.

Claudia: En el futuro voy a estudiar programación en la universidad. Luego, quiero ser informática.

Javier: Cuando sea mayor quiero ser artista y más tarde me gustaría vivir en Japón.

Julieta: Para mí lo más importante en la vida es ayudar a la gente, por eso quiero ser profesora.

Beatriz: Una persona que me inspira es Taylor Swift porque es trabajadora. Cuando sea mayor quiero ser como ella, pero no me gustaría ser famosa.

Francisco: Creo que voy a formarme como albañil como mi padre. Quiero trabajar con él.

Unai: En el futuro voy a estudiar derecho en la universidad. Luego quiero ser abogado porque quiero ayudar a la gente.

India: Me gustaría ser actriz. Sin embargo, voy a estudiar arquitectura en la universidad.

Raúl: Para mí lo más importante en la vida es aprender muchas cosas así que en el futuro voy a estudiar magisterio en la universidad para ser profesor.

1. Find someone who...

a. ...wants to work with their dad.

b. ...wants to study teaching at university.

c. ...wants to be an artist.

d. ...wants to be a doctor.

e. ...thinks being happy is the most important thing in life.

f. ...thinks helping people is the most important thing in life. (2)

g. ...would not like to be famous.

h. ...wants to study architecture at university.

i. ...wants to be an IT technician.

j. ...wants to train to be a builder.

k. ...wants to study law at university.

l. ...wants to train to be a plumber.

2. Complete with a suitable word

a. En el futuro voy a estudiar _____.

b. Luego quiero ser _____.

c. Cuando sea mayor _____ ser médico.

d. Lo más importante en la vida es ser _____.

e. Una persona que me inspira es _____.

f. Más tarde me gustaría _____ en Nueva York.

g. Creo que voy a _____ para ser albañil.

h. En el futuro voy a _____ magisterio.

i. Más tarde me gustaría vivir en _____.

3. Write an extension of the sentence said by each person on the left

e.g. Santiago: Para mí lo más importante en la vida es ayudar a la gente.

Marta:

Claudia:

Javier:

Julieta:

Beatriz:

Francisco:

Unai:

Raúl:

Unit 12. My dreams and aspirations: WRITING

1. Complete the following sentences creatively

a. En el futuro voy a _____ en _____.

b. Luego, cuando sea mayor quiero _____ o _____.

c. Me gustaría _____ y vivir _____.

d. Para mí, lo más importante es _____ y _____.

e. Creo que _____.

f. Una persona que me inspira es _____ porque es _____.

g. Me gustaría _____ porque quiero ser _____.

h. No quiero _____ ni _____.

i. Mas tarde me gustaría trabajar como _____ en _____.

2. Tangled translation: rewrite in Spanish

a. Luego quiero ser **lawyer** en la **city.**

b. **Later,** creo que **I would like to** formarme como **electrician.**

c. ¿**What** te gustaría **be** cuando seas **older**?

d. **I believe that** voy a estudiar **in la university.**

e. Una persona **famous that** me inspira **is** David Beckham.

f. Él me **inspires** porque lo **most important** en la vida es **to help** a la **people.**

g. Para **me**, lo más importante **in the life** es **to be** feliz.

h. Creo que **I want to be** científica.

i. ¿**What** vas a **study** el **year** que viene?

3. Spot and correct the (many) mistakes

a. Para tu, ¿qué es lo más importante la vida?

b. Cuando sea major quiero artista, no quiero estudyar medicina.

c. El futuro voy a estudiar arqitectura en la universitad.

d. Creo me gustaría ser artesano y vivir en la montana.

e. Para mí lo mas importante en vida es ser famosso.

f. Creo ke Taylor Swift muy trabajadora y talentoso.

g. Messi es un persona que me inspiro.

h. Es importante ayuder a las gente y ser felix.

4. Answer the following questions in Spanish.

a. ¿Qué vas a estudiar el año que viene?

b. ¿Qué te gustaría ser cuando seas mayor?

c. ¿Dónde te gustaría trabajar?

d. Para ti, ¿qué es lo más importante en la vida?

e. ¿Qué persona famosa te inspira? ¿Por qué?

TERM 3 - BRINGING IT ALL TOGETHER – 12

1. Hola, soy Josué y vivo en La Ceiba, una ciudad en el norte de Honduras. Vivo en un piso en un barrio bastante cerca del centro de la ciudad. Mi piso es bastante grande, pero mi familia también es muy grande. Vivo con mi madre, mi padrastro, mi hermanastra mayor, mi hermanastro mayor y mis dos hermanas menores.

2. En La Ceiba todos los sábados por la mañana hacen un mercadillo de ropa y alimentación así que cuando tengo tiempo suelo ir al mercadillo. Sin embargo, el sábado pasado no fui al mercadillo porque tenía que hacer mis deberes de inglés. Este sábado me gustaría ir porque tengo ganas de comprar ropa nueva. Además, siempre venden fruta típica. El mangostino (mangosteen) es mi fruta favorita. ¡Es la más sabrosa del mundo!

3. Mi madre es enfermera y trabaja en un hospital local. Dice que le encanta su trabajo, pero desde mi punto de vista siempre está muy ocupada y me parece muy estresante.

4. Mi padre se llama Diego y es albañil. Mi padre trabaja muy duro y dice que le encanta su trabajo porque es gratificante y activo. Él trabaja en varios lugares, en colegios, en hoteles, en restaurantes, mi padre sabe construir (build) de todo.

5. En el futuro voy a estudiar arquitectura en la universidad porque me encanta el arte y me encanta dibujar. Cuando sea mayor quiero ser arquitecto, pero también me gustaría ser artista. Sin embargo, también creo que me gustaría ser albañil como mi padre. Más tarde me gustaría vivir en Nueva York por el bullicio (hustle and bustle) de la ciudad, pero también me gustaría vivir en el campo por la tranquilidad y la influencia de la naturaleza.

6. Para mí lo más importante en la vida es ayudar a la gente. Sin embargo, también entiendo que ganar mucho dinero es importante. Una persona que me inspira es Lionel Messi porque es talentoso y es muy trabajador. En mi opinión, Lionel Messi es un buen modelo a seguir (role model) porque ha trabajado duro para su éxito (success).

Josué, 16 años. La Ceiba, Honduras

1. Answer the following questions in English

a. Where is Josué's neighbourhood?

b. How many people does Josué live with?

c. What does Josué tend to do when he has time?

d. What stopped him doing this last Saturday?

e. Why are mangosteens Josué's favourite fruit?

f. What does Josué mother do for work?

g. What does Josué father do for work?

h. What is Josué going to study at university?

i. What is the most important thing in life for Josué?

j. Why does Lionel Messi inspire Josué?

2. Find the Spanish equivalent in Josué's text

a. My flat is quite big (1)

b. My older stepsister (1)

c. Every Saturday (2)

d. When I have time (2)

e. I fancy buying new clothes (2)

f. From my point of view (3)

g. It seems very stressful (3)

h. He says he loves his job (4)

i. He works in various places (4)

j. When I am older (5)

k. I also understand that (6)

l. A person that inspires me is (6)

m. He has worked hard (6)

3. Complete the translation of paragraph 5

In the _____. I am _____ to study _____ at university because I love art and I _____ drawing. When I am _____, I _____ to be an architect, but I _____ also like to be an _____. _____, I also believe that I would like to be a _____ like my _____. Later on, I would like to _____ in New York for the hustle and bustle of the _____, but I would _____ like to live in the _____ for the _____ and influence of nature.

THE LANGUAGE GYM
SPANISH TRILOGY III

Ricardo y Lupita son novios. Hablan del futuro ya que están a punto de terminar el bachillerato (*6th Form*).

Ricardo	Mi amor, ¿qué planes tienes para el futuro?
Lupita	Cuando sea mayor quiero ser abogada. El año que viene voy a estudiar derecho en la universidad.
Ricardo	¡Fantástico! Vas a aprender muchas cosas y también ganar mucho dinero.
Lupita	Sí, puede ser. Sin embargo, lo más importante para mí es ayudar a la gente.
Ricardo	Qué buena persona eres. ¿Dónde vas a estudiar?
Lupita	Quiero estudiar en Madrid. Si fuera posible me gustaría estudiar en Nueva York.
Ricardo	Madrid está muy lejos de aquí. Creo que voy a quedarme en el pueblo y formarme como fontanero.
Lupita	¿No quieres vivir en otro lugar? ¿No te gustaría estudiar en Madrid conmigo?
Ricardo	Sí, pero primero tengo que trabajar con mi padre, él me inspira mucho.
Lupita	Entonces… no nos veremos mucho el año que viene.
Ricardo	Tienes razón, pero nadie sabe (*nobody knows*) lo que va a pasar mañana.

4. True (T), False (F) or Not Mentioned (NM)?

a.	Ricardo and Lupita are boyfriend and girlfriend.	
b.	Ricardo doesn't study in his free time.	
c.	Lupita wants to be a lawyer.	
d.	Lupita is currently studying law at university.	
e.	Lupita will study law at university next year.	
f.	Ricardo thinks Lupita won't make much money.	
g.	Ricardo thinks Lupita is a good person.	
h.	Lupita does not want to help people.	
i.	Lupita wants to study in Madrid.	
j.	Lupita doesn't want to study in New York.	
k.	Ricardo is going to train to be a plumber.	
l.	Ricardo is inspired by his father.	
m.	Lupita thinks they will see each other a lot next year.	

5. Complete the statements

a. _____ ask _____ about _____ plans for the future.

b. _____ thinks _____ will learn many things.

c. _____ wants _____ to study in Madrid with _____.

d. Ricardo's _____ inspires him ___ _____.

e. _____ thinks they will not _____ each other very much.

TERM 3 – MIDPOINT – RETRIEVAL PRACTICE

1. Answer the following questions in Spanish

¿Con quién vives?	
¿Qué trabajo hacen?	
¿Le gusta su trabajo?	
¿Dónde trabaja?	
¿Qué vas a estudiar el año que viene?	
¿Qué te gustaría ser cuando seas mayor?	
¿Dónde te gustaría trabajar?	
Para ti, ¿qué es lo más importante en la vida?	
¿Qué persona famosa te inspira?	
¿Por qué?	

2. Write a paragraph in the first person singular (I) providing the following details

a. Your name is Julián. You are 17 years old and you live with your parents and your sisters.

b. Your father is an artist. He likes his job.

c. Your mother is a doctor. She loves her job, but it can be stressful.

d. Your father works at home and your mother works in a hospital in the city centre.

e. Next year, you are going to study law.

f. You would like to be a lawyer, but you would also like to be a plumber.

g. For you, the most important thing in life is to be happy, not to be famous.

h. A famous person who inspires you is Shakira because she speaks many languages.

3. Write a paragraph in the third person singular (he/she) about a friend or a family member.

Say:

a. Their name, their age and where they are from.

b. What their parents do for work.

c. What their parents think of their jobs.

d. What they are going to study next year.

e. What they would like to be when they are older.

f. What is most important to them in life.

UNIT 13
Talking about celebrities and role models: their journey to success

In this unit you will learn how to:

• Say which famous person inspires or interests you

• Describe their journey to success

• Say what personal qualities they needed to succeed

• Talk about what they have been able to achieve in life

• Say if you would like to be like them when you are older

UNIT 13
Talking about celebrities & role models:
their journey to success

¿Qué persona famosa te inspira? ¿Por qué?	Which famous person inspires you? Why?
¿Cómo fue su camino a la fama?	What was his/her journey to fame like?
¿Cuándo comenzó su carrera?	When did he/she start his/her career?
¿Qué ha logrado?	What has he/she achieved?

Una persona famosa *A famous person* Un/una deportista *A sportsperson*	que me inspira que me interesa	*who inspires me* *who interests me*	es	Emma Watson Lionel Messi Mireia Belmonte

Él/Ella	comenzó su carrera *started his/her career*	bastante tarde cuando tenía 15 años muy joven	*quite late* *when they were 15* *very young*

Al principio *At the start* A lo largo *Throughout*	de su carrera *(of) his/her career*	tuvo que *he/she had to*	creer en sí mismo/a ser valiente trabajar duro	*believe in him/herself* *be brave* *work hard*

Recibió apoyo de *He/she received support from*	su familia su mánager sus seguidores	*his/her family* *his/her manager* *his/her followers*	durante los momentos difíciles *during hard moments*

Su éxito se debe a su (perseverancia, etc).	*His/her success is due to his/her (perseverance, etc).*		
Gracias a *Thanks to*	su *his/her*	ética de trabajo perseverancia trabajo duro valentía talento innato	*his/her work ethic* *perseverance* *hard work* *bravery* *his/her innate talent*
ha *logrado *he/she has achieved* ha podido *he/she has been able to*	ayudar a personas vulnerables convertirse en una inspiración ganar múltiples premios llevar a su equipo a la victoria superar desafíos tener mucho éxito	*help vulnerable people* *become an inspiration* *win multiple prizes* *lead their team to victory* *overcome challenges* *have a lot of success*	

Algún día *Someday*	me gustaría ser *I would like to be*	como él/ella *like him/her*
	ojalá pueda ser *I hope I can be*	

*Author's note: you can also say "ha conseguido" as a synonym of he/she has achieved ☺

1. Multiple choice: tick the correct answer

e.g.	Famous person	Ariana Grande ✓	Lionel Messi	Ed Sheeran
a.	Started their career	Very young	Last week	Five years ago
b.	At the start they had to	Work hard	Believe in herself	Be brave
c.	They received support	Her family	His followers	Her manager
d.	Thanks to their	Perseverance	Hard work	Bravery
e.	They have achieved	Multiple prizes	A lot of success	Helping people
f.	They have been able to	Overcome challenges	Become very famous	Lead their team
g.	She has become	Very rich	A nuisance	An inspiration

2. Spot the intruders

a. Una persona famosa que me es inspira es Barack Obama.

b. Él comenzó su carrera bastante muy joven.

c. A lo largo principio de su carrera tuvo que trabajar duro.

d. Recibió apoyo de su la familia y sus seguidores.

e. Gracias a su el trabajo duro ha logrado superar desafíos.

f. Él ha podido llegar llevar a su equipo a la victoria.

g. Su fama éxito se debe en gran parte a su talento innato.

h. Algún día me gustaría ser como él ella.

3. Complete the words

a. M _ i _ _ _ _ _ _   *Inspires me*

b. C _ _ _ _ _ _   *Began*

c. Al p _ _ _ _ _ _ _ _   *At the start*

d. V _ _ _ _ _ _ _   *Brave*

e. R _ _ _ _ _ _   *He/she received*

f. S _ _ _ _ _ _ _ _ _   *Followers*

g. H _ l _ _ _ _ _ _   *Has achieved*

h. S _   _ _ _ _ _   *Their (work) ethic*

i. O _ _ _ _   *I hope*

4. Fill in the blanks

a. Una deportista que ___ _____ es Mireia Belmonte.

b. Ella comenzó su carrera ____ _____.

c. A lo largo de su _____ tuvo que creer _ _ _____.

d. Recibió _____ de ___ mánager y ___ seguidores.

e. Gracias a su _____ ha logrado tener _____ _____.

f. También ha podido _____ _____.

g. Su _____ se debe en gran _____ a su ética de _____.

h. Creo que también __ _____ a su _____ innato.

i. Algún día __ _____ ser como _____.

5. Faulty translation: listen, identify and correct the errors

(a) A famous person that interests me is Shakira. (b) She started her career quite late. (c) Throughout her career, she had to be brave. (d) She received support from her manager during hard moments. (e) Thanks to her bravery, she has achieved a lot of success (f) and has been able to help vulnerable people. (g) Her success is due largely to her luck. (h) I hope I can be like her.

6. Complete the table in English

	Person who inspires them	Early career	Achievements	Determining factors for success
e.g.	*Malala*	*Had to be really brave*	*Overcome challenges, become an inspiration*	*Bravery*
a. Ana	Emma Watson			
b. Raúl	Cristiano Ronaldo			
c. Laura	Her mother			

7. Narrow listening: gapped translation

Part 1. Hello, my _____ is Pablo. A person who _____ me a lot is Lionel Messi. He _____ his career very _____. At the start of his _____, he had to _____ _____ and also had to be _____. He received support from his _____ and his _____ during hard moments. Thanks to his _____, he has achieved a lot of _____ and he has been able to _____ his _____ to _____. His _____ is due largely to his _____ _____. Someday, I _____ like to be like him.

Part 2. _____ _____, I am Elena. A _____ who inspires me a _____ is my _____. She is a _____ and started her career when she was ____ _____ ____. At the _____ of her career, she had to _____ in _____ and _____ _____. She received support from her _____ during hard _____. Thanks to her _____ _____, she has achieved helping _____ _____ and she has been able to have a _____ of _____. Her success is due largely to her _____ _____. I _____ I can be like her.

8. Listen to Joaquín and answer the questions in English

a. Where does Joaquín live?

b. How old is he?

c. What does he do in his free time?

d. What would he like to be when he is older? (2)

e. Which person is he inspired by?

f. When did they start their career?

g. Who supported them?

h. What are their main achievements? (2 details)

i. Where are most of their fans located?

j. What is one reason for their success?

Unit 13. Talking about celebrity and role models: VOCAB BUILDING

1. Match

Este verano	His/her followers
Su carrera	Throughout
Se debe a	Hard work
Sus seguidores	I hope
Desafíos	Become a/an
Éxito	Bravery
Algún día	This summer
Ojalá	It is due to
Convertirse en	Success
Valentía	Challenges
Al principio	His/her career
A lo largo	At the start
Trabajo duro	Someday

2. Complete the chunks

a. A _ _ _ _   d_ v _ _ _ _ _ _   *Before going back*

b. E _ _ _ v _ _ _ _ _   *This summer*

c. D _ s _ c _ _ _ _ _ _   *(Of) his/her career*

d. B _ _ _ _ _ _ _ t _ _ _ _   *Quite late*

e. É _ _ _ _ d _ t _ _ _ _ _ _   *Work ethic*

f. H _   p _ _ _ _ _   *He/she has been able to*

g. S _ d _ _ _ a   *It is due to*

h. S _ _ v _ _ _ _ _ _   *To be brave*

i. H _   l _ _ _ _ _ _   *He/she has achieved*

j. M _ _ j _ _ _ _   *Very young*

k. L _ f _ _ _   *Fame*

3. Break the flow

a. Esteveranovoyairdevacaciones.

b. NormalmentevamosaPortugal.

c. Vamosaquedarnosenunhotel.

d. Comezósucarrerabastantetarde.

e. Alprincipiotuvoquetrabajarduro.

f. Recibióapoyodesufamilia.

g. Graciasasuéticadetrabajo.

h. Halogradotenermuchoéxito.

i. Hapodidosuperardesafíos.

5. Spot and correct the nonsense sentences

a. Me inspira porque es muy perezoso.

b. Ha podido superar desafíos.

c. Su éxito se debe a su poco talento.

d. Recibió apoyo de su mochila.

e. Tuvo que ser vago durante los momentos difíciles.

f. Ha logrado ser pobre.

g. Ella comenzó muy joven.

4. Complete with the missing words in the table below

a. ¿Qué _____ tienes para este verano?

b. Este verano _____ a ir de vacaciones.

c. Su éxito _____ su perseverancia.

d. Gracias a su _____ ha logrado la fama.

e. Ha podido _____ múltiples premios.

f. _____ apoyo de sus seguidores.

g. Tuvo que ser valiente_____ los momentos difíciles.

h. Comenzó su carrera bastante _____.

i. Una persona que me _____ es Malala.

j. Algún día, _____ pueda ser como ella.

k. Ha logrado tener mucho _____ y _____ en una inspiración.

ojalá	planes	recibió	éxito
convertirse	durante	ganar	talento
se debe a	inspira	voy	tarde

THE LANGUAGE GYM
SPANISH TRILOGY III

Unit 13. Talking about celebrities and role models: VOCAB BUILDING

6. Sentence puzzle

a. voy a ir con mi Este verano familia de vacaciones

b. de lujo quedarnos en un Vamos a hotel

c. a Gracias desafíos superar

d. Ha una convertirse podido en inspiración.

e. Su su éxito se a debe trabajo duro

f. Algún gustaría me ser como día ellos

g. de Recibió familia apoyo su

h. principio Al mismo tuvo creer que en sí

i. es que me interesa persona Marcus Rashford Una

8. Translate into English

a. Este año voy a ir de vacaciones con mi familia.

b. Normalmente vamos a España en avión.

c. Vamos a quedarnos en un albergue juvenil.

d. ¿Cómo fue su camino a la fama?

e. Ella comenzó su carrera bastante tarde.

f. A lo largo de su carrera tuvo que trabajar duro.

g. Gracias a su ética de trabajo.

h. Su éxito de debe a su perseverancia.

7. Gapped translation

a. What plans do _____ for this summer?
¿Qué planes tienes para este verano?

b. _____, we go to Spain in July.
Normalmente vamos a España en Julio.

c. Admiro a Greta Thunberg por su _____.
I admire Greta Thunberg because of her bravery.

d. Comenzó su carrera muy _____.
He/she started his/her career very young.

e. _____ día me gustaría ser como él.
Someday, I would like to be like him.

f. Ha _____ tener mucho éxito.
He/she has achieved a lot of success.

g. Ha podido llevar a su _____ a la victoria.
He/she has been able to lead their team to victory.

h. Recibió _____ en los momentos difíciles.
He/she received support during hard moments.

i. _____ a su talento innato.
Thanks to his/her innate talent.

9. Spot and correct the spelling & grammar mistakes (in the Spanish)

a. Me interesa	*Interests me*	g. Ser baliente	*Be brave*
b. Comensó su carrera	*Started his/her career*	h. Mucho éxit	*A lot of success*
c. Mi inspira	*Inspires me*	i. Me gustaría soy	*I would like to be*
d. Gracias para su talento	*Thanks to his/her talento*	j. Su carera	*His/her career*
e. Se deber a	*Is due to*	k. Tenía 15 anos	*He/she was 15 years old*
f. Momentos difícil	*Hard moments*	l. Un persona famosa	*A famous person*

Unit 13. Talking about celebrities and role models: READING 1

Una persona famosa que me inspira y que me interesa es David Attenborough, un reconocido naturalista y documentalista británico. Él comenzó su carrera bastante tarde en comparación con muchos otros en su campo, pero eso no le impidió convertirse en una figura icónica de la investigación científica y naturalista.

Al principio de su carrera, tuvo que creer en sí mismo, ser valiente y trabajar duro para destacar. A lo largo de los años, ha recibido apoyo de su familia y sus seguidores durante los momentos difíciles.

Su éxito se debe a su ética de trabajo, valentía y talento innato. Gracias a estas cualidades, y a su perseverancia ha logrado ayudar a muchos animales vulnerables, como elefantes, gorilas, tigres y tortugas marinas. Ha creado conciencia *(raised awareness)* sobre la importancia de proteger sus hábitats y la biodiversidad.

Ha ganado múltiples premios por su trabajo y ha podido superar desafíos importantes en su carrera, lo que le ha permitido tener mucho éxito. Algún día, me gustaría ser como él, y tener un impacto positivo en el mundo. Ojalá pueda motivar a otros a cuidar del medio ambiente y proteger a los animales.

Martin Ringenaldus, 13 años. Hansweert, Países Bajos

1. Find the Spanish equivalent in the text

a. He started his career quite late

b. Compared to many others

c. He had to believe in himself

d. Thanks to these qualities

e. He has raised awareness

f. The importance of protecting their habitats

g. He has been able to overcome important challenges

h. Someday, I would like to be like him

i. To have a positive impact

j. I hope I can motivate others to care for the environment

2. Gapped sentences

a. A _____ person that inspires and _____ me.

b. He started his _____ quite late in _____ with many others.

c. It didn't stop him from _____ an iconic figure.

d. At the start of his career, he had to _____ in _____.

e. Throughout the _____ he has received support from his _____ and _____.

f. His _____ is due to his work ethic, _____ and innate _____.

g. He has achieved to help many _____ animals.

h. He has won multiple _____ because of his work.

i. He has been able to _____ challenges in his _____.

j. I hope I can _____ others to care for the _____ and protect _____.

3. Answer the questions below in English

a. When did David Attenborough start his career?

b. What is his success due to?

c. What are some of the animals that David Attenborough has helped to protect?

d. What has he raised awareness about?

e. Why would Martin like to be like him?

Unit 13. Talking about celebrities and role models: READING 2

Una persona que me inspira es Lionel Messi, uno de los mejores jugadores de fútbol de la historia. Comenzó su carrera muy joven, cuando tenía solo 6 años. Al principio de su carrera, Messi tuvo que creer en sí mismo y ser valiente. No fue fácil, pero gracias a su perseverancia ha logrado tener mucho éxito y superar desafíos. Durante los momentos difíciles de su carrera recibió el apoyo de sus padres y sus seguidores.

Messi ha logrado convertirse en una inspiración para muchas personas gracias a su ética de trabajo y talento innato. Su éxito se debe a su valentía. Vivió en Barcelona desde que era pequeño y jugó para el Barcelona FC. Aunque al principio de su carrera tuvo problemas de crecimiento *(growth)*, recibió apoyo de su mánager y su familia. Por eso, ha logrado superar desafíos.

A lo largo de su carrera, Messi ha ganado *(he has won)* múltiples premios en el mundo del fútbol, ¡incluyendo ocho Balones de Oro! Además, ha logrado llevar a su equipo a la victoria en muchas ocasiones. Su mayor logro fue ganar la Copa del Mundo con Argentina, su país de origen, en el 2022.

Messi ha podido ayudar a personas vulnerables a través de su organización caritativa *(charity)*, Fundación Leo Messi. Ha financiado *(he has financed)* proyectos de construcción de hospitales y programas educativos.

A mí también me encanta jugar al fútbol, así que algún día me gustaría ser como él. Su historia me inspira y me ayuda a creer en mí mismo, trabajar duro y nunca rendirme *(give up)*, incluso durante los momentos difíciles. Messi es un ejemplo de cómo el trabajo duro puede ayudarnos a tener mucho éxito.

Cristiano, 14. Funchal, Madeira

1. Find the Spanish in Cristiano's text

a. One of the best footballers in history
b. When he was just six years old
c. It wasn't easy
d. Thanks to his perseverance.
e. An inspiration to many people
f. (He) Lived in Barcelona
g. Since he was little
h. He has won multiple prizes
i. Through/Via his charity
j. To work hard and never give up
k. Therefore, someday I would like to be like him
l. How hard work can help us

2. Spot and correct the mistakes

a. Es uno de los mejor jugadores
b. Programmas educativos
c. Su mayor logro fui ganar la copa
d. Cuando era solo 6 años
e. Su storia me inspira
f. Yo también encanta el fútbol
g. Y juego para el Barcelona FC
h. Organización charitativa
i. No fuí fácil
j. Una persona me inspira es Messi
k. Recibió suporte de su mánager

3. Answer the questions below in Spanish

a. ¿A qué edad comenzó Leo Messi su carrera?

b. ¿Qué problemas tuvo al inicio de su carrera?

c. ¿Cuál ha sido su mayor logro?

d. ¿Por qué es Messi una inspiración para muchas personas, según Cristiano?

e. ¿Cómo ayuda Leo a las personas vulnerables?

f. ¿Quién apoyó a Leo en los momentos difíciles?

g. ¿Cuáles son algunos de los premios que ha ganado Messi?

h. ¿Por qué le gustaría a Cristiano ser como Leo algún día?

Unit 13. Talking about celebrities and role models: READING & WRITING

Los modelos a seguir

Isabel: Una persona que me inspira es la cantante colombiana Shakira porque usa su fama para ayudar a personas vulnerables.

Gaspar: Me preocupa el cambio climático, así que la persona famosa que me inspira es Greta Thunberg porque es una activista de la conservación del medio ambiente.

Estrella: Una persona que me inspira es Malala porque al principio de su carrera tuvo que ser muy valiente y es la más joven ganadora del Premio Nobel de la Paz.

José: Jane Goodall es la persona famosa que más me interesa. Ha logrado convertirse en una inspiración para los conservacionistas de los chimpancés.

Noelia: Rigoberta Menchú ha podido ayudar a personas vulnerables y superar desafíos en su trabajo por la justicia social. Algún día me gustaría ser como ella.

Ana: Me encanta el tenis y por eso mi inspiración es Rafael Nadal. A lo largo de su carrera tuvo que trabajar duro y gracias a eso ha podido ganar múltiples premios.

Tomás: Me apasiona el fútbol y un jugador que me inspira es Kaká. Él comenzó su carrera bastante joven y al principio tuvo que trabajar duro. Su éxito se debe a su perseverancia.

1. Answer the questions about the text on the left

a. Why is Gaspar inspired by Greta Thunberg?

b. Who mentions overcoming challenges?

c. Why is Estrella inspired by Malala?

d. What does Noelia say about Rigoberta Menchú?

e. What does Ana love?

f. When did Kaká start his career?

g. What does Shakira use her fame for?

h. Which celebrity has won several prizes?

i. Whose success is due to their perseverance?

j. Who would like to be like a famous social activist?

2. Find someone who...

a. ...is worried about climate change.

b. ...loves football.

c. ...mentions hard work.

d. ...feels inspired by a singer.

e. ...mentions someone who had to be very brave.

f. ...mentions someone who started their career quite young.

g. ...mentions someone who helps vulnerable people.

h. ...admires someone who helps protect the environment.

3. Complete the following sentences creatively

a. El comenzó su carrera _____ y al principio

_____.

b. Gracias a eso _____.

c. Me encanta _____ y mi inspiración es

_____.

d. Me gustaría ser como _____ porque

_____.

e. Una persona que me interesa _____.

Unit 13. Talking about celebrities and role models: WRITING

---

1. Complete the following sentences creatively

a. Al principio de su carrera _____ .

b. A lo largo de su carrera _____ .

c. Su camino a la fama _____ .

d. Una persona que me inspira es _____ porque _____ .

e. Gracias a _____ ha logrado _____ .

f. Algún día me gustaría ser como _____ ya que es_____ .

g. _____ comenzó su carrera _____ .

h. Tuvo que _____ pero recibió apoyo de _____ .

i. Un famoso que me interesa es _____ puesto que _____ .

---

2. Tangled translation: rewrite in Spanish

a. **He** comenzó **his career** cuando tenía **13 years old.**

b. Me **inspires** mucho mi **mother** porque tuvo que ser **brave** toda su **life.**

c. Beyoncé **didn't receive support** de su padre.

d. **His/her success** se debe a su **work ethic.**

e. **Thanks to** su éxito **he/she has been able to** ayudar a personas vulnerables.

f. Ha podido **become** una **inpiration.**

g. Algún **day** me gustaría **help** a **people** vulnerables.

---

3. Translate into Spanish

a. I hope I can be like him.

b. Someday, I would like to win multiple prizes.

c. I hope someday I can be famous.

d. Which famous person inspires you?

e. When did she start her career?

f. He started his career quite late, but he has been able to have a lot of success.

g. At the beginning of her career she had to believe in herself and be brave.

h. She received support from her followers throughout her career.

4. Choose someone inspiring and write a paragraph in Spanish. Mention the following details:

- When they started their career

- What they needed to be like

- What they have achieved

- Why they are inspiring to you

- Would you like to be like them? Why/why not?

THE LANGUAGE GYM
SPANISH TRILOGY III

TERM 3 - BRINGING IT ALL TOGETHER – 13

1. Buenos días, me llamo Jorge y tengo trece años. Vivo en Fuenlabrada, una ciudad española en la Comunidad de Madrid. Vivo con mis padres y mi hermano menor en un piso en el centro de la ciudad. Me llevo muy bien con mi hermano porque nos encanta el fútbol y jugamos en el mismo equipo. También vamos al polideportivo todos los días a hacer deporte. Hacemos natación, footing y jugamos al baloncesto, al ping-pong y al fútbol.

2. Todos los días me levanto a las seis y me pongo a hacer flexiones (*pushups*). Después voy al comedor a desayunar con mi familia. Antes de ir al colegio tengo que sacar al perro. Voy al colegio a pie para hacer ejercicio y ser saludable. Después del colegio tomo la merienda (*snack*) y voy al polideportivo. Suelo comer un pan de leche (*soft baguette*) con jamón York (*thinly sliced* ham) y queso.

3. Mi madre es escritora y ella trabaja muy duro. Dice que le encanta su trabajo porque es muy divertido y estimulante. Sin embargo, me parece difícil porque hay que ser creativo y eso no se me da bien (*I'm not good at that*). Es escritora de novelas de ciencia ficción, pero nunca he leído una de sus novelas.

4. Mi padre es mecánico y trabaja en un taller antiguo en las afueras de la ciudad. Dice que le gusta su trabajo porque es gratificante y le gusta ayudar a la gente. Sin embargo, a mí me parece muy aburrido mantener coches.

5. En el futuro quiero ser futbolista, pero también me gustaría ser albañil. Creo que voy a formarme para ser albañil por si acaso (*just in case*) no llego a ser futbolista profesional.

6. Una persona famosa que me inspira es Fernando Torres, exfutbolista de la selección española. Él comenzó su carrera muy joven. Al principio de su carrera tuvo que trabajar duro y creer en sí mismo. Recibió apoyo de su mister (*football manager*) y de su familia durante los momentos difíciles. Gracias a su perseverancia ha logrado tener mucho éxito y se debe en gran parte a su ética de trabajo. Algún día me gustaría ser como él.

Jorge, 13 años. Fuenlabrada, España

1. Answer the following questions in English

a. Who does Jorge live with?

b. Why does he get along with his brother?

c. How often does he go to the sports centre?

d. What does Jorge have to do before school?

e. How does Jorge get to school?

f. What does Jorge's mother do?

g. Why does Jorge's father like his job?

h. What does Jorge think of his father's job?

i. What does Jorge want to be in the future?

j. Why will he train to be a builder?

k. Who did Fernando Torres receive support from?

2. Find the Spanish equivalent in Ana's text

a. We play on the same team (1)

b. We do swimming (1)

c. Every day I get up (2)

d. (In order) to do exercise and be healthy (2)

e. I tend to eat (2)

f. She works very hard (3)

g. One has to be creative (3)

h. I have never read on of her novels (3)

i. On the outskirts of the city (4)

j. He likes to help people (4)

k. I would like to be a builder (5)

l. Just in case (5)

m. He started his career (6)

3. Complete the translation of paragraph 6

A famous person who _____ me is Fernando Torres, an ex-footballer from the _____ international team. He _____ his career very _____. At the _____ of his _____, he had to work _____ and _____ in himself. He received _____ from his football manager and his _____ during _____ moments. Thanks to his _____ he has _____ a lot of _____ and it is due largely to his work _____. Someday I _____ like to be like him.

THE LANGUAGE GYM
SPANISH TRILOGY III

Llúcia y Ferran son hermanos. Están hablando de la gente que les inspira.

Llúcia	¿A qué persona famosa admiras, Ferran?
Ferran	Pues una persona famosa que me inspira a mí es Fernando Alonso.
Llúcia	No sé mucho de Fernando Alonso. Es piloto de automovilismo (*motor racing*), ¿verdad?
Ferran	Sí, y ha ganado dos veces el Campeonato Mundial de Fórmula 1.
Llúcia	¿Cómo fue su camino a la fama?
Ferran	Él comenzó su carrera muy joven cuando su padre le regaló un kart. Solo tenía tres años y ese año ganó su primera carrera (*race*).
Llúcia	Así que recibió apoyo de su padre. ¿Qué ha logrado en su carrera?
Ferran	Gracias a su ética de trabajo ha podido tener una carrera muy larga. Él es el piloto con más carreras comenzadas en la historia de la Fórmula 1.
Llúcia	¡Qué guay! Y encima (*on top*) es español. A mí me inspira Rosalía y también es española.
Ferran	¿Por qué te inspira Rosalía?
Llúcia	En mi opinión tiene un talento innato y ojalá pueda ser como ella. Me encanta cantar y me encanta más su música.

4. True (T), False (F) or Not Mentioned (NM)?

a.	Llúcia and Ferran are best friends.	
b.	Llúcia asks Ferran who inspires him.	
c.	Llúcia doesn't know much about Fernando Alonso.	
d.	Fernando Alonso has won the F1 Championship twice.	
e.	Fernando Alonso started his career quite late.	
f.	Fernando Alonso built his first go-kart at 3 years old.	
g.	Fernando Alonso won his first race aged 3.	
h.	Fernando Alonso received support from his father.	
i.	Ferran thinks that Fernando Alonso has a poor work ethic.	
j.	Fernando Alonso has started the most races in F1 history.	
k.	Both famous people mentioned are Spanish.	
l.	Ferran thinks that Rosalía has an innate talent.	
m.	Llúcia loves to sing.	

5. Complete the statements

a. _____ is inspired by Fernando Alonso.

b. Fernando Alonso has _____ two F1 _____.

c. Fernando Alonso _____ a go-kart from his _____.

d. Fernando Alonso has had a _____ career thanks to his _____ _____.

e. _____ loves Rosalía's _____.

UNIT 14
My summer holiday and back-to-school plans

In this unit you will learn how to:

• Talk about your summer plans

• Say where you are planning to travel to

• Talk about what accommodation you will stay in

• Describe how you will spend your time

• Talk about what you need to do to get ready to go back to school

• Say whether or not you are looking forward to going back to school after summer, and why

UNIT 14
My summer holiday and back-to-school plans

¿Qué planes tienes para este verano?	*What plans do you have for this summer?*
¿Cómo vas a pasar el tiempo?	*How are you going to spend your time?*
¿Tienes ganas de volver al colegio? ¿Por qué?	*Are you looking forward to going back to school? Why?*
¿Cómo vas a prepararte para volver al colegio?	*How are you going to prepare to go back to school?*

Este verano *This summer*	voy a ir de vacaciones *I am going to go on holiday*	con *with*	mi familia *my family* mis amigos *my friends*

Normalmente vamos a *Normally we go to*	España Portugal	pero este año vamos a ir a *but this year we are going to go to*	Alemania Francia

Vamos a quedarnos en *We are going to stay in*	un hotel barato *a cheap hotel* un hotel de lujo *a luxury hotel* un albergue juvenil *a youth hostel*

Voy/vamos a pasar tiempo *I/We are going to spend time*	descansando *resting* haciendo senderismo *hiking* haciendo turismo *sightseeing* nadando *swimming* sacando fotos *taking photos*	en la ciudad *in the city* en el mar *in the sea* en la montaña *in the mountains* en la piscina *in the pool*

Durante las vacaciones *During the holidays*	voy a *I am going* vamos a *we are going*	hacer muchas cosas *to do many things*

Por la mañana *In the morning*	me gustaría *I would like*	dar un paseo *to go for a walk* dormir hasta tarde *to sleep until late* ir a la playa *to go to the beach* salir con mis amigos *to go out with my friends*

Luego, por la tarde *Later, in the afternooon*	voy a vamos a	pasar tiempo *spend time*	charlando con los amigos *chatting to friends* jugando a videojuegos *playing video games* *sacando fotos *taking photos* viendo una serie en Netflix *watching a series on Netflix*

Después de las vacaciones *After the holidays*		Antes de volver al colegio *Before going back to school*
Tengo que *I have to*	actualizar mi calendario comprar material escolar establecer una rutina prepararme para mis clases	*update my calendar* *buy school equipment* *establish a routine* *prepare for my classes*

Tengo ganas de volver al colegio *I am looking forward to going back to school*	para *(in order) to*	seguir estudiando *carry on studying* ver a mis amigos *see my friends* volver a la rutina *return to the routine*

*Author's note: You can use a few different verbs to talk about 'taking' photos, such as 'sacar', 'tomar' or 'hacer'. You can use, "tomando/sacando/haciendo" fotos to say "taking" photos.

1. Multiple choice: tick the correct answer

e.g.	Prefers to travel by	Plane ✓	Train	Automobile
a.	Is going to travel with	Family	Best friend	Pet
b.	Normally travels to	Spain	France	Portugal
c.	Is going to stay in	A cheap hotel	A luxury hotel	A youth hostel
d.	Is going to spend time	Resting	Swimming	Taking photos
e.	In the morning	Go for a walk	Go to the beach	Go out with friends
f.	In the afternoon	Playing video games	Watching series	Chatting to friends
g.	Has to	Update calendar	Look after health	Establish a routine

2. Spot the differences

Este verano voy a ir de vacaciones con mi familia. Normalmente vamos a Italia pero este año será diferente. Vamos a ir a España para pasar una semana en Cádiz. Vamos a quedarnos en un hotel barato cerca de la playa de la Caleta. Vamos a pasar tiempo nadando en el mar y haciendo turismo en la ciudad. Por la mañana me gustaría ir de pesca por la Plaza de las Flores. Después de las vacaciones tengo que comprar ropa y prepararme para mis clases. Tengo ganas de volver al colegio para volver a la rutina.

3. Complete the words: missing letters

a. I _ de v _ _ _ _ _ _ _ _ _   *To go on holiday*

b. V _ _ _ _ a q _ _ darnos   *We're going to stay*

c. A _ _ _ _ _ _ _ juvenil   *Youth hostel*

d. P _ _ _ _ t _ _ _ _ _   *To spend time*

e. D _ _ _ _ _ _ _ _ _   *Resting*

f. N _ _ _ _ _   *Swimming*

g. J _ _ _ _ _   *Playing*

h. V _ _ _ _ _ s _ _ _ _ _   *Watching series*

4. Fill in the blanks

a. Voy a pasar tiempo _____.

b. Tengo que _____.

c. Me gustaría _____.

d. Vamos a quedarnos en _____.

e. Vamos a pasar tiempo _____.

f. _____ jugando a videojuegos.

g. Tengo que _____.

h. Tengo ganas de _____.

5. Tangled translation: rewrite in Spanish

Normalmente **I go** de **holidays** con mi **family,** pero este año voy a ir **with** mi mejor **friend** Carlos. Vamos a ir a Portugal y vamos a **stay** en un hotel de **luxury.** Vamos a **spend** tiempo **taking photos** en la playa. Por la **morning** nos gustaría dar un **walk** y luego, por la **afternoon** vamos a pasar **time** viendo series **on** Netflix. Antes de volver al **school** tengo que **establish** una **routine.** Tengo ganas de **going back** al colegio.

6. Complete the table in English

	Destination	Accomodation	Activities (two details)	Back to school preparation
e.g.	*Spain, Barcelona*	*Cheap hotel near the beach*	*Would like to go to the beach, go out with friends*	*Prepare for my classes*
a. Estela				
b. Martina				
c. Héctor				

7. Narrow listening: gapped translation

Part 1. Hello, I'm _____ and I am ___ years old. This summer, I am going to go on holiday with my _____. Normally, we go to _____ but this year ___ are going to go to _____ _____. We are going to stay in a _____ _____. We are going to spend time _____ _____ in the _____ and in the _____. During the holidays, I would like to _____ typical _____. _____ the holidays, I have to _____ to go _____ ___ _____.

Part 2. Good morning, my _____ is _____ and I am ___ years old. This _____, I am going to go on holiday with ___ _____ and his _____. Normally, ___ go to _____ but this year I am going to go to _____. ____ are going to stay in a _____ hotel. We are going to spend time _____ and _____. During the holidays, I _____ _____ to go to the _____. After the _____, I have to _____ a _____.

8. Listen to Alicia and answer the questions in English

a. How old is Alicia?

b. Where is Alicia from?

c. Where does Alicia normally go on holiday?

d. Where is she going this year?

e. Where is she going to stay?

f. What activities is she going to do? (2 details)

g. What would she like to do in the morning?

h. What is she going to do in the afternoon?

i. What must she do before going back to school?

j. Why does she want to go back to school?

Unit 14. My summer holiday & back-to-school plans: VOCAB BUILDING

1. Match

Este verano	In the mountains
Un hotel de lujo	In the sea
En la montaña	A luxury hotel
Nadando	A youth hostel
Pasar tiempo	I have to
Este año	Hiking
Tengo ganas de	This summer
Senderismo	Swimming
Salir	I'm looking forward to
Un albergue juvenil	This year
Tengo que	After
En el mar	To go out
Después	To spend time

2. Complete the chunks

a. V _ y _ i_	*I am going to go*
b. U _ ho _ e _ de _ u _ o	*A luxury hotel*
c. T _ n _ o g _ n _ s	*I'm looking forward*
d. I_ a la p _ a _ a	*To go to the beach*
e. E _ l _ c _ u _ a _	*In the city*
f. P _ r la t _ r _ e	*In the afternoon*
g. U _ ho _ e _ b _ r _ t _	*A cheap hotel*
h. E _ la m _ n _ a _ a	*In the mountains*
i. S _ c _ n _ o f _ t _ s	*Taking pictures*
j. D _ r u _ p _ s _ o	*To go for a walk*
k. T _ n _ o q _ _	*I have to*

3. Break the flow

a. Esteveranovoyairdevacacionesconmifamilia

b. NormalmentevamosaEspañaperoesteañovamosairaAlemania

c. Vamosaquedarnosenunhoteldelujoenelcascoantiguo

d. Antesdevolveralcolegiotengoqueestablecerunarutina

e. Despuésdelasvacacionestengoqueactualizarmicalendario

f. Megustaríairdevacacionesconmisamigos

g. Esteañovoyairalaplayaenportugal

h. Porlamañanamegustaríadormirhastatarde

Oye, ¿cómo se escribe nariz en inglés?

No sé...

¡Correcto!

4. Multiple choice

A cheap hotel	Un hotel de lujo	Un lujo hotel	Un hotel barato
This summer	El verano	La verano	Este verano
Carry on studying	Volver al colegio	Seguir estudiando	Volver a la rutina
Sightseeing	Haciendo turismo	Haciendo senderismo	Vamos a quedarnos
I am looking forward to	Tengo ganas de	Me gustaría	Tengo que
This year	El año pasado	El año	Este año
After	Después (de)	Más tarde	Luego
We are going to	Voy a	Vamos a	Ir a

Unit 14. My summer holiday & back-to-school plans: VOCAB BUILDING

5. Sentence puzzle

a. cerca de la en un quedarnos juvenil albergue Vamos playa a

b. tarde Por la gustaría dormir hotel hasta mañana en el me

c. pasar sacando tiempo montaña fotos en la Voy a

d. gustaría Me a la playa amigos y con ir salir mis

e. Durante las muchas cosas vamos a hacer vacaciones

f. la nadando mañana voy Por a pasar tiempo en mar el

g. Antes de colegio volver volver al tengo que a la rutina

6. Anagrams

a. novaer	*summer*
b. raabto	*cheap*
c. esdenrimos	*hiking*
d. aeops	*(a) walk*
e. iorrdm	*to sleep*
f. andjugo	*playing*
g. dosancandes	*resting*

7. Faulty translation (correct the English)

a. Por la mañana me gustaría dormir hasta tarde.
In the morning I would like to read until late.

b. Luego vamos a pasar tiempo viendo una serie.
Later we are going to spend time watching a film.

c. Vamos a quedarnos en un albergue juvenil.
We are going to live in a youth hostel.

d. Este verano voy a ir de vacaciones.
This year I'm going to go on holidays.

e. Voy a ir con mis amigos.
I'm going to go with my cousins.

9. Translate into English

a. Después de las vacaciones tengo que comprar material escolar.

b. Luego, por la tarde voy a pasar tiempo jugando a videojuegos.

c. Durante las vacaciones voy a ir a la montaña y voy a hacer muchas cosas.

d. Normalmente vamos a un hotel barato pero este año vamos a un hotel de lujo.

e. Tengo ganas de volver al colegio para volver a la rutina y ver a mis amigos.

8. Gapped translation

a. What plans do _____ _____ for _____ summer?
¿Qué planes tienes para este verano?

b. _____ the holidays, I am _____ to do _____ things.
Durante las vacaciones voy a hacer muchas cosas.

c. Are you looking forward to _____ _____ to _____?
¿Tienes ganas de volver al colegio?

d. How are you going to _____ your time?
¿Como vas a pasar el tiempo?

e. We are going to _____ in a youth _____.
Vamos a quedarnos en un albergue juvenil.

f. I need to _____ my calendar.
Tengo que actualizar mi calendario.

g. I would like to _____ _____ late.
Me gustaría dormir hasta tarde.

h. I have to _____ ____ studying
Tengo que seguir estudiando.

i. In the _____, I am going to spend time _____ a series.
Por la tarde voy a pasar tiempo viendo series.

Me llamo Valentina y soy de Suecia. En mi familia somos cuatro personas: mi padre, mi madre, mi hermano menor y yo. También tenemos una mascota. Se llama Katt, pero es un perro, ¡ja, ja, ja!

Normalmente mi familia y yo vamos de vacaciones a Inglaterra y pasamos dos o tres semanas allí en un hotel de lujo. Sin embargo, este verano vamos a hacer algo diferente. Vamos a ir de vacaciones a Alemania y vamos a quedarnos en un camping en el norte de Alemania. El camping se llama Camping Klausdorfer Strand y está en Fehmarn, una pequeña isla en el norte de Alemania. Lo bueno de este camping es que se permiten los perros, así que vamos a llevarnos nuestra mascota Katt con nosotros. Tengo muchas ganas, creo que será muy divertido.

Vamos a viajar a Alemania en coche y el viaje dura cuatro horas. Durante el viaje voy a escuchar música y comer caramelos. Katt va a dormir en el coche. Le encanta descansar. Es más perezoso que un perezoso.

Durante las vacaciones voy a hacer muchas cosas. Por ejemplo, voy a pasar tiempo descansando, haciendo turismo y sacando fotos en la ciudad. Por la mañana, me gustaría dormir hasta tarde y luego dar un paseo con Katt. Luego, por la tarde, voy a nadar en el mar o ir de pesca. Mis padres van a ir probablemente a la zona de spa.

Después de las vacaciones, tengo que actualizar mi calendario, comprar material escolar y prepararme para mis clases. Tengo ganas de volver al colegio para ver a mis amigos y volver a la rutina, pero no me gusta nada la idea de seguir estudiando. ¡Prefiero estar de vacaciones!

Valentina, 18 años. Helsingborg, Suecia

1. Find the Spanish equivalent in the text

a. We also have a pet

b. We spend 2 or 3 weeks there

c. A luxury hotel

d. This summer we are going to do

e. The good thing about this campsite

f. We are going to travel

g. I am going to eat sweets

h. (He/she/it) loves resting

3. Answer the questions below in Spanish

a. ¿Dónde va Valentina de vacaciones normalmente?

b. ¿Qué tipo de animal es la mascota de Valentina?

c. ¿Dónde va a quedarse Valentina durante las vacaciones?

d. ¿Cuánto dura el viaje en coche?

e. ¿Qué es para Valentina lo bueno del camping?

2. Gapped sentences

a. This _____, Valentina is going to go on holiday to _____.

b. She is going to stay in a _____ with her _____.

c. She is going to _____ to Germany by _____ .

d. She has a _____ which is called _____.

e. It is _____ than a sloth.

f. The trip _____ four _____.

g. During the trip she is going to listen to _____ and eat _____.

h. During the holidays she will spend time _____ doing _____ and taking _____ in the city.

i. She is looking forward to it, she _____ it will be _____.

Unit 14. My summer holiday & back-to-school plans: READING 2

Este verano, voy a ir de vacaciones con mis amigos a Tavira, en el sur de Portugal. Normalmente vamos a España o Francia, pero este año nos gustaría hacer algo diferente, así que vamos a ir a Portugal. Vamos a quedarnos en un albergue juvenil cerca de la playa. No es muy caro, pero siempre hay buen ambiente, según las reseñas *(reviews)* en TripAdvisor.

Durante nuestra estancia *(our stay)*, vamos a pasar mucho tiempo haciendo senderismo, nadando en ríos y lagos, y sacando fotos de los bonitos paisajes de la montaña. Hay tantas cosas que quiero hacer durante las vacaciones. Por la mañana, me gustaría ir a la playa para relajarme y disfrutar del sol, y también salir con mis amigos a explorar otros pueblos pequeños cerca de Tavira, como Cacela Velha. Luego, por la tarde, vamos a pasar un rato jugando a videojuegos, hablando de nuestras aventuras y charlando hasta tarde.

Después de las vacaciones, tendré que ponerme al día *(get up to date)* y organizarme para el regreso *(the return)* al colegio. Tengo que comprar material escolar, establecer una nueva rutina y prepararme bien para mis clases. Las vacaciones son geniales, pero tengo muchas ganas de volver al colegio para seguir estudiando y ver a mis amigos. Siempre me gusta volver a la rutina diaria.

Janina, 15, Dresde, Alemania

1. Find the Spanish in Vega's text

a. In the south of Portugal

b. A youth hostel

c. Near the beach

d. According to the reviews

e. Swimming in rivers and lakes

f. Talking about our adventures

g. To relax myself and enjoy the sun

h. Other towns

i. Also to go out with my friends

j. Holidays are great

2. Spot and correct the mistakes

a. Las vacaciones son genial

b. Vamos a paso un rato jugando videojuegos

c. Vamos a quedar en un albergue juvenile

d. Normalmente fuimos a España o Francia

e. Me gustaría ir a la playa para relajarmi

f. Tengo mucha ganas de volver al colegio

g. Cerca del playa

h. Explorar otros pueblos pequeño

i. Tengo que compro material escolar

3. True, false, or not mentioned

a. This year Janina is going on holiday to Spain.

b. Janina hates going on holiday.

c. She is going to stay in a Youth Hostel.

d. Accommodation is very expensive.

e. Janina prefers Spain to France.

f. During her stay she is going to go hiking.

g. Janina doesn't like to have a routine.

h. Janina is looking forward to going back to school.

4. Answer in Spanish as if you were Janina

a. ¿Adónde vais de vacaciones normalmente?

b. ¿Por qué vais a ir a Portugal este año?

c. ¿Dónde está situado el albergue?

d. ¿Qué vais a hacer durante vuestra estancia? (menciona 3 detalles)

e. ¿Qué vais a hacer por la tarde?

f. ¿Dónde vais a nadar?

g. ¿Qué tienes que hacer antes de regresar al colegio? (menciona 2 detalles)

h. ¿Tienes ganas de volver al colegio? ¿Por qué?

Los planes para el año que viene

José: Normalmente voy de vacaciones a Francia con mi familia, pero este verano voy a ir a Egipto con mi novia y su familia.

Rocío: Vamos a pasar tiempo descansando en la playa porque me encanta el sol.

Manolo: Este año vamos a ir a Japón para hacer esquí. Me encantan las vacaciones de nieve *(snow)*. No me gusta ni el sol, ni el mar, ni la arena *(sand)*.

Laura: Vamos a ir de vacaciones a los Estados Unidos y vamos a hacer un viaje largo en coche. Será muy divertido.

Felipe: No voy a ir a ningún lado. Voy a quedarme en casa porque este año no tengo bastante dinero para viajar.

Raúl: Voy a ir a Ibiza con mis amigos. Vamos a pasar mucho tiempo bailando en la discoteca por la noche y luego haciendo turismo durante el día.

Paloma: Normalmente no hago nada durante las vacaciones, pero este año tengo una cámara nueva así que quiero pasar el verano sacando fotos.

Ana: Voy a pasar las vacaciones en la granja de mi tío. Voy a ayudarle a cuidar de los animales y voy a pasar tiempo relajándome en la naturaleza.

2. Complete with a suitable word

a. Este _____ voy a ir a _____ con mi _____ y su _____.

b. Vamos a pasar tiempo _____ en la _____.

c. Normalmente no hago _____ durante las vacaciones, pero este año tengo una _____ nueva.

d. Voy a _____ las vacaciones en _____.

e. Me encantan las vacaciones de _____.

f. Prefiero cuando hace _____ tiempo. No me gusta el _____.

1. Find someone who...

a. ...loves the sun

b. ...is going to go dancing during the holidays.

c. ...doesn't like the sea.

d. ...is going to travel with their girlfriend.

e. ...is going to travel by car.

f. ...is going to stay at home.

g. ...is going to go skiing.

h. ...is going to spend the holiday in a farm.

i. ...is going to spend some time resting at the beach.

j. ...has no money to go on holiday.

k. ...is going to spend the holidays with their uncle.

3. Write an extension of the sentence said by each person on the left

e.g. José: Vamos a quedarnos en un albergue juvenil.

Rocio:

Manolo:

Laura:

Felipe:

Raúl:

Paloma:

Ana:

Unit 14. My summer holiday & back-to-school plans: WRITING

1. Complete the following sentences creatively

a. Este verano voy a ir de vacaciones a _____ con _____.

b. Normalmente _____ a Francia, pero _____ vamos a _____.

c. Vamos a quedarnos en _____.

d. Voy a pasar tiempo _____ y _____.

e. Si tengo tiempo, también me gustaría _____ con mis amigos.

f. Durante las vacaciones _____ y _____.

g. Antes de volver al colegio _____.

h. Tengo ganas de _____.

2. Translate into Spanish

a. E _ _ _ v _ _ _ _ _ v _ _ a i _ d _ v _ _ _ _ _ _ _ _ _ c _ _ m _ m _ _ _ _ a _ _ _ _.

This summer, I am going to go on holiday with my best friend.

b. D _ _ _ _ _ _ las v _ _ _ _ _ _ _ _ v _ _ _ _ a h _ _ _ _ m _ _ _ _ _ c _ _ _ _.

During the holidays, we are going to do many things.

c. P _ _ l _ m _ _ _ _ _ v _ _ a p _ _ _ _ t _ _ _ _ _ s _ _ _ _ _ _ f _ _ _ _.

In the morning, I am going to spend time taking pictures.

d. V _ _ _ _ a h _ _ _ _ s _ _ _ _ _ _ _ _ _ e _ l _ m _ _ _ _ _ _.

We are going to do hiking in the mountain.

3. Answer the following questions creatively

a. Where do you usually go on holiday?

b. Who do you usually go on holiday with?

c. What do you usually do?

d. What plans do you have for this summer?

e. Where are you going to stay?

f. What are you going to do?

g. Are you looking forward to going back to school? Why?

1. Hola, me llamo José María y soy de Palencia. Vivo solo con mis padres, ya que soy hijo único. No tengo mascota, pero me encantan los gatos. Vivimos en un piso en el centro de la ciudad y voy al instituto cerca de casa. No me gusta mi instituto porque hay muchas reglas y las clases son aburridas. Tengo muchísimas ganas de irme de vacaciones.

2. El año pasado fui de vacaciones con mis padres a Benalmádena, un lugar muy turístico en el sur de España. ¡Lo pasé bomba! Nos alojamos en un hotel cerca de la playa y había muchas cosas que hacer. Había un gimnasio, una zona de spa e, incluso, ¡una cancha de tenis!

3. Mis padres son muy divertidos, por eso me encanta ir de vacaciones con ellos. Siempre hacemos muchas cosas juntos, como ir de compras y comer en restaurantes. Me gustaría volver este verano a Benalmádena. Sin embargo, este año mis padres tienen que trabajar así que tengo planes de ir a Francia para visitar a mis tíos y mis primos que viven allí.

4. Voy a viajar solo en tren por primera vez. Luego, una vez allí, vamos a ir a los Pirineos y nos vamos a quedar en un camping, ya que es barato y somos muchas personas: mi tío, mi tía, mis primas las gemelas Cecilia y Sandrine, mi primo pequeño Fabián, y yo. Ah, ¡también viene su perro Fifi con nosotros!

5. En los Pirineos hay muchas cosas para hacer y es un destino estupendo para viajar con mascotas. Por las mañanas nos gustaría dar un paseo con Fifi y hacer senderismo. También se puede hacer todo tipo de deportes de riesgo, por ejemplo, hacer rafting en los rápidos. ¡Qué emocionante!

6. Lo que no me gusta nada es la rutina diaria, así que no tengo ganas de volver al colegio. Sin embargo, después de las vacaciones voy a actualizar mi calendario y prepararme para las clases. ¡Y lo bueno es que voy a ver a mis amigos!

José María, 17 años. Palencia, España

1. Answer the following questions in English

a. How many siblings does José María have?

b. What does he think about school?

c. Why is José María not going on holidays with his parents this year?

d. How is José María travelling to France?

e. Where is he going to go with his uncle, aunt and cousins?

f. How may cousins does Jose Maria have?

g. What does he like the most about the Pyrenees?

h. Where did Jose María go last summer? (give 2 details)

2. Find the Spanish equivalent in José Maria's text

a. I don't have a pet

b. I go to school near my house

c. A very touristy place

d. I had a great time

e. There were many things to do

f. I have plans to go to France

g. For the first time

h. Risky/extreme sports

i. How exciting!

j. What I don't like at all is daily routine

k. I am not looking forward

l. The good thing is

3. Complete the translation of paragraphs 5 & 6

5. In the Pyrenees, there are _____ _____ to do and it is a great _____ for travelling with _____. In the mornings, we would like to go for a _____ with Fifi and go _____. You can also do all kinds of risky _____, for example rafting in _____. How exciting!

6. What I don't like at all is the _____ routine, so I don't feel like going back to _____. However, after the _____, I'm going to _____ my calendar and _____for classes. And the _____ thing is that I'm going to see my _____!

THE LANGUAGE GYM
SPANISH TRILOGY III

Valeria y Lucas son hermanos. Están hablando de los planes que tienen para este verano.	
Valeria	Estoy muy emocionada de ir a pasar las vacaciones al pueblo de mis abuelos este verano.
Lucas	¡Vaya rollo! Yo preferiría ir a la playa.
Valeria	Claro, pero eso es porque tú has *suspendido *(failed)* matemáticas y vas a tener que estudiar por las mañanas y no vas a poder salir.
Lucas	En mi opinión las mejores vacaciones fueron el año pasado cuando fuimos a Marruecos, ¡menuda aventura! ¡Fue inolvidable!
Valeria	En el pueblo van a estar todos nuestros amigos. Vamos a ir a la piscina, a montar en bici y hacer escalada, me han dicho *(I have been told)* que hay una ruta nueva. Este año también vamos a ir a la Tomatina. ¡Será genial!
Lucas	¡Es tan aburrido! No hay tiendas ni wifi. Además, Adrián y Jorge no llegan hasta finales de julio.
Valeria	Mamá ha dicho que si terminas tus deberes de matemáticas podemos ir a pasar unos días a la costa Brava en el noreste de España.
Lucas	Ojalá pueda ir. Me gustaría disfrutar del sol por las mañanas y relajarme en el mar. ¡Y podríamos ir algún día al parque acuático, me encantaría!
Valeria	Sí, ¡sería fantástico! Después de las vacaciones puedo ayudarte a organizar tu calendario y organizarte para las clases.
Lucas	¡Gracias Valeria, así no volveré a *suspender otra vez!

*Author's note: the verb *suspender* means to fail a school subject. In Spain, this usually means you need to repeat the exam a year later!

4. True (T), False (F) or Not Mentioned (NM)?

a.	Valeria is excited.	
b.	Lucas loves swimming.	
c.	Valeria has failed her exams.	
d.	Lucas wants to ride a bike.	
e.	Lucas thinks the village is boring.	
f.	Valeria wants to spend time at the shops.	
g.	Lucas thinks is best to stay at home.	
h.	They are planning to go to *la Tomatina*.	
i.	Valeria doesn't know how to ride a bike.	
j.	They are going to go kayaking.	
k.	They might go to the beach later.	
l.	In the village there are many restaurants.	
m.	Lucas would like to relax at the sea.	

5. Complete the statements

a. Valeria and Lucas are _____.

b. Valeria is _____ to spend the holiday at her _____ small town.

c. Lucas would have preferred to go to the _____.

d. Lucas has to _____ in the mornings so he cannot ___ _____.

e. Lucas thinks the best holidays were _____ _____.

f. The small town is boring because there are no _____ nor _____.

TERM 3 - BRINGING IT ALL TOGETHER – QUESTION SKILLS

1. Fill in the missing words

a. ¿Qué trabajo hace tu _____ ?

b. ¿ _____ gusta su _____ ?

c. ¿ _____ trabaja?

d. ¿Qué _____ a estudiar el _____ que viene?

e. ¿Qué te _____ ser cuando seas mayor?

f. ¿Dónde ____ gustaría _____ ?

g. Para ti, ¿qué es lo más _____ en la _____ ?

h. ¿Qué persona _____ te inspira? ¿Por qué?

i. ¿Cómo fue su _____ a la _____ ?

j. ¿Cuándo _____ su carrera?

k. ¿Qué ha _____ ?

l. ¿Qué _____ tienes para este _____ ?

m. ¿Cómo vas a _____ el _____ ?

n. ¿ _____ ganas de volver al colegio? ¿Por qué?

o. ¿Cómo vas a _____ para _____ al colegio?

2. Choose the option that you hear

a. Mi madre es abogada / médica / granjera.

b. Le gusta porque es activo / fácil / gratificante.

c. Trabaja en una oficina / un hospital / una granja.

d. Voy a estudiar derecho / magisterio / medicina.

e. Voy a formarme como albañil / artesano / obrero.

f. Me gustaría trabajar en España / China / Alemania.

g. Ser feliz / ganar mucho dinero / ser famoso.

h. Me inspira Beyoncé / Lamine Yamal / Iker Casillas.

i. Comenzó su carrera tarde / joven / recientemente.

j. Su carrera comenzó en el 2002 / 2012 / 2022.

k. Superar desafíos / Ayudar a gente / Ganar premios.

l. Este verano voy a ir a Tailandia / Francia / Grecia.

m. Durmiendo / nadando / sacando fotos.

n. Sí, para ver a mis amigos / mis profes / mi novia.

o. Tengo que actualizar mi calendario / comprar material escolar / establecer una rutina.

3. Listen and write in the missing information

a. Mi _____ es _____.

b. Le _____ su _____ porque es _____.

c. Trabaja en una _____ en las _____.

d. Voy a estudiar _____ porque _____ ser _____.

e. Voy a _____ como _____.

f. Me _____ trabajar en _____.

g. Para mí, lo más importante es _____ _____ _____.

h. Me inspira _____ _____ porque _____ _____ _____.

i. _____ su carrera _____ _____.

j. Su _____ comenzó en el _____.

k. Ha logrado ganar _____ _____ e inspirar a _____ _____.

l. Este verano vamos a ir a _____ _____ _____.

m. Voy a pasar tiempo _____ _____.

n. Sí, tengo ganas de _____ _____ _____ _____.

o. _____ de las vacaciones _____ _____ _____ material escolar.

TERM 3 - BRINGING IT ALL TOGETHER – QUESTION SKILLS

4. Fill in the grid with your personal information

Question	Answer
1. ¿ Qué trabajo hace tu padre/madre?	
2. ¿ Le gusta su trabajo?	
3. Y a ti, ¿qué te gustaría ser cuando seas mayor?	
4. Para ti, ¿qué es lo más importante en la vida?	
5. ¿Qué persona famosa te inspira? ¿Por qué?	
6. ¿Qué ha logrado?	
7.¿Qué planes tienes para este verano?	
8. ¿Cómo vas a pasar el tiempo?	
9. ¿Tienes ganas de volver al colegio? Por qué?	
10. ¿Cómo vas a prepararte para volver al colegio?	

5. Survey two of your classmates using the same questions as above – write down the main information you hear in Spanish

Q.	Person 1	Person 2
1.		
2.		
3.		
4.		
5.		
6.		
7.		
8.		
9.		
10.		

THE LANGUAGE GYM
SPANISH TRILOGY III

No Snakes No Ladders

	7	6	5	4	3	2	1
	He works in an office in the centre of Madrid.	She works in a workshop in the city centre.	He doesn't like it because it is difficult.	She says she likes it because it is rewarding.	Do they like their job?	My father is a lawyer.	What job does your mother do?
	8	**9**	**10**	**11**	**12**	**13**	**14**
	What would you like to be when you are older?	In the future, I am going to study architecture.	Later, I want to be an actor.	I would like to be a plumber.	I believe that I am going to train as a builder.	Later on, I would like to live in the countryside.	For me, the most important thing in life is to be happy.
	23	**22**	**21**	**20**	**19**	**18**	**17**
	What plans do you have for this summer?	Someday, I would like to be like him.	His success is due largely to luck.	He received support from his followers during hard moments.	Throughout her career, he had to believe in himself.	She started her career very young.	A famous person who interests me is Lionel Messi.
	24	**25**	**26**	**27**	**28**	**29**	**30**
	This summer, I am going to go on holiday with my friends.	Normally, we go to Spain but this year we are going to France.	We are going to stay in a luxury hotel in Madrid.	We are going to spend time hiking in the mountains.	In the morning, I would like to go to the beach.	After the holidays, I have to establish a routine.	I am looking forward to going back to school to see my friends.

START

15 A famous person that inspires me is Shakira.

16 Which famous person do you admire?

FINISH

THE LANGUAGE GYM
SPANISH TRILOGY III

194

No Snakes No Ladders

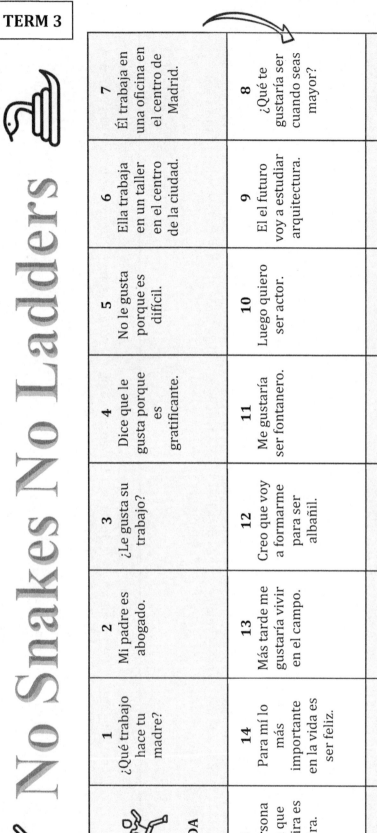

SALIDA	1 ¿Qué trabajo hace tu madre?	2 Mi padre es abogado.	3 ¿Le gusta su trabajo?	4 Dice que le gusta porque es gratificante.	5 No le gusta porque es difícil.	6 Ella trabaja en un taller en el centro de la ciudad.	7 Él trabaja en una oficina en el centro de Madrid.
15 Una persona famosa que me inspira es Shakira.	14 Para mí lo más importante en la vida es ser feliz.	13 Más tarde me gustaría vivir en el campo.	12 Creo que voy a formarme para ser albañil.	11 Me gustaría ser fontanero.	10 Luego quiero ser actor.	9 El el futuro voy a estudiar arquitectura.	8 ¿Qué te gustaría ser cuando seas mayor?
16 ¿A qué persona famosa admiras?	17 Una persona famosa quien me interesa es Lionel Messi.	18 Ella comenzó su carrera muy joven.	19 A lo largo de su carrera tuvo que creer en sí mismo.	20 Recibió apoyo de sus seguidores durante momentos difíciles.	21 Su éxito se debe en gran parta a la suerte.	22 Algún día me gustaría ser como él.	23 ¿Qué planes tienes para este verano?
LLEGADA	30 Tengo ganas de volver al colegio para ver a mis amigos.	29 Después de las vacaciones tengo que establecer una rutina.	28 Por la mañana me gustaría ir a la playa.	27 Vamos a pasar tiempo haciendo senderismo en la montaña.	26 Vamos a alojarnos en un hotel de lujo en Madrid.	25 Normalmente vamos a España, pero este año vamos a ir a Francia.	24 Este verano voy a ir de vacaciones con mis amigos.

THE LANGUAGE GYM
SPANISH TRILOGY III

195

PYRAMID TRANSLATION

Unit 11-12 Recap

Translate each part of the pyramid out loud with your partner, then write it into the spaces provided below.

a. My dad is an accountant

b. My dad is an accountant and he works in an office.

c. My dad is an accountant and he works in an office. In the future, I am going to study medicine...

d. My dad is an accountant and he works in an office. In the future, I am going to study medicine at university in England.

e. My dad is an accountant and he works in an office. In the future, I am going to study medicine at university in England. I would like to be a doctor and to live in a big city like New York.

f. My dad is an accountant and he works in an office. In the future, I am going to study medicine at university in England. I would like to be a doctor and to live in a big city like New York. For me, the most important thing in life is to help people.

Write your translation here:

SOLUTION: *Mi padre es contable y trabaja en una oficina. En el futuro voy a estudiar medicina en la universidad, en Inglaterra. Me gustaría ser médico/a y vivir en una ciudad grande como Nueva York. Para mí lo más importante en la vida es ayudar a la gente.*

One pen One dice

Play in pairs. You only have 1 pen and 1 dice.
One person has the pen and starts translating the sentence into **Spanish.** The other person rolls the dice until they roll a 6, they swap the pen and translate. The winner is the person who finishes translating all the sentences first.

1. A famous person who inspires me is Shakira.	
2. She started her career very young.	
3. At the start of her career…	
4. She had to believe in herself and be brave.	
5. She received support from her followers…	
6. …during (the) hard moments.	
7. Her success is due to her work ethic.	
8. She has been able to help vulnerable people.	
9. She has achieved to win multiple prizes.	
10. I hope I can be like her.	

One pen One dice

Play in pairs. You only have 1 pen and 1 dice.
One person has the pen and starts translating the sentence into **English.** The other person rolls the dice until they roll a 6, they swap the pen and translate. The winner is the person who finishes translating all the sentences first.

1. Una persona famosa que me inspira es Shakira.	
2. Ella comenzó su carrera muy joven.	
3. Al principio de su carrera...	
4. Tuvo que creer en sí misma y ser valiente.	
5. Recibió apoyo de sus seguidores...	
6. ...durante los momentos difíciles	
7. Su éxito se debe a su ética de trabajo.	
8. Ha podido ayudar a personas vulnerables.	
9. Ha logrado ganar múltiples premios.	
10. Ojalá pueda ser como ella.	

The End

We hope you have enjoyed using this workbook and found it useful!

As many of you will appreciate, the penguin is a fantastic animal. At Language Gym, we hold it as a symbol of resilience, bravery and good humour; able to thrive in the harshest possible environments, and with, arguably the best gait in the animal kingdom (black panther or penguin, you choose). In Spanish, it is also the best example of the ü (dieresis); this is a symbol that helps distinguish "gui" (pronounced like the 'gi' in English "gift) and "güi"(pronounced like the 'gui' in "penguin"). The same occurs with 'gue' (ge) and 'güe' (gue).

Congratulations on completing Spanish Sentence Builders – TRILOGY – Part III – you are now ready for GCSE!